扬州大学研究生精品教材

社区老年医养结合护理与管理

（案例版）

主　　编　刘永兵　郑　英　丁亚萍　单　清

副 主 编　李现文　师　亚　侯　苹　薛　谨

编　　委（按姓氏汉语拼音排序）

丁亚萍　南京医科大学
侯　苹　扬州大学
季梅丽　南京市第一医院
李　莉　扬州大学附属医院
李现文　南京医科大学
梁兰玉　扬州大学附属医院
刘　涵　扬州大学附属医院
刘永兵　扬州大学
闵　敏　南京朗诗常青藤养老服务有限公司
渠吉羚　江苏医药职业学院
单　清　扬州大学附属医院
师　亚　扬州大学
孙慧平　扬州大学
王小清　中南大学湘雅二医院
王秀华　中南大学
吴　冰　江苏省肿瘤医院
武丽桂　南京鼓楼医院
许文浍　南京医科大学
薛　谨　扬州大学广陵学院
薛孟欣　扬州大学
羊　波　江苏省肿瘤医院
杨　琛　香港中文大学
杨君红　扬州大学附属医院
雍家成　扬州大学附属医院
袁　玲　南京鼓楼医院
赵　云　江苏省肿瘤医院
郑　英　扬州大学
周静欣　扬州大学
周　婷　南京医科大学附属逸夫医院
朱姝芹　南京医科大学护理学院
朱夷畅　南京医科大学

科 学 出 版 社

北　京

内 容 简 介

《社区老年医养结合护理与管理》（案例版）是在我国推进健康中国建设，积极应对人口老龄化的时代背景下编写的一部教材，是一部培养护理学生医养结合养老护理理念、树立为老年人健康服务意识的指导性教材。

本教材共8章，均以案例导入，使学生对医养结合长期照护有整体认识；学习在医养结合背景下如何对失能失智老年人进行长期照护；最后为临终前的老年人提供安宁疗护，帮助老年人平静而安详地离去。

本教材使护理学生在学习中感受到国家为提高老年人生活质量、促进健康养老等方面所做出的巨大努力，激发护理学生投身于我国老年护理事业的兴趣和决心。

本教材可供高等院校护理专业学生作为教材或教学参考用书。

图书在版编目（CIP）数据

社区老年医养结合护理与管理：案例版 / 刘永兵等主编. —北京：科学出版社，2023.3

扬州大学研究生精品教材

ISBN 978-7-03-074483-8

Ⅰ. ①社… Ⅱ. ①刘… Ⅲ. ①老年人–护理学–研究生–教材 Ⅳ. ①R473.59

中国版本图书馆 CIP 数据核字（2022）第 252494 号

责任编辑：王 颖 / 责任校对：何艳萍

责任印制：李 彤 / 封面设计：陈 敬

科 学 出 版 社 出版

北京东黄城根北街 16 号

邮政编码：100717

http://www.sciencep.com

北京凌奇印刷有限责任公司印刷

科学出版社发行 各地新华书店经销

*

2023 年 3 月第 一 版 开本：787×1092 1/16

2025 年 3 月第二次印刷 印张：13 1/2

字数：313 000

定价：88.00 元

前　言

《社区老年医养结合护理与管理》（案例版）是一部培养护理学生医养结合养老护理理念、树立为老年人健康管理服务意识的指导性教材。医养结合养老服务模式是将医疗、养老及护理资源整合为一体，从而为老年群体提供更具实用性的新型养老服务模式，成为推动我国健康老龄化事业发展的战略性举措。

医养结合是养老服务最核心内容，也是最基础的服务模式，医疗是养老的基础，在健康中国战略下，医养结合将是养老服务业发展最大的机遇。本教材正是希望通过教学，使护理学生对养老有全面且正向的理解和认识，树立护理专业学生投身养老服务事业的信心，为我国养老服务行业培养高素质护理人才。

本教材内容分为 8 章，紧密贴合社区老年医养结合需求，分别为：医养结合养老服务模式与老年人健康素养、医养结合工作中的老年健康综合评估与老年长期照护、老年认知症的医养结合护理、社区老年人健康素养与认知功能障碍、社区老年人健康素养与老年衰弱、老年肌少症的医养结合护理、社区老年慢性病与医养结合护理研究、社区老年安宁疗护。

每章均以案例导入，使学生对医养结合长期照护现状有整体认识；掌握失能失智老年人健康综合评估技能；学习在医养结合背景下如何对失能失智老年人进行长期照护；最后为临终前的老年人提供安宁疗护，帮助老年人平静而安详地离去。

本教材具有以下几个特色。

1. 选题符合健康中国战略　医养结合养老照护模式是十九大报告、两会政府工作报告、《“健康中国 2030”规划纲要》和《健康中国行动（2019—2030 年）》的一项重要养老服务政策。医养结合作为一种比较先进的养老照护模式，比较适合我国在现阶段下的养老需求，可以解决老年人的养老问题和医疗问题，医养结合养老服务体系的构建迫在眉睫。

2. 教学内容融入最新科研成果　本教材更加侧重学术方面知识的教育，教师的科学思维方法、创新思维习惯及科学素养在教学过程中对学生科学素养的培养起着潜移默化的影响。同时，本教材有利于教师将最新学科发展和学术成果用于丰富教学内容，促进教学内容更新。

3. 教学模块与社区老年人医养结合需求紧密衔接　本教材共分为 8 个模块，通过模块化教学，将医养结合养老照护模式、老年人健康综合评估、社区失能失智老年人长期照护知识与技能及老年人临终前安宁疗护等以相应模块进行详细论述，形成完整体系，从而起到良好的教学作用，为学生今后从事社区养老护理服务工作奠定坚实的基础。

4. 教学方法符合护理学生学习特点　应用案例式教学法编写本教材，以医养结合老年照护服务中常见老年护理问题编写案例，并以布鲁姆教育目标分类学经典教学理论作指导，使学生从学会知道、学会做到，到学会发展，最终达到学习目标。已使用本教材完成

3 轮线下教学，学生反映良好。

5. 教学设计体现课程思政元素　本教材有效地融入课程思政元素，在每个章节，均有与主题相关的、国家为满足老年人医养结合照护需求而制定的政策法规制度及在社区老年医养结合照护领域所取得的突出成就，使护理专业学生在学习中不断感受到国家为提高老年人生活质量、促进老年人健康养老等方面所做出的努力，并对社区老年医养结合护理发展前景充满希望，从而激发护理专业学生立志投身于我国老年护理事业的兴趣和决心。

本教材由扬州大学出版基金资助，在此衷心地感谢学校的大力支持！

本教材的编写得到"社区老年医养结合护理与管理"课程组全体教师的大力支持，在指导思想、总体框架、案例选择、内容设计等方面，无不凝聚着教师们的辛劳和汗水，对他们的付出表示衷心的感谢！也对本教材编写过程中所有给予我们帮助的各位同仁表示真挚的谢意！

刘永兵　郑　英　丁亚萍　单　清

2021 年 8 月 20 日

目　　录

第一章　医养结合养老服务模式与老年人健康素养

学习要求：

识记：了解医养结合的概念及在我国常见的表现形式，描述医养结合养老模式对老年人健康素养的作用，认识到医养结合养老服务模式对我国社会养老的适宜性；了解不同健康素养概念的差别，能够说出健康素养与健康状况的关系、回授法的定义及注意事项。

理解：理解医养结合养老模式在我国面临的困境和医养结合养老模式对老年人健康素养的重要影响；理解医养结合和健康素养与推进健康中国建设及健康老龄化的关系；针对不同人群选择相应干预措施，理解回授法的应用范围。

运用：利用医养结合养老服务模式加强老年人健康素养教育，选择适合的健康素养评价体系进行老年人健康素养评价，运用回授法进行健康教育。

第一节　医养结合养老服务模式对老年人健康素养的促进作用

案例 1-1　　不同医养结合环境下养老机构老年人健康素养水平的比较

曾经的一项研究显示：某地区有 3 家养老机构曾与医院签订合作协议，医院性质均为公立二级或三级医院，其余养老机构与医院虽无协作关系，但在养老机构内设置诊室及少数医务人员。对以上养老机构进行老年人健康素养调查，经统计学分析后，老年人健康素养调查结果显示：健康知识和健康信念差异无统计学意义（$P>0.05$），健康素养总得分、健康行为和健康技能差异具有统计学意义（$P<0.05$）。

问题：1. 该研究数据反映了什么问题？

2. 你如何看待该现象？

一、我国人口老龄化现状与面临的养老服务模式困境

据第七次全国人口普查公报：截至 2020 年 11 月 1 日，我国 60 岁及以上人口为 2.64 亿人，占总人口的 18.70%，其中 65 岁及以上人口为 1.91 亿人，占总人口 13.50%。预计到 2025 年，我国 60 岁及以上人口将达到 3 亿，2035 年，预计我国 60 岁及以上人口将达到 4 亿。其中，患有一种以上慢性病老年人占比超过 70%，总数接近 1.8 亿，失能、半失能老年人 4000 多万。体量巨大的老年人口使养老产业需求猛增，而患有慢性病（以下简称慢性病）和失能、半失能老年人对于养老的多样化需求也日益增加，给全球健康老龄化提出了挑战。

我国人口老龄化的严峻形势对现有养老模式提出了更高要求，现阶段养老服务仍然停留在较低水平上，一方面由于我国老龄化社会发展迅速，老年人口体量巨大，养老服务需求呈现出多样性、多层次的特点，更为重要的是目前国家设立了实现健康老龄化和人民对

美好生活向往的目标，这对养老服务提出了更高的要求。但是，我国社会养老服务供给严重不足。无论是政府制度保障和支持、养老服务机构与设施，还是专业性的医养服务从业人员和管理人才培养都严重不足，尤其是高素质医养管理专业人才缺乏，无法满足我国社会养老的现实需求，已严重制约我国社会养老发展，导致社会养老产业发展无法同时兼顾养老服务量与质的平衡发展，只能先从提供最基本的养老服务出发，无力在短期内整体上提升养老水平。另一方面，我国养老市场参差不齐、个性化服务发展不充分、养老模式创新不足，阻碍了更高层次养老模式的发展。迫切需要创新现有养老模式，引进更加多元的养老服务模式，为我国社会养老服务提供支撑。

“医养结合”作为一种比较先进的养老模式，比较适合我国在现阶段下的养老需求，可以解决老年人的养老问题和医疗问题，医养结合的养老服务体系构建迫在眉睫。

目前医养结合在我国的发展程度较低，已经形成的“医养结合”模式只是在现有养老方式上的转型升级，仍然摆脱不了传统养老思想的束缚，只是将医疗机构与养老机构进行简单整合，所提供的医养服务只能满足基本养老需求。应把“医”“养”放在并重的地位，针对现代养老的多样化现状，重新设计规划并同中国养老的现实相结合，从而更好地满足我国老年人多样性、多层次的养老需求，促进我国养老产业的发展。

二、医养结合养老服务模式

医养结合养老服务模式是将医疗、养老及护理资源整合为一体，从而为老年群体提供更具实用性的新型养老服务模式，成为推动我国健康老龄化事业发展的战略性举措。在国家相关政策的推动下，未来医养结合养老服务模式的发展前景广阔。

（一）医养结合养老服务模式的内涵

“医养结合”是指实现养老护理与医疗服务的有机融合，是为了应对人口老龄化带来的冲击，实现养老资源合理配置的一种有益探索。“医养结合”中的医疗服务同传统针对疾病进行综合性治疗不同，其更专注于老年人疾病的预防及其愈后的护理康复。养老服务则涉及对老年人的精神慰藉、社会活动及其日常起居的照顾等。因此，医养结合区别于传统居家、社区及机构的养老模式，不是一种独立的养老模式，其通过将医疗资源引入养老服务，实现老年人的生活照料、疾病预防、治疗护理、运动康复等整合服务持续性、体系化供给。医养结合通过有机整合优质的医疗资源和养老服务，实现“医”“养”“护”三者策略性协同，能够显著提高养老和医疗机构的服务能力，促进老年个体实现健康养老，优化养老服务产业链，努力实现健康老龄化。

医养结合的优势表现在：①可以使老年人在享受养老基本生活照料的同时，满足老年人多层次精神追求和医疗护理服务的需求；②医疗机构和养老机构相互合作，医中有养，养中有医；③多种服务需求衔接渠道通畅，可提供连续性服务。

（二）医养结合服务模式的提出

“医养结合”概念于 2005 年在国内提出，医养结合养老服务体系的优化在应对人口老龄化方面将发挥重大作用。

2013 年以来，国家印发《国务院关于加快发展养老服务业的若干意见》、《国务院关于促进健康服务业发展的若干意见》，以及卫生计划生育委员会、民政部等《关于推进医疗卫生与养老服务相结合的指导意见》等政策，提出探索“医养结合”养老模式。

2016 年 10 月，国务院印发《“健康中国 2030”规划纲要》指出：推进老年医疗卫生服务体系建设，推动医疗卫生服务延伸至社区、家庭。健全医疗卫生机构与养老机构合作机制，支持养老机构开展医疗服务。推动医养结合，为老年人提供治疗期住院、康复期护理、稳定期生活照料、安宁疗护一体化的健康和养老服务。

2017 年 2 月，国务院《“十三五”国家老龄事业发展和养老体系建设规划》强调，完善医养结合机制。统筹落实好医养结合优惠扶持政策，深入开展医养结合试点，建立健全医疗卫生机构与养老机构合作机制，建立养老机构内设医疗机构与合作医院间双向转诊绿色通道，为老年人提供治疗期住院、康复期护理、稳定期生活照料及临终关怀一体化服务。

2017 年 10 月，习近平总书记在十九大报告中明确指出，积极应对人口老龄化，构建养老、孝老、敬老政策体系和社会环境，推进医养结合，加快老龄事业和产业发展。习近平总书记在十九大报告特别指出，医养结合是养老服务最核心内容，也是最基础的服务模式，医疗是养老的基础，在健康中国战略下，医养结合将是养老服务业发展最大的机遇。

2018 年 3 月，两会政府工作报告中也明确指出：积极应对人口老龄化，发展居家、社区和互助式养老，推进医养结合，提高养老院服务质量。

2019 年 7 月，《健康中国行动（2019—2030 年）》中指出，完善医养结合政策，推进医疗卫生与养老服务融合发展，推动发展中医药特色医养结合服务。鼓励养老机构与周边的医疗卫生机构开展多种形式的合作，推动医疗卫生服务延伸至社区、家庭，支持社会力量开办非营利性医养结合服务机构。

在这些政策的推动下，基于“医养结合”视角探讨我国老年人的养老问题已成为社会发展的必然趋势。能满足老年人养老服务需求，是提高养老质量的有效途径。

医养结合养老服务模式同时强调老年人照护中的医疗护理和生活照料两个方面，将医疗保健服务和生活照料服务有机结合起来，有助于满足高龄、失能、空巢、患病老年人医疗与养老的多重需求。医养结合养老服务模式将现代医疗服务技术与养老保障模式有效结合，实现“有病治病、无病疗养”的养老保障模式创新，为我国社会养老问题提供一种可行的解决方式，将成为我国养老服务发展的主要方向。

研究显示，不同地区老年人对医养结合的认知程度存在差异，医养结合服务需求亦存在差异，年龄、性别、文化程度、理想的养老方式等可能是医养结合服务需求的影响因素。

（三）我国医养结合服务模式的表现形式

当前我国医养结合服务模式主要分为以下几种。

1. 在养老机构内增设医疗服务点，为老年人提供医疗服务　此模式在上海市的养老机构中表现突出，截至 2018 年底，上海市 720 家养老机构中已有 178 家内设了医疗机构。

2. 养老服务植入医疗机构模式　将养老中心植入医疗机构，纳入医疗机构体系，能够充分利用医疗机构的设备资源及护理人才优势，从而为老年人提供养老服务。例如，重庆医科大学附属第一医院的青杠老年护养中心，系 2009 年国家基本养老服务体系建设试点项目，是由全国大型公立医院主办且国家发展和改革委员会批准的第一家医疗养老机构，于2012年2月开始试运营。

3. 医疗与养老机构实现有机结合或医疗机构深入社区提供养老服务 通过医疗与养老机构的优势互补来实现资源共享，此为机构联盟合作模式，如中南大学湘雅三医院与湖南康乃馨养老社区综合运营有限公司（以下简称康乃馨）签订合作协议。湘雅三医院和康乃馨的此次合作，开启了保健康复和老年医疗领域发展的新纪元，开创了养老与医疗行业结合的新模式。湘雅三医院与康乃馨老年病医院共同成立医院管理委员会，湘雅三医院派出经营管理团队和医疗专家进驻康乃馨老年病医院，将该院打造成国内一流、以老年保健与老年病治疗为特色的综合医院，同时医院还为康乃馨养老社区的老年人提供高品质、专业化的医疗服务，医院将成为康乃馨布局全国养老产业的核心竞争力。

（四）国外医养结合服务模式种类

养老理念和医疗保障制度，体现了不同国家和地区差异化的社会规范、价值观及养老观等。大多数国家都依据国情颁布养老法规政策，实行法律保障、政府主导的多方筹资机制，建立服务对象资格准入制度，重精神服务兼顾物质需求，以及养老服务的政策化、市场化与福利化等，力求整合医疗资源和社会服务资源，着实解决养老问题。无论哪个国家，养老与医疗始终是国计民生关注的热点。

1. 美国全民养老计划（program of all-inclusive care for the elderly，PACE） PACE为所有符合标准的老年人提供医养老结合服务。针对55岁以上有护理需求但依赖于社区保障或国家保障的低收入群体，为其提供日常照料服务、医疗救治服务等一系列服务，并通过该社区照料与医疗照料相结合的模式，提高所服务老年人的生活质量，最大限度地满足和提升长期生活在社区或家庭中老年人的需求。PACE模式适合于失能较为严重或患有重大疾病的老年人。在美国中长期照料体系中PACE模式是最实用、性价比最高的一种医养结合模式。

2. 日本长期介护保险 日本为减缓人口老龄化所带来的系列社会问题，依托于高质量的养老服务载体，将护理保险制度、医疗保险体系有机结合，建立功能齐全、沿生命周期而布局的医、养、护综合服务体系，取得良好的效果。日本通过立法鼓励家庭养老，推行强制的《介护保险法》，规定居民年满45周岁必须参保，60周岁后根据评级享受介护服务。日本长期介护保险主要需求群体为失能、半失能老年人及其家人，该制度是为了解决失能、半失能老年人生活照料问题和医疗康复问题，以及减轻家人负担的一项社会保险制度。

3. 英国典型税收筹资体制的医养结合养老模式 即由政府主导的国民医疗服务体系（national health service，NHS）。诊治、医药等医疗服务不收取个人费用，实施由政府与提供服务者直接对接的办法，途径是通过国家税收筹资体制，由购买服务作为前提保障。英国未来的医养结合产业的发展也侧重于NHS制度下的疾病预防和照护功能。

4. 德国的社会保险制度 德国是世界上第一个立法实施社会保障制度的国家，医养结合养老制度相对完善。德国较为完善的社会保障法律法规为其建立与发展医疗体系奠定坚实基础，该国先后实施了疾病保险法、意外伤害保险法及伤残老年保险法。从国家政府层面高度重视，通过相关联合会等机构共同制定养老服务标准与规定，从医疗保障方面积极推进本国医疗保障改革，以市场机制为触点，形成个人、社会、国家共同协作的医疗保障体系。

国外医养结合养老模式对我国研究实践均有一定的参考价值，在我国人口老龄化不断加剧的背景下，发达国家的医养结合养老模式对解决养老、养老机构市场良性发展等有着重要的参考价值。探索出一条适合我国的医养结合养老模式，为我国人口老龄化面临的养老问题寻找一条新的养老服务路径。

三、医养结合养老服务对老年人健康素养的促进作用

2009 年我国卫生部首次正式对外公布 15～69 岁中国居民健康素养调查结果，数据显示：我国居民具备健康素养的总体水平为 6.48%，即每 100 人中只有不到 7 人具备健康素养。其中老年人是健康的脆弱群体，65～69 岁人群健康素养水平是各年龄段中最低的，为 3.81%。2021 年 4 月公布的我国居民健康素养调查结果显示，2020 年我国居民健康素养总体水平达到 23.15%，老年人健康素养水平为 8.49%。10 年间老年人健康素养增幅较小，因健康素养与老年人健康状况息息相关，需要从形式和方法上予以创新，不断提高老年人健康素养水平。

有研究针对不同医养结合环境下养老机构老年人健康素养水平进行分析比较。与其他养老机构相比，和医院有合作关系并签订合作协议的养老机构的老年人健康素养总分、健康行为及健康技能均较高，差异有统计学意义，而健康知识、健康信念的差异均无统计学意义。

部分养老机构设有医疗服务部门，配备少量医务人员、简单的医疗设备和常用药物，可以进行基本的医疗护理（如测血压、输液等）及健康教育工作，但是在调查中发现，老年人用药不合理、病情观察不到位、治疗不及时、不能提供康复服务等现象普遍存在。老年人由于疾病知识匮乏，造成不了解药物服用方法、作用及有效期，不能及时测量血压等生命体征，不能进行规范治疗等情况，影响老年人健康状况和功能恢复。老年人往往合并多种慢性病，如发生病情变化不能及时发现并及时诊断治疗，贻误病情，易造成养老机构与老年人家属之间的纠纷，给养老机构带来较大压力，影响养老机构服务质量的提高。

相关研究显示：与医院有合作关系的养老机构，医院相关的医务人员可以定期对老年人进行查房，了解病情变化，及时观察生命体征，调整药物，规范治疗。同时，如果老年人发生病情变化，可以及时转诊至合作医院，得到及时医治，病情好转回到养老机构，疾病的治疗随访都有很好的延续性，为老年人的健康提供良好的保障。另外，医院有专业人员定期进入养老机构进行健康教育，更加规范科学，突出专业性。

在该研究中，虽然在健康知识、健康信念等方面没有显示出差异，这可能与老年人健康素养水平普遍偏低有关，但同时也提示：在对老年人进行健康素养教育时要注意方式方法，应制订符合老年人特点的健康教育方法和措施，使老年人容易接受及理解，从而提高健康素养。健康素养总分、健康行为及健康技能均有差异，可能与老年人在慢性病患病过程中，得到医院医务人员较为规范的行为和技能指导，在一定程度上改变生活方式和习惯等有关。

医养结合养老服务模式可提高老年人健康素养，该模式可以充分利用医院现有完备的人力、物力、财力资源，为老年人建立健康档案，提供规范、全面、先进、优质、连续的医疗护理服务、康复服务及健康教育，为老年人的健康保健提供完善的保障。

因此，在医养结合养老服务模式中，可通过以下几个方面，增强老年人健康素养，为实现健康老龄化奠定基础。

（1）可由政府相关管理部门、养老机构、医疗保健系统、高等医学院校等形成多学科、跨领域健康促进团队，共同制订干预计划，在养老机构、社区、家庭中开展健康教育活动。

（2）根据多数老年人文化水平低的特点，编写适合老年人阅读、以图片为主、将医学术语转化为通俗易懂语言文字的科普材料进行发放，并制作相应的视听材料，在养老机构、社区、家庭中进行宣教。组织专家定期普及各种慢性病知识；组织开展老年人同伴教育，发挥健康素养水平高的老年人主观能动性，起到良好的示范作用。

（3）加强医养结合工作力度，促成更多养老机构与医疗系统建立良好合作关系，签订合作协议，定期为老年人进行健康体检，建立健康档案，并进行疾病咨询，住院正规治疗，按时调整治疗方案，增强老年人治疗依从性；发挥医院专业特长，加强健康教育，提高老年人的健康素养。

（4）高等医学院校可以志愿者活动的形式，培养医护学生健康素养知识宣教能力，训练其掌握回授法等医患交流方法，提高健康教育的效率。

在健康中国背景下，进一步推进医养结合养老服务模式，以老年人照护需求为导向，以满足老年人全周期、多层次、全方位医养服务需求为目标，以健康老龄化为最终目的，促进“医养融合”发展，推进医疗卫生与养老服务相结合，加快老龄事业和产业发展。

医养结合机构服务的供给与需求问题，是解决健康老龄化背景下居民养老服务的广度与深度的重要问题，构建以居家为基础、社区为依托、机构为补充、医养相结合的养老服务体系，更好满足老年人医养健康服务需求，并且健康素养作为医养结合养老服务模式中的重要任务，将成为医养结合服务的一项重要内容。

案例分析讨论 1-1

1. 与其他养老机构相比，3 家与医院签约协议的医养结合养老机构中老年人的健康知识、健康信念得分与其他养老机构比较差异均无统计学意义（$P>0.05$），可能与我国老年人健康素养水平普遍偏低有关，提高老年人健康素养是全社会应予以高度重视的问题。应根据老年人身心特点制订适宜的、通俗易懂的健康教育方法和措施，使老年人容易接受及理解，从而提高健康素养。健康素养总分、健康行为及健康技能得分与其他养老机构比较差异均有统计学意义（$P<0.05$），表明医养结合养老机构老年人健康行为和健康技能均较高，可能与老年人在医养结合养老机构中，得到医院医务人员较为规范的行为和技能指导等有关。

2. 医养结合养老机构中，医院派驻的医务人员可以定期对老年人进行查房，合理用药，规范治疗。同时，如果老年人发生病情变化，可以及时转诊至合作医院及时医治，病情好转后再返回养老机构，为老年人的健康提供良好的保障。另外，医养结合养老机构的老年人，可以得到更加全面、规范、科学的健康教育，这成为提高老年人健康素养的重要途径。

医养结合养老服务模式对提高老年人健康素养起到一定促进作用，大力发展医养结合养老服务模式，形成以养为主的长期照护理念，真正做到老有所养、老有所医，建立具有中国特色的医养结合养老服务模式，为推动老年人健康素养水平的提高，找到一条可持续发展的适宜路径。

第二节　国内外健康素养研究现状

案例 1-2　　**《“健康中国 2030”规划纲要》**

推进健康中国建设，提高人民健康水平，根据党的十八届五中全会战略部署，中共中央、国务院于 2016 年 10 月 25 日印发并实施《“健康中国 2030”规划纲要》。健康中国建设主要指标之一：2020 年，居民健康素养水平达到 20%；2030 年，居民健康素养水平达到 30%。

2021 年中国居民健康素养监测在全国 31 个省（自治区、直辖市）336 个县区级监测点开展，监测内容以《中国公民健康素养——基本知识与技能》为依据，包括基本健康知识和理念、健康生活方式与行为、基本技能三个方面。监测对象为 15～69 岁常住人口，共得到有效调查问卷 66 676 份。

监测结果显示：2021 年中国居民健康素养水平为 25.40%，比 2020 年增长 2.25 个百分点；2021 年基本知识和理念素养达到 37.66%，比 2020 年提升 0.51 个百分点；健康生活方式与行为素养水平为 28.05%，较 2020 年提升 1.61 个百分点；基本技能素养水平为 24.28%，较 2020 年提升 1.16 个百分点。

问题： 1. 以上数据反映了哪些问题？

2. 你认为应该如何应对？

3. 你认为该如何提高中国居民健康素养？

一、国外研究现状

（一）健康素养的产生

在过去 40 多年中，医学理论和技术研究取得了飞速的发展，但是人们的健康状态、医疗费用开支、医患关系满意度却没有得到与医学发展同步的改善，反而有恶化的趋势。美国医学会（American Medical Association，AMA）首先发现这个问题，随后展开一系列研究，结果发现很多公众并不知道健康风险，不明白医生传递给他们的诊疗建议，不理解生活方式对健康结果的影响，很少主动去获取健康信息并采取合适的措施促进自身健康。正如理查德·卡莫纳博士指出，“我们所知道的没有被公众很好应用”。个人素养与健康结局之间的关系逐渐成为研究者们关注的焦点。

1974 年，“健康素养”一词第一次出现在一篇题为《健康教育与社会政策》的论文中，该文章讨论了健康教育作为一个政策问题对卫生保健系统、教育系统、大众传播等方面的作用及影响，并提出应为学生制订健康素养最低标准，成为健康素养研究的标志。继而，美国一些健康教育专家在研究中开始注意个人素养与健康的关系。从 20 世纪 90 年代至今，健康素养作为一个公共问题受到各国政府、卫生保健组织及利益相关机构的多方关注，得到更多地发展和深化。

（二）健康素养概念的变迁

1995 年，美国《国家健康教育标准》中对健康素养的定义：“个体获得、解释和理解基本健康信息与服务，并能运用信息和服务来促进个体健康的能力水平。”它强调个体本身的文化素养、知识获得、处于复杂健康背景下解决问题的技能和健康教育材料的使用能力等。

1998 年，世界卫生组织（WHO）对健康素养的定义：“健康素养代表着认知和社会技能，这些技能决定个体具有动机和能力去获得、理解和利用信息，并通过这些途径能够促进和维持健康。”该定义揭示了健康素养的两个重要组成元素，即互动和批判，要求个体理性地思考分析，通过做出健康决策及解决问题等高级认知技能和沟通提问等社会技能来改善自身的健康状况，从而提高个体和整个群体的健康水平，进一步拓宽健康传播和健康教育的内容。

1999 年，美国医学会下属健康素养研究会将健康素养定义为“个体具备一定的技能，包括在医疗环境中所需要基本的阅读和计算能力”，并提出具体的技能应包括“可阅读并理解药物说明书，可看懂预约卡片及其他与健康相关的宣传材料”。该定义体现了医疗卫生保健体系中的一个关键内容，但是界定的范围较窄，只把人的健康素养限定在单纯的医疗卫生保健体系中。

2000 年，美国政府在《健康人类 2010》政策报告中提出未来 10 年公民的健康目标，并定义健康素养为“它是一个标尺，用来衡量一个人是否具备自如地获取、理解并采纳相关健康信息的能力，是否能正确接受健康方面的服务，并能借助这些信息和服务，对自己的健康状况做出恰当的决定”。该定义是目前看来涵盖面最全的一个定义。它不仅囊括以往定义中涉及的内容，并包含个体处于各种健康背景下应对健康问题的能力。这个定义不再局限在医疗保健系统内，而扩展到个体从各种途径主动获取信息。

2005 年在曼谷举行的第六届世界健康促进大会上通过的《全球健康促进曼谷宪章》，把提高人们的健康素养作为健康促进的重要行动和目标之一。

2020 年 8 月，美国政府发布了《健康人类 2030》政策报告，更新了健康素养的定义。此次更新涉及个人健康素养和组织健康素养，并提供了以下定义：个人健康素养是指个人有能力发现、理解和应用信息及服务，并为自己和他人作出与健康相关决定和行为的能力。组织健康素养是指组织公平地使个人能够发现、理解和应用信息及服务，并为自己和他人作出与健康相关决定和行为的能力。

与《健康人类 2010》和《健康人类 2020》相比，该定义强调人们使用健康信息的能力，而不是仅仅理解；聚焦于做出明智决定的能力，而不仅仅是适当的决定；承认组织具有将健康素养纳入公共卫生视角的责任。

从健康素养的定义不难看出，人们对健康素养的认识和研究不断深入。健康素养不仅是个体具备的信息获取、理解、决策和其他在卫生保健系统运用自如、维护和促进自身健康所具备的综合能力，而且是个人能力、医疗环境乃至整个社会环境的互动。健康素养来自于教育、文化和社会融合因素，以及卫生服务等，不只是一个简单的个人问题。健康素养的研究可能涉及普通素养、信息技术、现存的卫生保健基础设施等方面。健康素养不仅关乎个人效益，同样关乎社会效益。健康素养已被认为是重要公共卫生问题，世界上许多国家相继开展了大规模的人群调查。

（三）健康素养的内涵

健康素养作为个体的一种能力，要求人们不仅要有健康相关知识，更要有独立分析思考和理解并做出正确判断的能力。基于对健康素养这一概念的思考，纳特比姆（Nutbeam）

依据社会认知理论、互相依赖理论及 Freire’s 的赋权教育模式，根据健康素养内涵从低向高连续发展的不同阶段将健康素养分为功能性健康素养、互动性健康素养和批判性健康素养三个层次。

1. 功能性健康素养（functional health literacy） 主要是指读写、交流、识数等基本文化素养与获取健康信息或服务等健康促进实践活动的结合，即在日常生活情景中需要的基础阅读、写作和计算能力，反映传统健康教育的结果。通常情况下，功能性健康素养体现在能看懂体检预约单、顺利完成检查和看懂 24 小时制时钟等方面。功能性健康素养把目标定位在规避健康风险和改善健康服务的知识掌握上。

2. 互动性健康素养（interactive health literacy） 是一种更先进的认知能力。主要是指在日常生活中通过各种传播方式，积极寻求获得健康信息并应用新知识改变健康状况，这一素养会影响健康信息在健康行为形成/改变中的作用。学校、社区等公共场所的健康教育项目属于提升互动性健康素养的健康教育形式。互动性健康素养定位在个人处理知识的能力，特别是改善动机和对所获信息的运用。

3. 批判性健康素养（critical health literacy） 是最高级别的认知技能。主要是指和社会技能相联系的高级认知和素养，即能采用批判思维分析健康信息，并根据自己的实际情况将健康知识运用到日常生活事件中，利用信息对生活事件和状况拥有更大的控制力，属于健康素养的高级形式。此模型已被广泛应用于健康素养研究之中。批判性健康素养支持有效的社会和政治行为，而不仅仅是个人行为。

健康素养受到来自个体、社区及医疗系统等诸多方面的影响。在个体层面，基本文化素养、亲友支持、沟通能力、健康知识及获取健康信息的难易程度都会影响到个人的健康素养。自卑、低自我效能及恐惧都会导致低水平的健康素养。在社区层面，社会和文化规范会影响人们的健康信念及提升健康素养的动机。社区内健康信息的易得性、相关性及适宜性会影响人们的健康素养水平。在健康系统层面，医生及医疗机构对于健康素养的重视程度会影响医患沟通的效率，对人们的健康状况会产生较大的影响。

健康素养是一个多层次、融合多种素养的内涵体系，并且与整个社会环境有着紧密的联系，处于不断演变与发展之中。随着时代的演进、社会环境的变化及人们对健康理解的变化，健康素养的内涵也将发生变化。

小链接　　Nutbeam 如何区分健康素养对个人和社会的不同影响?

1. 从个人层面分析健康素养的影响 ①功能性健康素养提高人们的健康相关知识，包括危险因素、卫生服务和治疗依从性；②互动性健康素养使个人更加独立，并有更强的自我管理能力的激励和信心；③批判性健康素养可以使个人能够更好地适应社会和经济方面的困境。

2. 从社会角度分析健康素养的影响 ①功能性健康素养会增加人群健康项目的参与度；②互动性健康素养增强人群影响社会准则和社会群体相互作用能力。

Nutbeam 的健康素养概念模型已经用于腹泻、糖尿病患者自我管理和学校健康促进的案例研究中。

（四）健康素养研究进展

美国等发达国家对公民健康素养十分重视，已进行了 40 多年的研究，制定了健康素养评价标准体系，进行过数次全国健康素养调查，开展形式多样、针对性强的公民或特殊人群（如患者）健康素养促进活动，制定相应的规划和考核评价标准。

研究显示，美国健康素养低下的问题非常严重。在医学发展突飞猛进的 21 世纪，许多美国人仍然没有采取恰当的健康行为来提高生活质量、延长寿命，如不能定期进行乳腺癌、直肠癌、宫颈癌等的筛查，并不是因为不关心身体健康，而是因为没有很好地理解和利用健康知识，不知道应该定期检查。人们对卫生保健有着很大的需求，但是缺少最基本的使用现有卫生资源的能力。

2003 年，美国相关学者呼吁重视患者的阅读、理解和采纳医生信息等方面的能力，即健康素养问题，这一问题正在逐渐增长，它影响着 4000 多万美国人。尽管缺乏健康素养和卫生产出之间并没有直接的因果关系，但种种研究表明，缺乏健康素养影响着卫生产出。美国有关的研究机构评估了健康素养对利用医疗服务的影响，证明低健康素养人群使用更多的卫生资源和医疗服务。研究显示：1998 年美国的医疗系统为低健康素养人群的额外支出达 730 亿美元，同时还伴随着无法计算的误工时间。

如果能提高人们的健康素养，有效使用卫生系统，为自己的健康做出正确决定，将节省有限的医疗资源，改善医疗卫生系统条件，帮助人们更好地处理他们的健康需求。

因此，美国卫生部门鼓励健康素养研究，提供政策支持，促进健康素养学科及研究方法的发展，将健康素养作为高质量医疗服务和健康传播的重要组成部分。

二、我国研究现状

我国对健康素养的研究起步较晚，专门研究不多也不深入。但是一些相关的调查，如中国卫生服务调查及由中国科学技术协会主持进行的、自 1992 年开始的中国公众科学素养调查和分析均显示：我国公众的健康素养调查及研究迫在眉睫。

2005 年，中国疾病预防控制中心健康教育所首次在全国范围内开展我国公众健康素养状况调查，于 2007 年正式启动。卫生部组织专家结合国际上的意见和我国的实际情况，对健康素养定义为个人获取和理解基本健康信息与服务，并运用这些信息和服务做出正确判断，以维护和促进自身健康的能力。同时提出现阶段我国公民应具备的 66 项基本健康知识和理念、健康生活方式与行为和基本技能，作为中国公民健康素养的基本内容。

2008 年 1 月，卫生部第 3 号公告（以下简称“公告”）正式向全国发布了《中国公民健康素养——基本知识与技能（试行）》，这是世界上第一份界定公民健康素养的政府文件。在此基础上，卫生部组织专家编写了《健康 66 条——中国公民健康素养读本》（以下简称《读本》），全面阐述了健康 66 条的主要内容。2008 年 5 月 12 日，由卫生部主办的中国公民健康素养促进行动启动。同年 8 月，卫生部办公厅又下发了《中国公民健康素养促进行动工作方案（2008—2010 年）》，为我国全面开展健康素养促进工作提出目标和具体措施。

我国政府高度重视提高居民健康素养工作，将其作为深化医药卫生体制改革的重要内容，制定多种措施大力开展健康素养促进工作。二十大报告中指出，增进民生福祉，提高人民生活品质。提出推进健康中国建设，把保障人民健康放在优先发展的战略位置。随着二十大报告提出推进“健康中国”建设，居民健康素养成为全面实现小康社会征程中亟待补齐的短板。《“健康中国 2030”规划纲要》中提出，2020 年居民健康素养水平要达到 20%，到2030年，居民健康素养水平提升至30%。

《中国居民健康素养监测报告（2020年）》显示，我国居民健康素养升至23.15%，农村居民、中西部地区居民、老年人群等的健康素养水平仍相对薄弱。报告显示，城市居民健康素养水平为28.08%，农村居民为20.02%，但农村的提升速度高于城市。从地区分布来看，东部地区为29.06%，中部地区为21.01%，西部地区为16.72%。从性别来看，男性为23.31%，女性为22.98%。从年龄分布来看，25～34岁最高，为31.68%；65～69岁最低，为8.49%。

健康素养水平的高低标志着全民健康意识的总体情况，而开展健康素养监测是为了科学、准确地评价和衡量全民健康素养水平，为政府制定公共卫生政策、合理的策略、有效地分配卫生资源提供依据。

总体上讲，我国健康素养研究从传统的健康教育和促进中转变而来，更多地定位在公共卫生视角，包括基本健康知识和理念、健康生活方式与行为、基本技能3个方面，以及对以上3个方面的普及和了解，对于个体主动获取理解健康信息对健康结局和费用的影响、个人健康素养与有效使用医疗卫生保健体系提供的服务之间的关系等方面的研究非常少。上述情况影响和制约着我国健康促进与健康教育事业的发展。因此，亟须开展这方面专门的研究，确定我国公众的健康素养水平现状，找出健康素养的影响因素，加强相关部门和个人对健康素养的了解，减少因缺乏健康素养导致的损失。

三、健康素养未来的研究方向

1999年，美国医学会召集特设委员会研究健康素养的一系列问题。委员会提出了4个研究方向：健康素养的筛选、提高与低健康素养患者之间的交流、缺乏健康素养的经济成本和健康结局、健康素养缺乏影响健康结局的途径。之后，与健康相关领域的人员围绕这4个方面展开了一些研究。根据2003年美国成人读写能力全国调查（National Survey of American Adult Literacy，NAAL）报告，美国公众健康素养普遍较低、卫生保健体系识别和应对健康素养问题也有缺陷。对此，美国医学研究所（IOM）强调了卫生保健机构工作的4个主要的方面：定义健康素养的范围、识别创建公共健康素养的障碍、评估过去的工作、确定今后努力的方向。IOM号召政府和个人都要投资，开发有效的测评工具和健康信息交流标准。2006年，美国卫生健康研究与质量机构（American Agency for Health care Research and Quality，AHRQ）、疾病控制与预防中心（Centers for Disease Control and Prevention，CDC）、美国国立卫生研究院（National Institutes of Health，NIH）等多机构出资资助健康素养的研究。重点领域为健康素养是哪些健康结局的关键影响因素、健康素养研究方法和技术的改善、健康素养的预防和干预策略。最近美国卫生与公共服务部门（U.S. Department of Health and Human Services，DHHS）发表了有关健康素养的项目通知。这个项目的主要内容：①增进对健康素养属性的理解；②增加对健康素养与健康行为、疾病预防治疗、慢性病管理、健康差距、环境因素风险评估及健康结局之间关系的理解。

从中可以看出，健康素养的研究从医疗系统内扩展到整个社会，既有理论层面的研究，如对健康素养的概念含义定位、健康素养与健康结局的因果关系；也有实践层面的研究，如多学科联合研究健康素养测评工具、使用新技术消除交流障碍、健康素养具体预防和干预措施等，今后还要加强对健康素养干预效果评价方面的研究。

未来我国健康素养的可能研究方向：①加强健康素养整体评估体系的研究，建立适合中国国情的公众健康素养评估体系和患者健康素养快速评估体系；②进一步拓展不同人群健康素养的研究，如青少年、残疾人、少数民族群体及流动人口、留守儿童等弱势群体。另外，加强对社区、学校等不同组织结构内部特定人群健康素养的研究，以有效地整合社会资本、金钱资本、人力资本，更好地提升健康素养；③加强有关健康素养与健康态度、健康行为之间关系的实证研究，从而有助于加强健康教育工作的针对性，强化健康教育效果；④加强在临床医学环境与公共健康环境下健康素养研究成果的整合；⑤加强对提升健康素养的健康教育活动的效果评估，为完善干预方法提供有力参考。

案例分析讨论 1-2

1. 我国居民健康素养总体水平稳步提升，但在城乡、地区、人群间的分布仍然存在不均衡的情况，农村居民、中西部地区居民、老年人群等的健康素养水平仍相对较低。

2. 有关部门应认真贯彻落实党中央、国务院决策部署，积极推动健康中国战略，社会各界积极支持参与卫生与健康工作，广大媒体要加大健康知识宣传力度，不断提高中国居民健康意识，促进全民健康素养水平的提高。

3. 加强健康素养研究，将健康素养作为高质量医疗服务和健康传播的重要组成部分。

第三节 健康素养对健康状况的影响

案例 1-3 **国务院关于健康中国行动（2019—2030 年）**

指导思想：以习近平新时代中国特色社会主义思想为指导，坚持以人民为中心的发展思想，牢固树立“大卫生、大健康”理念，坚持预防为主、防治结合的原则，以基层为重点，以改革创新为动力，中西医并重，把健康融入所有政策，针对重大疾病和一些突出问题，聚焦重点人群，实施一批重大行动，政府、社会、个人协同推进，建立健全健康教育体系，引导群众建立正确健康观，形成有利于健康的生活方式、生态环境和社会环境，促进以治病为中心向以健康为中心转变，提高人民健康水平。

问题：1. 从该行动中，你认为推动全民健康生活方式的行动包括哪些？应开展哪些健康教育行动和健康管理内容？

2. 对慢性病的早期发现和干预的行动有哪些？如何实施健康干预？

3. 如何控制危险因素，营造健康支持性环境？

一、健康与健康状况

WHO 于 1948 年对“健康”做了科学的界定，健康乃是一种在身体、心理和社会适应方面完好的状态，而不仅仅是没有疾病和虚弱。随着社会经济的发展，生活水平的提高，人们对健康的要求也越来越高，并且认识到影响健康的因素不仅包括生物学因素，社会环境、生活方式和行为及社会医疗服务也是影响健康的重要因素。随着人类生存环境的恶化和老龄化问题的出现，人类的健康面临巨大的挑战。

健康是促进人类全面发展的必然要求，是经济社会发展的基础条件。实现国民健康长寿，是国家富强、民族振兴的重要标志，也是全国各族人民的共同愿望。健康状况直接关系着我国社会建设和国民整体素质，是经济发展的前提，是构建和谐社会的基础。

但是，由于受各种主观和客观条件限制，使得我国居民在健康观念形成、卫生习惯和生活方式养成，以及基本健康方法和技能掌握等方面都存在明显不足，从而成为直接或间接导致各种复杂卫生问题的关键要素。例如，许多本可以预防的疾病，却由于健康理念不正确、健康知识不充足、健康技能不具备等导致其不断地发生、发展，不仅严重威胁居民的身心健康，还会给个人、家庭、社会及国家带来沉重的经济负担。

2016年8月，全国卫生与健康大会确定了我国新时期卫生和健康工作方针，即以基层为工作重点，以改革创新为工作动力，预防为主，中西医并重，把健康融入所有政策，全民共建共享。同年10月25日，中共中央、国务院印发并实施《"健康中国2030"规划纲要》，作为推进健康中国的行动纲领。《"健康中国 2030"规划纲要》强调坚持以人民为中心的发展目标，把提高人民健康水平放在核心位置，坚持预防为主，倡导健康文明的生活方式，推进全民健康生活方式行动，全方位、全周期地保障人民健康，提高人民健康水平。王陇德院士指出，提升健康素养是提升全民健康水平最根本、最经济、最有效的措施之一。2021年召开的全国卫生健康工作会议强调：全面推进健康中国建设，为开启全面建设社会主义现代化国家新征程提供有力保障。

健康是社会经济发展所需人力资本的重要组成部分，且有赖于居民健康素养水平的提升。《健康中国行动（2019—2030年）》中指出：把提升健康素养作为增进全民健康的前提，根据不同人群特点有针对性地加强健康教育与健康促进，让健康知识、行为和技能成为全民普遍具备的素质和能力，实现健康素养人人有。

在健康中国背景下，提高我国居民健康素养水平，并通过健康基本知识和理念、健康生活方式与行为、基本技能的改变，降低患病率和病死率，帮助居民主动、自觉并且有能力维护和促进个人及他人的健康状况，将成为有效提高一个国家或地区居民整体健康水平、生活质量和平均期望寿命，保障优质劳动力资源的重要途径。

二、健康素养与健康状况

（一）健康素养对健康状况影响的概述

1. 健康素养是健康状况预测因子之一 健康素养可以用来预测个体或群体健康状况，其是一个比社会经济因素、年龄、民族等因素更强的预测因子，并作为独立的影响因素影响疾病的结局。研究指出健康素养对健康状况的影响高于教育、收入、种族和失业等因素的影响。健康素养受限会影响所有年龄段、种族、收入和教育程度的个体，影响其获取和使用健康信息、采取健康的行为方式和执行重要的公共卫生预警能力。

整体来说，健康素养水平的高低影响着与健康相关的各个方面，健康素养高的个体能够准确评估当前自身的健康状况，针对可能存在或已经发生的健康问题，通过主动寻求健康信息、掌握健康技能，合理利用医疗卫生资源达到维护自身健康的目的。而健康素养水平低的个体可能带来众多的公共卫生问题即健康教育失效、疾病预防服务浪费、慢性病自我管理缺失等。对于患病的个体来说，其不良健康结局的可能性也高达普通人的1.5～3倍。由此可见，提高健康素养水平不仅对改变患者的不良结局、改善居民健康状况、维护和促进健康具有重要的意义，同时也是提高人口素质、促进经济和社会高速发展的长久之计。

2. 健康素养对健康状况影响的相关研究成果 目前，健康素养水平对健康状况影响方面的研究较为全面，其中健康状况涉及服药依从性、治疗连续性、住院频率、就医费用、病死率等。近年来，健康素养和健康结局的影响研究已经成为健康素养和健康影响因素研究的重点领域。许多研究探索健康素养和行为与健康结局之间的关系，证实健康素养和健康状况密切相关。健康素养与健康结局之间的关系研究主要从三个方面进行，包括健康素养和自评健康状况之间的关系，健康素养和医疗服务利用率之间的关系，健康素养和疾病的发病率、患病率和预后等之间的关系等。

调查发现：低水平的健康素养不仅对个体健康状况产生影响，还会对整个社会的公共健康状况及经济发展情况产生影响。

健康素养低的人不能很好地与医生进行必要的交流、不能遵从医嘱或自我保健程序，对自己的权利义务不能充分了解，他们不会预防性的保健，医疗服务利用率低，因而发病率、患病率、急诊利用率均高于健康素养高的人，住院率和住院费用也比健康素养高的人高很多。

罗思曼（Rothman）还认为低健康素养者没有足够的有关严重慢性病的预防和管理知识，临床结局一般较差。在老年人群中，低健康素养的老年人身体和心理健康均较差，同时粗死亡率和心脑血管疾病死亡率均较高。

健康素养严重影响着国家的公共卫生和个人的医疗保健，低健康素养会给人们整体健康状况和国家卫生系统带来负面影响，使患病率或发病率增加；还导致额外的卫生支出，如住院率增加、卫生资源浪费、医疗保健费用增加等。对于个人来说，低健康素养严重影响到个人健康状况和医疗保健行为，如疾病的自我管理、医患关系、治疗依从性、高额健康费用支出等。低健康素养的人更倾向于较少的健康教育参与，他们更少利用预防性服务和成功管理疾病。

从公共卫生角度讲，提高个人和公众健康素养是健康教育、健康促进、健康传播的核心功能，是实现降低孕产妇、儿童病死率，改善营养状况，防治艾滋病，加强烟草控制和改变不良生活习惯等目标的重要措施和手段。因此任何关于健康教育和健康促进的研究都有助于改善健康素养。2013 年，WHO 指出，提高公众健康素养是公共卫生领域的当务之急，各国政府应将提高公众健康素养水平作为卫生和教育政策的一项明确目标。

（二）健康素养是个人维持健康应具备的能力

具备健康素养的人，是可以通过考虑并做出正确的决定来解决自己健康问题的人；有责任感并能做出有利于个体及他人健康决定的人；可以正确运用现有健康知识的人；可以简洁而准确地进行健康交流的人。

具备健康素养的人应具有的能力：理解健康促进和疾病预防的概念；选择性地接受健康信息及健康促进相关产品和服务；分析文化、媒体、技术和其他相关因素对健康的影响；应用人际交流技巧来增进健康；应用目标制订和决策的技巧来增进健康；倡导个人、家庭和（或）社区的健康；实践促进健康行为和减少健康危险因素。健康素养被视为健康促进和健康教育的结果，高健康素养意味着个体具有理性的思考分析，并通过做出健康决策及解决问题等高级认知技能和沟通提问等社会技能来改善自身的健康状况，从而提高整个社区的健康水平。

小链接　　《“健康中国 2030”规划纲要》中提出：提高全民健康素养

推进全民健康生活方式行动，强化家庭和高危个体健康生活方式指导及干预，开展健康体重、健康口腔、健康骨骼等专项行动，到 2030 年基本实现以县（市、区）为单位全覆盖。开发推广促进健康生活的适宜技术和用品。建立健康知识和技能核心信息发布制度，健全覆盖全国的健康素养和生活方式监测体系。建立健全健康促进与教育体系，提高健康教育服务能力，从小抓起，普及健康科学知识。加强精神文明建设，发展健康文化，移风易俗，培育良好的生活习惯。各级各类媒体加大健康科学知识宣传力度，积极建设和规范各类广播电视等健康栏目，利用新媒体拓展健康教育。

三、健康素养对健康状况影响研究的不足之处

目前的研究主要局限在健康素养水平对健康状况的影响上，缺乏构建健康素养和健康因果关系与健康素养和健康结局的相关模型。针对健康素养的干预性研究也很少，提高与健康素养相适应的健康材料的可读性研究很少，而且适用于健康素养干预的理论还有待于进一步证实。

推进健康中国建设，是全面建成小康社会、基本实现社会主义现代化的重要基础，是全面提升中华民族健康素质、实现人民健康与经济社会协调发展的国家战略，将促进健康的理念融入公共政策制定实施的全过程，努力提高公众的健康素养水平，促进其形成良好的生活方式，从而提高健康水平。

案例分析讨论 1-3

1. 推动全民健康生活方式的行动：“三减三健”（减盐、减油、减糖、健康口腔、健康体重、健康骨骼）等专项行动。

健康教育行动：全民健康素养促进行动、健康中国行活动、健康家庭行动。

健康管理内容：居民健康档案、健康教育、慢性病（高血压和糖尿病等）患者健康管理、老年人健康管理、中医药健康管理。

2. 早期发现和干预的行动：癌症早诊早治，脑卒中、心血管病、慢性呼吸系统疾病筛查干预，高血压、糖尿病高危人群健康干预，重点人群口腔疾病综合干预。

实施健康干预：开设健康咨询服务，提供平衡膳食、身体活动、养生保健、体质辨识等咨询指导；提供运动健康指导；鼓励慢性病患者和高危人群接种成本效益较好的肺炎、流感等疫苗；加大牙周病、龋齿等口腔常见病干预；重视老年人常见慢性病、口腔疾病、心理健康的指导与干预。

3. 健康支持环境建设：大气污染防治、污水处理、重点流域水污染防治等环保项目，卫生城镇创建、健康城镇建设，慢性病综合防控示范区建设。

危险因素控制：减少烟草危害行动、贫困地区儿童营养改善项目、农村义务教育学生营养改善计划。

第四节　提高老年人健康素养的方法和技巧

案例 1-4　　如何有效对老年人进行健康教育：一个高血压病例引发的思考

患者，男，65 岁。既往有高血压病史十余年，最高血压 155/95mmHg，曾先后服用洛丁新、降压 0 号等药物治疗，血压一直控制不佳。2 个月前，每天加用氨氯地平 5mg 治疗，血压有波动，同时伴有颜面潮红和双下肢水肿而停用，故来诊。既往吸烟史 10 年。查体：血压为 150/95mmHg，各瓣膜听诊区未闻及杂音，心率为 76 次/分，肝脾未触及，双肾区无叩击痛，双下肢无水肿。

问题： 1. 针对该患者，医务人员如何选择最适合老年人的健康教育方式？

2. 如何提高该老年患者的健康教育效果并进行有效评价？

随着我国经济、社会的迅速发展和人口老龄化的不断加剧，老年慢性病患病率急剧上升。慢性病不仅给老年人身心健康、生活质量等多个方面带来巨大的危害，同时也大大增加国家医疗卫生方面的压力。《中国居民营养与慢性病状况报告（2020 年）》显示：我国慢性病仍呈上升趋势，2019 年我国因慢性病所导致的死亡人数已经占我国总死亡人数的 88.5%，其中心脑血管疾病、癌症、慢性呼吸系统疾病死亡比例为 80.7%，导致的疾病负担已占总疾病负担的 70%。

我国老年人整体健康状况不容乐观，近 1.8 亿老年人患有慢性病，患有一种及以上慢性病的比例高达 75%。失能、部分失能老年人约 4000 万。开展老年健康促进行动，倡导每位老年人都是自己健康第一责任人的理念，要求老年人在自我健康管理中承担更为重要的角色，对于提高老年人的健康水平、改善老年人生活质量、实现健康老龄化具有重要意义。

回授法（teach-back 方法）作为一种重视回馈、实时评价、即时纠错的健康教育模式，可有效地提高患者的健康认知、改善患者的自护能力、提高健康教育效果。在国外已广泛地应用于医疗领域，取得了很好的效果。目前，国内也已开始将其应用在疾病的健康教育中。研究显示：回授法已被多项研究证实是一种有价值、易于理解和安全有效的健康教育策略。

一、回授法的定义及研究进展

（一）回授法的定义及影响

回授法是一种用来检查人们对沟通交流信息或者是学习内容理解程度的方法。它包括要求受教育者用自己的语言解释或说明正在讨论的问题，如“为了确认我已经清楚地给你解释了这张表格的内容，你能告诉我，你认同我刚才给你解释的那些部分吗？”“请告诉我，你将怎样使用哮喘呼吸器，以至于我能确定我已经清楚地给你解释了哮喘呼吸器的用法”“我们今天谈论了好多，你能告诉我你认为哪些最重要吗？”等等。如果受教育者没有清楚地说明自己对于信息的理解，可以尝试采用通俗的词语再解释一遍，或者画一张表格形象化表达，又或者简化指令，然后要求受教育者再解释一遍对信息的理解，直到受教育者掌握所有的信息。这种方法不仅保证信息的正确传达，还可以加强信息在人脑中的保留时间。

大量文献表明，回授法主要用于医疗领域，来提高患者对健康知识的理解与掌握程度，该方法也得到极高的社会认可。错误地理解医嘱将会导致严重的健康问题，而叮嘱之后简单地询问“你清楚了吗？”“你理解了吗？”也不会起到真正的效果，只有使用回授法，检查患者对于医嘱的理解程度，才会收到事半功倍的效果。美国医学协会论坛报道，回授法是一种确保患者理解他们被告知的信息很有效的方式；卫生保健研究与质量机构认为，回授法是评价患者对医疗服务满意度的 11 个评价中的最高评价之一；国家伦理中心保健机构认为，回授法可以提高临床工作效率，帮助临床医生识别与患者间的沟通障碍并形成他们自己的沟通技巧。

（二）回授法的实施步骤

回授法一般分为四个阶段：知识讲解、评估理解、澄清或纠正、再评估以确认理解。第一阶段：知识讲解，通过讲授患者需要了解的相关疾病信息来开始健康教育活动。第二阶段：评估理解，教育活动结束后，医护人员评估患者对教育内容的理解程度。第三阶段：澄清或纠正，根据患者的理解程度对未理解或误解的地方进行解释或再次教育。第四阶段：再评估以确认理解，重新评估患者的理解程度直至患者掌握了全部的内容为止。它不是一个简单的信息提供过程，而是一种双向式的信息传递模式，包括健康教育者向患者或家属进行信息传授或操作演示，以及健康教育结束后，健康教育者通过患者或家属对问题的回答或操作展示以了解患者或家属对教育内容的理解程度和记忆程度。

和传统的授课-答疑的健康教育方式不同，回授法通过授课后对患者的理解程度和操作情况逐项进行评估，对理解误区和操作错误及时予以纠错和重新讲解，对不熟悉、不理解的内容可反复讲解，使患者最终对知识和技能做到准确掌握。它被认为是适用于所有人群的健康教育方法，已被美国国家质量论坛及美国卫生保健研究与质量机构等推荐作为“全面性预防措施”的有效方法之一，目前在国外已被广泛地应用于医疗卫生领域，近年国内开始应用于心力衰竭、糖尿病、肠造口、癌症等患者的健康教育中，并取得了良好效果。回授法能帮助患者巩固所学知识，防止忘记关键信息。

小链接　学习金字塔理论

学习金字塔（learning pyramid）这个概念，最早是由美国的一位教育学家艾德格·戴尔（Edgar Dale）于 1969 年提出的。采用不同学习方式，学习者在两周后还能记住的内容（学习内容平均保留率）有巨大的差异。学习效果在 30%以下的几种传统方式，都是个人学习或被动学习；而学习效果在 50%以上的，都是团队学习、主动学习和参与式学习。

（三）回授法的优势

与传统的健康教育方式相比较，回授法具有简单易行、无额外成本、适用性较高等优点。①简单易行：回授法健康教育简单易行，只要掌握了基本要领，不同层级的护士均可以轻松地完成整个过程。②无额外成本：不需要花费额外的人力、物力、财力，直接在传统的健康教育模式上加用回授法即可，实用性强。③适用性较高：本方法适用于不同层次、不同水平的人群，健康教育的目的是使患者达到真正的理解，对于文化水平低、理解能力弱的患者可适当增加循环次数。

（四）回授法研究现状

1. 回授法国外研究现状　回授法作为一种全新的教育方法，在国外主要应用于医疗领域。根据美国医学会的研究调查，美国成人中约有一半的人数对医嘱理解有困难，如医生向他们解释为何会生病及患者该如何遵医嘱用药。凯塞尔斯（Kessels）等研究发现，对于医生给患者提供的医疗信息，有 40%～80%被直接忘记；或者约 50%的信息记忆是错误的。大部分患者是因为缺乏医学知识而导致对医嘱的误解，包括老年人、青年人、英语水平有限的移民、拥有不同文化信仰的人群、没有良好教育背景及有认知缺陷的人。另外，麦圭尔（McGuire）等也发现给患者提供的信息越多，他们越容易忘记。因为大部分医生都会不经意地高估患者的理解力，即使他们用最通俗的语言进行解释，但患者还是不理解。

韦斯（Weiss）等研究发现，人们对医嘱的理解能力与其本身的健康素养水平有很大关系，健康素养水平低会直接导致住院率的增加、住院时间的延长、门诊患者数量的增加，甚至会导致更严重的疾病。低的健康素养水平及对健康知识的误解，造成的直接后果就是大大增加医疗开支。此外，健康素养水平低是一种较普遍的现象。经调查发现，在美国，大约 50%的成年人缺乏健康素养，而只有 12%的人群能熟练掌握和理解健康知识。因此，席林格（Schillinger）等引入回授法，也被称为“show-me”或者是“closing the loop”，让患者用自己的语言表达对医嘱的理解。研究发现这种方式非常有效，能加强患者的理解能力，改进医生的沟通技巧，适用于各种健康素养水平的患者，最终可以提高患者的健康素养水平。Schillinger 等研究发现，使用回授法可以促进医生与糖尿病患者之间的沟通交流，加强患者对糖尿病知识的理解程度，使血糖得到更好地控制。有研究表明，临床医生使用回授法后，患者对健康知识的掌握情况从 60.8%上升到 83.5%，而且医务人员与患者之间的满意度也有所提高。

2. 回授法国内研究现状　我国对回授法的研究主要集中在教育领域。其中，最常见的是应用在临床医学的教学过程中，探讨回授法对医学生学习成绩及综合素质的影响。在回授法的实际应用过程中，常被译为“小老师”或是“教学回顾”。吴苏婷等研究发现，传统的护理技能教学仅是教师示范，学生观摩，不利于学生科学能力的培养和综合素质的提高。美国国家教育实验中心发布实验报告显示：教师讲授 24 小时后，学生识记 5%；学生自己阅读 24 小时后，学生识记 20%；运用多媒体等教辅工具，学生识记 30%；学生自主学习探究、合作研讨获得知识，学生识记 50%。

因此，邓翠莲等在基础护理技能操作课程的学习过程中，改变过去传统教学方法，采用“小老师”的教学方法，让学生主动参与到教学过程中，完成对知识、技能和情感的融合和构建，鼓励学生积极主动去参与、去思考、去创造，使教学内容变得生动活泼，同时注重学生综合能力的培养，真正实现以学生为中心的教学。马珊珊在培养学生周末自主管理实验室模式探讨中也采用了“小老师”的教学方法。在实验室开放期间，形成以实验室学生管理为主，小组长和“小老师”为辅的共同管理模式。通过培养学生担当实验室管理员，使其参与到周末实验室管理中去，提高学生综合能力，增加学生与教师、同学的沟通机会，锻炼学生的沟通技巧，提高学生的沟通能力，降低因沟通不良而产生的护理纠纷问题。葛伟等采取让学生轮流示教当“小老师”的教育方法，对学生基础护理操作进行岗前培训。师生共同备课，“小老师”自己设计教学方案程序，通过“小老师”查阅医学文献激发他们的思维和创新能力。

（五）回授法的干预研究

回授法作为一种新的教育方法，在国外，其干预研究主要应用在一些慢性病的管理方面，以提高患者对健康知识的理解与掌握程度，改善遵医行为，提高患者的自我管理能力，最终使患者的健康素养水平提高。在我国，回授法主要应用在教育领域，将其作为一种健康教育方法来研究其与健康素养之间的关系较少见报道。因此，借鉴国外经验，在我国应多开展这方面的研究。

纳姆拉塔（Namratha）等采用回授法对 2 组糖尿病患者进行为期 2 周的健康教育，来研讨回授法是否会对患者的健康素养水平产生影响。结果发现，采用回授法教育组的患者对于糖尿病知识的掌握情况明显高于普通教育组的患者，而且健康素养水平改变程度也比普通教育组的高。因此，Namratha 认为采用回授法对患者进行干预，是一种保持长期学习的有效的教育方式。

马修（Matthew）等研究回授法的使用和教育时间长短与心脏病患者的再入院率及相关自我护理知识的掌握情况有无关系。选取了符合条件的研究对象，将回授法作为常规治疗的一部分，各组除了教育时间长短不同，在年龄、性别、文化程度、疾病严重程度等各方面的偏差均无统计学意义。最后结果显示，使用回授法可以降低患者的再入院率，提高其自我护理能力，但教育时间的长短没有明确规定，要根据患者自身情况而定。

费利塔（Feleta）等使用回授法改善部分贫困地区母亲的健康素养水平，普及一些常见疫苗的正确使用时间及方法，目的是降低儿童传染病的发病率，收到了比较显著的效果。

（六）在我国开展回授法研究的建议

目前我国的医疗服务保障体系还不是很健全，对于患者在住院期间接受的健康教育，医生并没有要求患者进行反馈。因此，患者对健康教育知识的掌握情况及健康教育对患者是否有效等方面很少有研究。随着我国人口老龄化的加剧，老年人慢性病的患病率也逐渐增高，这就对医务工作者提出了严峻的挑战。因此，对于我国开展回授法研究给出以下建议。

1. 针对老年患者 应加强医务工作者对老年人心理状况的了解。老年人离退休之后约有 1/3 的人会有不适应，出现失落感和焦躁情绪，有的甚至还会出现血压波动、食欲障碍、睡眠障碍等症状。社会活动的局限性也可能使得部分老年人感到孤独厌世，出现怀旧、少言、沉默、恐惧、无聊、抑郁、多疑等心理状况。一些老年人甚至会出现性格的转变，由原来的温和变得专横、武断。因此，当医务工作者面对老年患者，应该对他们多多包容与理解。在使用回授法教育时，要详细耐心地向他们讲述应该注意的健康问题，以一种更加适合老年人的方法检测他们对健康信息的掌握程度。

2. 针对文化水平低的患者 应因人施策。对于文化水平低的患者，医务工作者应灵活采用回授法，多以图、表等简单易懂的方式向患者传达医疗指令，尽量避免医学术语，注意说话语速不要太快，并做到多提醒，要求患者能用自己的语言表述被传达的医疗指令。

3. 回授法使用注意要点

（1）提前做好计划，回授法问题要围绕谈话的主题，用简短的语言帮助患者记住核心的问题，并反复强调加深他们的印象。

（2）对于能够自己阅读的患者，可以提供一些书面材料，帮助他们理解和记忆。

（3）对于患者不能准确回答的问题或者是回答错误的问题可以使用不同的词语或者是一些图画进行重复，减少患者对学习产生的压力。

（4）使用一些通俗易懂的语言或者是家庭用语，将自己置身在一个家庭谈话或者是朋友间的谈话之中。尽量使谈话的内容简单，避免专业术语。将有助于改善与患者间的沟通交流。适当给患者发言权，这在知识的掌握方面将会发挥积极的作用。

（5）在使用回授法时，医生要学会从自身找责任（如问患者“我说清楚了吗？”），而不是把责任归于患者（如问患者“你明白了吗？”），每说完一个知识点，要停下来让患者去叙述，而不是把一切都说完再问患者是否明白。

（6）要学会识别患者的“小聪明”，如患者说自己按时服药了，要注意检查他的药品清单；患者说的一天服三次，要落实他理解的三次到底是否正确等。以避免他们的“小聪明”所引起的一些问题。

总之，回授法已被国内外多项研究证实为一种便利、安全、有效的健康教育方法。它基于知-信-行的理论模型，以通过提高患者的疾病认知，改变患者不良的行为方式，提高其治疗依从性，以达到改善患者的自我管理行为、提高生活质量、提升满意度的目的。近年来，回授法已开始应用于慢性病的健康教育项目中，取得了良好的效果。今后的工作中，可逐渐将此法延伸至临床工作中的多个方面，加强健康教育效果，提升护理人员的护理工作质量。

案例分析讨论 1-4

1. 高血压患者的健康教育内容主要包括以下 6 个方面：①低盐低脂饮食；②戒烟限酒；③心理平衡；④适量运动；⑤监测血压；⑥用药。医务人员可以针对该老年高血压患者采取回授法进行健康教育。

2. 针对 6 个方面的健康教育内容，医务人员每次可仅对患者进行 1～2 个方面的健康教育，每个方面可设置若干知识点，每个知识点设置 1～2 个关键问题向该老年患者提问，每道题设置一定分值，请患者作答。根据患者回答情况予以评分，从而了解患者的健康教育效果。

（刘永兵　郑　英　薛孟欣　孙慧平　周静欣　薛　谨）

第二章　医养结合工作中的老年健康综合评估与老年长期照护

学习要求：

识记：描述老年健康综合评估的概念、老年健康综合评估的对象、老年健康综合评估的评测内容、长期照护和老年长期照护的基本定义、老年长期照护的基本原则、老年长期照护的主要内容和国内外老年长期照护的主要模式。

理解：理解老年健康综合评估研究的实际意义、国内外老年健康综合评估的研究发展差异、老年健康综合评估量表现存问题及未来展望和我国老年长期照护分级研究现存问题及未来展望。

运用：能够基于老年健康综合评估指标构建原则开展指标体系构建研究，并合理运用主要的老年健康综合评估量表和老年长期照护分级工具。

第一节　老年健康综合评估概述

案例 2-1　　老年健康综合评估在优化患者用药方案中的作用

Lea 等研究学者在 2017 年发表的文献中详细描述了老年综合评估（comprehensive geriatric assessment，CGA）在优化多病虚弱患者药物使用中的可行性和潜在临床效益。研究由 7 名全科医生自愿参加，全科医生所选择的患者（n=186）是当地的永久居民，年龄均≥65 岁，且每天服用≥8 种药物。患者经过书面邀请，详细了解研究目的、过程及意义，均签署知情同意书。全科医生在对患者进行评估之前，先由初级保健工作人员收集患者详细资料，包括病史、近期会诊记录、目前用药情况、近期实验室检查和社会情况。每名患者被安排进行 1 小时的 CGA，由 3 名老年科医生中的一名进行，以便有足够的时间探索所有相关方面，主要涉及完整疾病史、全面临床检查、平衡和行动能力评估、心理功能、家庭环境和社会支持等信息。经过咨询，老年科医生会提出进一步的评估、调查或药物改变的建议，并将他们的主要发现和建议输入标准模板中。

最终，老年科医生总共为 169 名（91%）患者提出了 687 项改变患者用药方案的建议，仅有 17 例（9%）患者没有被建议改变药物，这意味着平均每名老年患者的药物治疗存在 4 个更改变化。其中，药物治疗的主要变化是停止用药（34%）或减少剂量（24%），而应用新药治疗占比 18%。患者对这些老年科医生的建议依从率在 6 个月和 12 个月时分别为 72% 和 65%，说明由全科医生对有复杂用药需求的老年患者进行 CGA 是十分可行且有益的。

问题：1. 什么是 CGA？

2. CGA 主要包含哪些内容？

3. CGA 可以由哪些人员操作实施？

人口老龄化是全球关注的公共健康问题。在我国，由于失能、半失能、失智老年人的增多，老年人照护服务需求剧增。2013 年，国务院在《关于加快发展养老服务业的若干意见》中已经明确提出要全面建成以居家为基础、社区为依托、机构为支撑的养老服务体系。因此，如何建立符合我国国情的社区居家老年人照护服务体系，以确保老年人的照护需求和照护质量，是当前的迫切任务。CGA 是实施个体化养老服务和提高老年人照护质量的基础和前提。CGA 是指采用多学科方法评估老年人的躯体健康、功能状态、心理健康和社会环境状况，并制订和启动以保护老年人健康和功能状态为目的的治疗计划，最大限度地提高老年人的生活质量。

一、CGA 起 源

（一）国外 CGA 起源

CGA 的概念开始于 1930 年，由英国米德尔塞克斯医院的马乔里·沃伦（Marjory Warren）提出。英国医生通过对伦敦医院的患者进行综合评估并且给予针对性的治疗，使大多数卧床患者可以下床活动，出院后在家中进行进一步治疗。从那时起，CGA 逐渐受到医学界的重视。文献报道，CGA 在国外的开展主要有 2 种形式，一种是医院内进行的综合评估；另一种是以社区为基础的评估。医院内进行的综合评估是一种多维度、多学科的诊断评估，目的是制订一个整体的治疗及随访计划。以社区为基础的评估可充分利用和协调社区内的资源来满足老年人的各种保健需求，取得改善和维持老年人健康功能水平的效果，而且可减少医疗费用。

（二）国内 CGA 起源

我国 CGA 研究于 20 世纪 90 年代由国外引进，由上海医科大学的傅东波等研究学者在 1997 年首次将国外综合评估量表引进国内，近 10 年来相关研究数量才有所增加。目前，CGA 已发展成为一项重要的老年医学技术。CGA 又被称为老年人健康综合功能评估（comprehensive functional assessment，CFA）、老年综合健康多维功能评估（multidimensional functional assessment，MFA）。CGA 由老年病学专家开发，作为一种多维度跨学科的诊断性过程，是为了诊断虚弱老年人的生理、心理和社会功能而制订出的合作性及整体性的计划，以实现治疗疾病和长期追踪健康状况的目的。

二、CGA 研究意义

确定老年人养老服务需求即如何养老的首要环节就是对老年人整体状况进行综合评估，是一项对老年人躯体、精神、情绪、认知、经济和生活状况等方面开展的综合分析评价工作，简言之，是基于现代健康观，即 WHO 提出的健康概念对养老服务对象的健康进行评价。科学评估老年人养老服务需求，确定老年人的整体状况及实际需求，将老年人养老服务需求具体化和精确化意义重大。2013 年《民政部关于推进养老服务评估工作的指导意见》指出，建立健全养老服务评估制度，是积极应对人口老龄化、深入贯彻落实《老年人权益保障法》，保障老年人合法权益的重要举措；是推进社会养老服务体系建设，提升养老服务水平，充分保障经济困难的孤寡、失能、高龄、失独等老年人服务需求的迫切需要；是合理配置养老服务资源，充分调动和发挥社会力量参与，全面提升养老机构服务质量和运行效率的客观要求。可见，对老年人评估不仅能满足不同状况的老年人多样化的养老服务需求，而且对科学解决长期照护的资源供给和服务需求的矛盾、实现老年人长期照护保障的可持续发展发挥积极的作用，同时也为政府及相关部门评估、监督和考核养老服务机构提供科学依据。

因此，研究 CGA 具有十分重要的作用。CGA 是提出照护问题和制订健康服务决策的前提和基础，通过 CGA 能够全面了解老年人的健康状况，判断老年人健康管理的重点。无论是患者还是相对健康的老年人都能从中获益，对老年患者实施综合评估可预测老年患者的预后，降低不良事件的发生风险，及早改善躯体功能，缩短住院时间，减少医疗费用的支出；对于社区老年居民实施 CGA 能够了解老年人的健康服务需求，有利于合理提供养老资源，包括医疗保健、家政服务及评估健康服务效果等；另外，通过 CGA 能够早期发现老年人潜在的功能缺陷，准确把握老年人个体健康损害的程度和原因，及时为老年人制订综合的治疗、护理及保健计划，提高其生活质量和健康期望寿命。

CGA 不仅对老年人自身有益，对其家庭成员、医疗卫生人员、医疗机构及社会保障部门均有重要作用。对其家庭成员而言，通过 CGA 可以全面了解亲属的身体状况，促进生活环境改善，提供正确的社会支持，提高老年人的生活质量，减轻自身的负担。对于医疗卫生人员及照护活动而言，通过 CGA 建立有效的量表，更加精确而全面地对老年人躯体、心理和社会适应力进行评估，使得评估更加容易实施、可信。同时，标准的评估工具可以促进信息在健康工作者间的传递，使社区护理团队合作顺利、高效，提出正确的疾病诊断和制订合理的护理计划，科学有效地实施健康管理，进一步提高老年人照护的准确性，提供更加完善合理的养老服务。对医疗机构而言，有利于对患者进行分级管理，为不同诊疗护理需求的患者实施不同的医疗护理服务，促进医疗卫生资源合理利用。对社会保障部门而言，有利于为不同老年人提供个性化的养老服务，合理规划养老资源，有效降低医疗需求和费用，增加居家保健服务和社会服务的利用度。

三、CGA 对 象

CGA 的适宜对象是患有多种慢性病或老年综合征并伴有不同程度功能损害的衰弱老年人，但对于患有严重疾病如急危重症、疾病晚期、重度阿尔茨海默病、日常生活活动（ADL）能力完全依赖者，以及健康和相对健康的老年人不宜进行 CGA。CGA 最重要的特点就是使用多学科方法，跨学科团队的加入能够显著增加患者评估与照护的专业性和热情。CGA 通常由老年科医生、临床药师、语言治疗师、临床心理师、营养师、社会工作者及护士等多学科人员在老年综合门诊或病房进行。CGA 的核心组成部分包括老年人的功能状态、认知和情绪状态、社会支持和经济状况、营养状态、疾病和用药情况及老年综合征跌倒危险、思维混乱、尿失禁、听力和视力损害的评估等。

四、CGA 国内外研究现状

（一）CGA 国外研究现状

美国于 1975 年研制 CGA 表，将其运用于医院老年患者中。1987 年 NIH 组织了相关学科的专家制定了 CGA 的标准，并进行推广。英国于 1990 年出台相关政策规定医疗机构对于75岁以上的老年人必须进行CGA，以判断存在的老年健康问题。与传统的健康评估不同，CGA不仅关注疾病本身，更强调以人为中心，目的在于对个体的身心状况及社会环境进行全面评估，以评估结果为基础提出改善功能状态的干预措施，最大限度地提高老年人的生活质量。国外CGA已广泛应用于社区、医院、养老机构中，主要用于预测慢性病的并发症、老年癌症患者的评估和术前评估三个方面。有研究显示CGA可以预测糖尿病患者预后并可作为痴呆的早期诊断工具，还可以评估患者胰岛素注射能力及治疗效果；菲利普（Philippe）等在研究中报道了对患恶性肿瘤的老年患者通过CGA进行前瞻性观察或干预研究，结果显示通过CGA发现了大量未被认识到的健康问题，影响了21%～49%的老年患者的治疗方案，这说明CGA能够揭示老年癌症患者的许多健康问题，并可能影响治疗决策。目前的研究建议医务人员在评估老年癌症患者或对老年人进行术前评估时使用CGA，以确定在常规评估中未发现的问题、预测术后并发症的发生及发现化疗不耐受的患者等。

（二）CGA国内研究现状

目前，国内关于CGA的主要内容基本上已达成共识，宋岳涛提出CGA的主要内容包括老年一般医学评估、躯体功能评估、精神心理评估、社会与经济评估、环境健康评估、生活质量评估及常见老年综合征的评估七大方面；中华医学会老年分会于2017年在《中国老年综合评估技术应用专家共识》中提出CGA应从一般情况、共病、多重用药、躯体功能、精神心理状态、认知、营养状况、社会支持、居家环境方面进行评估。国内CGA的应用以社区老年人为主，1994年夏昭林等利用汉化量表对上海市某社区老年人的健康状况进行评价；2001年纽建中等利用汉化量表对上海市某社区2059名老年人综合健康功能状况进行调查；2009年陈先华等应用汉化量表对武汉市城区648例老年人的综合健康功能状况及其影响因素进行调查；2015年黄海蓉等利用汉化量表对深圳496名60岁以上退休老年人的日常生活能力、躯体健康、精神健康、经济状况和社会健康五个方面进行健康评估。以上研究多是对老年人群的健康状况或影响因素的调查等描述性研究，缺乏后续的干预措施及效果评价。2010年，张宏雁基于CGA通过专家咨询法（Delphi法）以军队干部保健为目的，构建综合健康评估指标体系，了解干部保健对象的健康状况。近年来国内学者开始研究对老年住院患者实施CGA的效果评价，常用于冠心病的康复、围手术期的处理、预防跌倒及出院后生存状况等方面，结果均显示CGA对住院患者有积极作用。

小链接　“一个医生治不了的老年病”——访北京老年医院院长陈峥

随着身体功能的衰退，老年人患病往往会伴随着一些功能障碍，在这种情况下，传统的生物医学模式就无法应对了。“老年医学一定是一个结合了生物的、心理的、社会的和环境的综合医疗模式，不仅仅是看一个疾病，而是要对这个人做综合的评估，”陈峥说，“老年病是不可治愈的，老年医学的目的是保护功能和维持生活质量。所以说，一个医生治不了老年病，反过来说，一个医生能治好的病一定不是老年病。”

目前，北京老年医院应对老年病的做法是综合评估、多学科诊疗。评估是从多方面进行的，包括医疗、护理、康复、营养、药学、心理，甚至还包括居住环境，全方位关注老年患者。以北京老年医院卒中单元为例，它以传统的神经内科为基础，与康复、护理、心理、营养、药学组成的多学科团队整合而成。但它不是一个堆砌了多个学科的大拼盘，而是围绕中枢神经系统损伤的保护与治疗的核心功能建立的多学科有机整合的接口与开放平台。在治疗疾病的同时，会实施防坠床、防误吸、防跌倒等早期干预措施。对照护者进行健康教育，让医护人员、照护者、家属整体关注老年人。这种“早期干预，早期康复”的模式使致残率、病死率都大大降低。

五、CGA 指标研究构建原则

（一）目的性原则

目的性原则要求评估指标能够真实反映和体现评价目的，能准确刻画和描述评估对象的特性，覆盖为达到评估目的所需的基本内容。所选取指标能够围绕养老服务对象健康状况，达到评价老年人健康水平的目的，从而为确定老年人养老服务需求提供参考依据。

（二）完备性原则

完备性原则要求评估指标能够全面反映评估对象的整体特征，从多个方面和维度衡量评估对象的属性，能够表达评估对象的主要特征和信息。

（三）可操作性原则

可操作性原则要求评估指标的设置深浅、粗细、繁简适当，评估标准有相应的依据，能够在评估中对数据的可靠性和准确性加以控制。在满足评估精度的基础上，指标信息应易于获取，尽可能使评估的成本降低。

（四）独立性原则

独立性原则要求评估指标内涵清晰、有代表性，指标间互相独立，能够从不同侧面体现评价对象的特性；对于多层级的评估指标体系，应注意指标的层次性，上下级之间保持自上而下的隶属关系。

（五）显著性原则

显著性原则要求在评估指标体系中，在考虑全面性的前提下，保留主要的关键指标，剔除次要的非关键指标，从而减少评估成本，节约时间。

（六）动态性原则

动态性原则要求随着事物的发展及评价目标的改变，需要对评估指标体系进行动态调整。评估指标的设置要具有弹性，能够灵活适应不断变化的外部背景及环境。

案例分析讨论 2-1

1. CGA 是指采用多学科方法评估老年人的躯体健康、功能状态、心理健康和社会环境状况，并制订和启动以保护老年人健康和功能状态为目的的治疗计划，最大限度地提高老年人的生活质量。

2. CGA 的核心组成部分包括老年人的功能状态、认知和情绪状态、社会支持和经济状况、营养状态、疾病和用药情况，以及老年综合征跌倒危险、思维混乱、尿失禁、听力和视力损害的评估等。

3. CGA 最重要的特点就是使用多学科方法，跨学科团队的加入能够显著增加患者评估与照护的专业性和热情。CGA 通常由老年科医生、临床药师、语言治疗师、临床心理师、营养师、社会工作者及护士等多学科人员在老年综合门诊或病房进行。

（王秀华）

第二节　CGA 工　具

案例 2-2　**CGA 工具的形成**

我国林燕等研究学者在2021年发表的文献中探索了简化老年健康综合评估（aCGA）分级在老年女性乳腺癌患者中应用价值。研究将 CGA 八个方面（功能状况、并存疾病、复合用药、营养状况、认知功能、心理状况、社会经济状况及老年综合征）的简化内容和得分纳入 aCGA 评估表，根据评估得分划分为 A、B、C 三个级别。以 2018 年 6 月至 2020 年 1 月北京协和医院收治的 70 岁及以上的老年女性乳腺癌患者为研究对象，分别做美国东部肿瘤协作组（ECOG）评分及 aCGA 分级，并对两种评估方法的结果进行比较。结果 162 例患者中，111 例（68.5%）aCGA 分级为 A 级，43 例（26.5%）为 B 级，8 例（5.0%）为 C 级；131 例（80.9%）伴有并发疾病，最常见的并发症依次为高血压（n=89）、心血管疾病（n=47）、糖尿病（n=39）。ECOG 评分 0～1 分 133 例（82.1%），2 分 24 例（14.8%），3 分 5 例（3.1%），无 4 分及以上病例。ECOG 体能状态良好 133 例（82.0%），不良 29 例；aCGA 分级健康状态良好 111 例，不良 51 例；两组相比差异有统计学意义（Y=14.24，$P<0.001$）。研究表明 aCGA 分级较 ECOG 评分能更全面评估老年女性乳腺癌患者的综合健康状况，可应用于 70 岁及以上的老年女性乳腺癌患者。

问题： 1. 国内外常用 CGA 量表有哪些？

2. 研究者为什么不直接选用已知的成熟 CGA 量表？

3. aCGA 评估表相较于 ECOG 存在哪些优势？

CGA 工具是采用多学科方法对老年人的躯体健康、功能状态、心理健康和社会环境状况进行评估，是为老年人选择合适的养老方式、提供个体化的照护服务不可缺少的工具之一，对维持和改善老年人的健康状况、提高老年人生活质量有重要作用。因此，深入了解并学习国内外老年人健康综合评估量表的构建、指标体系结构、信效度评价、实际应用优势与不足等显得尤为重要，将有助于展望该领域未来研究趋势，为未来研究选择适宜量表提供有利参考，为开发具有我国特色的老年人健康综合评估量表提供依据。

一、国外 CGA 量表的研究现状

目前，国外已经建立了多种 CGA 量表，第一个 CGA 量表是 1975 年创建的美国老年人资源与服务（older American resources and services，OARS）量表，在随后的 20 年间又

创建了综合评估和转诊评估（the comprehensive assessment and referral evaluation，CARE）量表、费城老年中心多层次评估工具（Philadelphia geriatric centre multilevel assessment instrument，PGCMAI）、SF-36 健康相关生活质量测量（SF-36 health-related quality of life measure，SF-36 HRQL）量表、功能评估量表（functional assessment inventory，FAI）等。

进入 20 世纪 90 年代后，随着对生活质量的研究越来越多，CGA 量表也增加了对生活质量的评估，包括生活质量测定量表（老年版）（quality of life profile-seniors version，QOLPSV）、老年人生活质量问卷（geriatric quality of life questionnaire，GQLQ）、爱荷华自评量表（IOWA self-assessment inventory，ISAI）、LEIPAD 生活质量问卷（LEIPAD quality of life questionnaire）等。其中应用较多的为 QOLPSV，目前仍被广泛运用于 CGA 中。

进入 21 世纪以后，在此前创建的多种 CGA 量表的基础上，对老年人健康评估的内容也越来越全面，包括老年人筛查问卷（geriatric screening questionnaire，GSQ）、CARE 老年人评估系统（EASY-CARE）量表、老年人邮政筛查问卷（geriatric postal screening survey，GPSS）等。其中应用最广泛的量表为 EASY-CARE 量表。

（一）OARS 量表

OARS 量表是第一个 CGA 量表，1975 年由美国杜克大学老年与人类发展研究中心创立。OARS 量表包括两部分：①功能状态的多学科评估；②服务需求和使用情况的评估。OARS 量表包括 5 个维度的评估：社会资源、经济资源、心理健康、生理健康、日常生活能力。社会资源包括家庭关系和朋友关系，经济资源即经济收入是否充足，心理健康包括精神健康的程度和相应的机体表现，生理健康包括生理失调的表现和生理活动，日常生活能力包括基础性日常生活能力和工具性日常生活能力。OARS 量表包括 105 个问题，其中 72 个问题由老年人自行完成，19 个问题由老年人周围的人如家庭成员进行填写，14 个问题由访谈者填写，需要大约 1h 完成。量表填写完成后由调查员对 5 个维度得分进行汇总。每个维度采用 6 分制，从小到大依次代表极佳、良好、轻度、中度、重度和完全障碍，5 个维度评分之和代表老年人的综合健康状况。总分 5～10 分者为综合健康状况良好，11～14 分者为综合健康状况一般，＞15 分者为综合健康状况较差。

OARS 量表具有良好的信度和效度，克龙巴赫（Cronbach's）α 系数在 0.662～0.865，效标关联效度在 0.67～0.89。但是 OARS 量表并不是适合所有国家或地区。布霍尔特（Burholt）等将 OARS 量表在欧洲 6 个国家进行应用以验证其在欧洲的信效度，结果显示，该量表各维度的关联度均≥0.2，独立性和有效性的信度很低，所以单一的量表不能应用于所有国家。OARS 量表简明、有效、可信，广泛应用于个人功能状态临床评估、成人状态调查、服务有效性评估、服务需求评估及服务提供者的培训。目前，OARS 量表已经被翻译为 14 种语言，在全世界广泛使用。

（二）CARE 量表

CARE 量表于 1977 年创立，含有 4 个核心方面共 1500 个项目，覆盖了老年人心理、生理、营养、社会、经济问题。另有核心-CARE 量表和简洁-CARE 量表，包含了抑郁症、痴呆、活动障碍、主观记忆、睡眠、躯体症状等 6 个方面，可以用于老年人认知功能的评价，得分越高代表老年人的认知功能越差。CARE 量表的临床诊断灵敏度为 0.87，特异度为 0.79，不同种族和文化背景相对来说对结果影响不大，其适用于各类老年人评估、卫生经济评估。亚历山德里尼-席尔瓦（Alexandrino-Silva）等为了验证老年人抑郁症与生活事件及社会支持的联系，对 367 例 60 岁以上社区中患有抑郁症的老年人使用 CARE 量表评估其生活事件与社会支持状况，结果显示，生活事件与社会支持的缺乏与老年人患抑郁症之间存在联系，CARE 量表能够较好地评估老年人生活事件与社会支持状况。

（三）PGCMAI

PGCMAI 由费城老年中心劳顿（Lawton）开发制成，第 1 版 PGCMAI 涉及 7 个概念，随后又增加了 1 个概念，这 8 个概念包括 ADL、个人适应、生理健康（PHDI）、社会、环境、时间利用（time use）、活动性（MOBI）、认知。PGCMAI 量表有 3 个版本，最长的版本包括 147 个问题，中间长度的版本包括 68 个问题，最短的版本有 24 个问题。米哈格（Minhage）等将 PGCMAI 转化为瑞典版本，应用于 2 个瑞典城镇中有活动障碍的老年人，以验证其信度与效度，结果显示，瑞典版本的 PGCMAI 具有良好的信度与效度。

维辛（Wissing）等为了比较有下肢溃疡老年人和无下肢溃疡老年人之间的生活状态和功能状况差别，使用 PGCMAI 分别对 70 例有下肢溃疡老年人和 74 例无下肢溃疡老年人进行了评估，结果显示，有下肢溃疡老年人在 ADL、个人适应、生理健康、社会、环境、时间利用、认知维度得分均显著低于无下肢溃疡老年人，提示有下肢溃疡老年人的生活状态相对较差，更易受到伤害，PGCMAI 能较好地评估老年人生活状态与功能状况。

（四）SF-36 HRQL 量表

SF-36 HRQL 量表由波士顿新英格兰医学中心及加利福尼亚州圣塔莫尼卡市兰德公司共同研制，主要用于临床实践和研究、健康政策评估、普遍性的人口调查、患者在现实中的功能状况评估。SF-36 HRQL 量表具有良好的内部一致性和结构效度，国内外研究表明，SF-36 HRQL 量表同样适用于老年人的健康相关生活质量评估。该量表共有 36 个关于老年人生理功能、社会活动和情绪的问题，涉及 8 个概念：①由于健康问题导致的老年人生理活动限制；②由于健康问题导致的老年人平时角色活动限制；③由于生理或情绪问题导致的老年人社会活动限制；④躯体疼痛；⑤一般精神健康，包括心理痛苦和安适；⑥由于情感问题导致的老年人平时角色活动限制；⑦活力，包括能量或肥胖；⑧一般健康感知。问卷一般在 10min 内完成，将各项目分数相加，分数为 0～100 分，100 分表示老年人机体功能完好或处于最好状态。SF-36 HRQL 量表可以帮助社会工作者或健康照护人员对老年人个体健康有更加整体的把握。然而，SF-36 HRQL 量表评估维度单一，可以对 SF-36 HRQL 量表进行进一步改进，使其更加适合于老年人的生活质量评估。

瓦雷尔（Varel）等为了研究圣保罗州坎皮纳斯市衰弱老年人生活质量，对 122 例衰弱老年人分别使用世界卫生组织生存质量测定量表简表（WHOQOL-BREF）、世界卫生组织生存质量测定量表老年版（WHOQOL-WHO）、SF-36 HRQL 量表进行评估，研究发现，对衰弱老年人进行生存质量评估对于为老年人提供有计划的健康照护有重要意义，SF-36 HRQL 量表可以较好地评估老年人的生活质量。

（五）EASY-CARE 量表

EASY-CARE 量表建立于 1994 年，包括 31 个问题，随后分别于 1999 年、2004 年、2010 年进行了修订完善。现在的 EASY-CARE 量表包括 3 个部分，共 49 个核心问题，包括生理、精神、社会及环境等方面。EASY-CARE 量表是在已有 CGA 量表基础上发展而来的，包括 SF-36 HRQL 量表、Brathel 指数评定量表、OARS 量表等。EASY-CARE 量表具有很好的有效性和可接受性，其可靠性还有待验证。Philip 等研究发现，EASY-CARE 量表在低收入国家、中等收入国家和高收入国家均有很高的可接受性，有望发展成为一项全球可用的整体评估量表。

二、国内 CGA 量表的研究现状

国内对 CGA 量表的研究较少，主要为借鉴、改编国外量表或者组合多种量表测量各个维度，进行综合评价，应用于老年人健康状况的评估、住院老年患者的评估及干预。例如，岳劲为了调查西安地区老年人健康状况，使用一般状况调查表、躯体健康评估表、老年人失能等级评估表、生活行为与社会功能评估表、实验室检查及简易精神状态检查（mini-mental state examination，MMSE）量表和老年人抑郁量表（geriatric depression scale，GDS）对西安地区老年人的健康状况进行了评估。冯艳为了研究以 CGA 为基础对老年癌症患者进行多学科护理的生存获益效果，将 45 例癌症老年人根据护理方式的不同分为研究组和对照组，研究组给予 CGA 后进行多学科干预，评估内容包含 ADL 及工具性日常生活活动（instru-mental activities of daily living，IADL）评估、认知评估、焦虑自评量表（SAS）评估、抑郁自评量表（SDS）评估、微型营养评定（MNA）评估、各项身体功能的评估及相关治疗情况评估等；对照组给予常规护理。结果显示，对癌症老年人进行 CGA 后再实施干预，可有效改善患者心理状态，提高其生存质量，降低不良反应发生率，具有广阔的临床前景。我国目前的 CGA 量表包括中国老年人健康综合功能评价量表、《中国健康老年人标准》评估量表、老年健康功能多维评定量表、aCGA 分级等。

（一）中国老年人健康综合功能评价量表

2012 年四川大学华西医学院胡秀英等通过文献研究法和 Delphi 法并结合中国文化背景，研制了适合中国文化的中国老年人健康综合功能评价量表。中国老年人健康综合功能评价量表包括生活功能健康状态、精神心理健康状态、社会状况 3 大维度 7 项指标共 67 个条目，通过调查 267 例医院、养老院和社区的老年人，对该量表的信效度、反应度及临床可行性进行了考评，结果显示，该量表总的 Cronbach's α 系数为 0.909，各维度与量表总分的 Cronbach's α 系数分别为 0.952、0.625 和 0.801，各指标的 Cronbach's α 系数为 0.718～0.960；内容效度好，维度相关系数大多数＞0.5，因子分析的累计贡献率为 76.88%，以上均说明中国老年人健康综合功能评价量表具有较好的信度、效度和反应度，具有较好的品质和临床可行性。该量表弥补了当前国内不能全面评价老年人健康功能问题和干预效果的不足。

（二）《中国健康老年人标准》评估量表

2013 年我国公布了《中国健康老年人标准（2013）》，此标准通俗易懂，倡导健康生活习惯，同时考虑到机体增龄性变化，引入了自我评价和参与社会活动等指标。根据《中国健康老年人标准（2013）》形成的评估工具主要包括老年人心脑血管疾病的相关危险因素控制目标、MMSE 量表、GDS 和 ADL 量表。葛亮等依据《中国健康老年人标准（2013）》设计拟定问卷调查表，包括认知功能、心理状况和生活自理能力评分，用来评估老年人健康状况及慢性病调查。但是综合健康功能状态评估仍然是基于老年人的 ADL，缺乏对社会环境因素的评估。

（三）老年健康功能多维评定量表

2015 年厦门大学公共卫生学院茅范贞等在国外已有常用 CGA 量表中文版的基础上，通过文献研究法和 Delphi 法研制了简单且符合我国国情文化的老年健康功能多维评定量表，该量表包括社会关系资源、日常生活能力、身体健康、精神健康、经济资源和认知功能 6 个维度共 30 个条目。通过对 2032 例老年人健康数据进行量表考评，Cronbach's α 系数为 0.992，验证性因子分析结果为比较拟合指数（CFI）、规范拟合指数（NFI）、增值拟合指数（IFI），均＞0.90，近似误差均方根（RMSEA）＜0.08，具有良好的信度与效度。

（四）aCGA 分级

2021 年中国医学科学院林燕等研究学者为了探讨适宜老年乳腺癌患者的治疗前评估方法，研制了 aCGA 分级。aCGA 分级评分标准如下。①参照日常生活活动量表和工具性日常生活活动量表评价患者的功能状态，两者均正常则 aCGA 分级表中功能活动记为正常 0 分，两者至少有 1 项异常则记为异常 1 分。②参照微型营养评定来评价患者的营养状态，≥8 分（即营养状况良好）定义为正常，＜8 分（包括可能存在营养不良风险及营养不良）定义为异常。社会经济状况包括老年人的居住条件、受照顾情况、交通条件和医疗保险等。营养支持和经济支持状况均正常则在 aCGA 表中记为 0 分，有异常存在则在 aCGA 表中记为 1 分。③参照老年抑郁量表评估老年乳腺癌患者以抑郁为主要内容的精神状况，＜5 分定义为正常，≥5 分为异常。④共病负荷：参照老年累积疾病评估量表所列的包括心脏、呼吸、消化、造血、代谢等在内的 13 大类疾病名称，列出患者的共病负荷，每种疾病赋值 1 分，如共存疾病超过 5 个，列出与整体健康及治疗耐受最相关的前 5 个疾病。⑤最常见的老年综合征表现有痴呆、谵妄、抑郁、心理痛苦、骨质疏松、跌倒、疲劳、衰弱等。以上症状如果是疾病导致则归入共病负荷项目中，如果没有明确的疾病诊断则归入老年综合征，有老年综合征相关症状定义为 1 分，没有则记为 0 分。最终分为 A（0～3 分）、B（4～6 分）、C（7～9 分）三级，A 级提示整体健康状况良好，B 级提示整体健康状况不良，C 级提示整体健康状况差。

三、CGA 量表现存问题及未来展望

（一）CGA 量表现存问题

目前，我国对 CGA 量表的研究和应用较少，主要应用于通过 CGA 调查老年人健康状况，使用的 CGA 量表多为译为中文的国外量表。到目前为止，尚无针对我国社区居家老年人特点的普适性的 CGA 量表，也未根据评估结果进行照护服务等级划分；此外，养老领域的各种产品在开发之前并没有针对社区居家老年人群进行 CGA，导致各种老年产品的

实用性不强。近年来，我国开始重视 CGA，但是 CGA 量表仍然不全面，如很多 CGA 量表常忽视对营养不良的筛选，然而营养问题在老年人中并不少见，尤其是对于有潜在疾病的老年人，所以，营养评估应该作为 CGA 的一部分。此外在实际应用中，CGA 的实施还存在诸多困难。首先，完成 1 例 CGA 需要 40～60min，需要大量的时间和人力资源，不利于广泛应用；其次，CGA 常需要由多学科组成的团队实施，在空间和相关专业人员有限的医院中实施 CGA 比较困难。

（二）CGA 量表未来展望

在我国“十三五”养老服务体系战略发展目标的背景下，亟待提高老年人照护服务水准，而构建针对我国老年人特点的普适性的 CGA 量表是实现高质量照护服务的关键性的第一步。CGA 指标体系不仅可广泛应用于老年医学、老年护理学，为居家、社区及机构养老的分级照护服务提供依据，同时也可为老年人健康大数据的建立奠定基础。因此，创建我国 CGA 量表，对老年人获得个性化的照护服务，提高其生活质量具有十分重要的现实意义。

在今后我国 CGA 量表研发中，CGA 量表内容应根据 WHO 健康定义、《中国健康老年人标准（2013）》并借鉴国外 CGA 的评定内容设立评估维度，包括生理健康、心理健康、社会资源 3 个方面。生理健康包括认知功能、ADL 等；心理健康包括个人心理状况及社会适应等；社会资源包括家庭经济及照护能力、社会资源等。同时，未来应注重研发更为精简有效的 CGA 量表，使 CGA 既科学、全面，又具有可操作性、针对性，评估时间最好控制在 30～40min。CGA 可以由老年多学科团队来实施，包括全科医生、照护人员、营养师、心理咨询师、老年人家属、志愿者、社会工作者等，可以由医生或照护人员牵头，对老年人实施 CGA，为老年人医疗照护服务提供依据。在构建新的评估量表时，除了采用文献研究法和 Delphi 法，最好有理论框架的支持，发展更为完善的量表，为 CGA 的实施提供更为有利的条件。

案例分析讨论 2-2

1. 国外常见 CGA 量表包括 OARS 量表、CARE 量表、PGCMAI 量表、SF-36 HRQL 量表、EASY-CARE 量表等，国内常见 CGA 量表包括中国老年人健康综合功能评价量表、《中国健康老年人标准》评估量表等。

2. 较为经典的综合老年评估系统内容繁杂，因此在老年乳腺癌的诊治工作中应用并不广泛。ECOG 的体力状况评分在乳腺癌的治疗及研究中较为常用，但其内容过于简单，在完整评估老年患者治疗耐受性方面稍显不足。因此，为了探讨适宜老年乳腺癌患者的治疗前评估方法，简化了 CGA 复杂的评估条目，形成了 aCGA 分级。

3. aCGA 评估及分级的参考指标包括功能状态、并发症、老年综合征、营养、经济支持状况的评价内容。赋值总分数为 9 分，相较于 ECOG 单一的体力状况评分，它涵盖了整体评估的基本内容，且突出了与手术和综合治疗相关的并存疾病权重，同时也较传统的 CGA 评估条目简单、易于操作，能够在 10min 左右完成内容采集和评价分级，临床可操作性较好。

（杨 琛）

第三节 老年长期照护概述

案例 2-3 **我国的老年长期照护服务**

2015 年，我国失能、半失能老年人数达到 4063 万，占老年人口的 18.3%，到 2025 年预计将上升到 7279.22 万，2030 年将高达 1 亿。老年长期照护服务需求持续攀升，15.3%的老年人表示需要照护服务，上门看病和康复护理服务的需求比例分别高达 38.1%和 11.3%。老年人口对于美好生活的向往已经与当前不平衡不充分的发展之间形成了主要矛盾。为保障失能老年人的晚年生活质量，国家人力资源社会保障部办公厅于 2016 年发布了《人力资源社会保障部办公厅关于开展长期护理保险制度试点的指导意见》，率先在全国 15 个城市开展长期护理保险试点。上海市作为探索建立长期护理保险制度的试点城市之一，2018 年设立了“为 300 万老年人提供长期护理服务”的目标。失能老年人的护理服务质量问题，不仅关系到老年人退休后的生活品质，也关系到我国传统孝文化的传承与社会的安定和谐，是关乎国计民生的重大问题，迫切需要深入的研究与探讨。

问题： 1. 什么是老年长期照护？

2. 老年长期照护的原则是什么？

3. 老年长期照护的主要内容包括哪些？

目前，我国人口年龄结构已呈现出老龄化和高龄化的趋势，且我国老年人口总体健康状况不容乐观，高龄人口尤为严重，“长寿不健康”的普遍状况令人担忧。据统计，我国 60%～70%的老年人具有慢性病史，60 岁以上老年人慢性病患病率是总人口患病率的 3.2 倍，其中 15%疾病严重，伤残率达总人口的 3.6 倍；如此之高的慢性病患病率是导致我国老年人失能发生率居高不下的重要原因之一，据调查，中国目前是世界上失能老年人口最多的国家，根据第四次中国城乡老年人生活状况抽样结果显示，我国完全失能老年人约占 60 岁以上人口的 4.2%，其中重度失能老年人约占 1.3%，中度失能老年人占 0.5%，轻度失能老年人占 2.3%。这种慢性病化、失能化的发展趋势决定着我国老年长期照护需求必将日益扩增。《“健康中国 2030” 规划纲要》明确指出加强重点人群的健康服务，强调建立多层次、全方位的长期护理保障制度。

一、概念界定

（一）长期照护

1987 年美国学者 Kane 首次提出长期照护（long-term care，LTC）的概念，认为 LTC 是为先天或后天失能者提供医疗护理、个人照顾和社会性服务的行为。截至目前，学术界对 LTC 的概念并没有统一的界定，亦有一些国家将其译为“长期照料”“长期照护”“长期护理”等。WHO 则将其定义为“是由非专业护理者和专业人员进行的护理活动，以保证生活不能完全自理的人能获得最大可能的独立、自主、参与、个人满足及人格尊严，其主要提供给残疾或有慢性病的患者，直至生命终止”。至于“长期”所规定的时间范围也未有统一定论，一般认为长期照护时间大于 6 个月则会造成家庭异常沉重甚至难以承受的负担。

（二）老年长期照护

老年长期照护是指老年人由于生理、心理受损而生活不能自理，在较长时期甚至是生命存续期内，都需要他人给予日常生活照料、医院内外医疗护理照料等服务，旨在提高正常衰老或病理性衰老老年人的生活质量，亦是预防新疾病发生的重要措施，其最根本的目的并不是治愈疾病和残障，而是增强老年人的生活自理能力，实现健康老龄化。决定老年人是否需要外界提供照护服务的因素不胜枚举，而失能状况是导致其产生长期照护需求的最主要因素。

二、老年长期照护原则及主要内容

以《维也纳老龄问题国际行动计划》和《联合国老年人原则》为基础，WHO 提出老年长期照护的两大愿景：①需要长期护理的老年人群的持续终生发展；②老年人生活和护理机构的优化完善。美国医学委员会确定了老年长期照护的 3 个原则：①需要全面解决老年人的卫生需求；②需要有效地提供服务；③老年人需要积极主动地照顾自己。依据上述原则，老年长期照护的内容被解析为如下方面：①保持参与社区、社会和家庭生活；②住房的环境性适应和辅助装置可以弥补功能减退；③评估和评价社会护理和卫生保健状况；④制订规划以通过降低危险性措施和医疗质量保证减少残疾或预防恶化；⑤必要时在专门机构或社区提供照顾；⑥承认和满足精神、情感和心理需要；⑦酌情给予必要的姑息治疗和抚恤支持；⑧对家庭、朋友和其他非正式照顾者提供支持；⑨由具有文化敏感性的专业人员和准专业人员提供支持服务和护理。

三、国内外老年长期照护模式

（一）国外老年长期照护模式

1. 老年评估和护理资源（geriatric resources for assessment and care of elders，GRACE）**模式** 围绕低收入老年人群慢性病发病率高、健康素养偏低及社会经济压力较高的情况，印第安纳大学开发了老年人护理评估资源。GRACE 模式提供以家庭为基础、聚焦以健康评估为基础、整合多学科照护资源的综合老年护理。在该模式下，由 1 名护理师和 1 名社会工作者组成的小组到患者家中进行初步评估，然后每月至少与患者进行 1 次电话或面对面的随访。多学科照护团队由老年医学专家领导、药剂师、物理治疗师、精神卫生社会工作者和社区服务联络员组成。该小组利用患者的初级保健医师提供的信息，为患者制订护理计划，其中包括已制订的有关治疗 12 种目标老年疾病的方案。GRACE 模式多学科小组每周开会讨论患者的病情进展情况，相关工作还会得到电子医疗记录和基于 Web 的跟踪系统的支持。通过对照临床试验，该模式在提高老年人生活质量、降低急症护理使用率方面获得较好效果。

2. 全方位老年护理（programs of all-inclusive care for the elderly，PACE）**模式** 旨在通过社区服务提高老年人生活质量并满足其照护需求。PACE 模式包括成人日托中心、营养咨询、娱乐治疗、交通和个人护理服务 4 个模块。由多学科团队提供服务内容，这个团队包括初级保健医生、注册护士、社会工作者、物理治疗师、药剂师、职业治疗师、休闲理疗师、营养师、服务经理、家庭护理协调员、护工和司机。该模式创新性地将专业医护人员和非专业护理人员共同纳入多学科团队。团队的每个成员对每例患者进行初步评估，然后通过远程信息共享、定期讨论等方式共同创建个体化、动态化的护理计划。其中，成人日托中心在该模式中承担主要的医疗护理服务内容。成人日托中心包括 1 个健康诊所、至少 1 个用于社交和娱乐活动的公共休息室，通过日托中心，团队成员能够识别患者的健康状态或情绪的细微变化，并迅速解决这些问题。团队成员还会定期评估患者的医疗、功能和社会心理状况，并记录医疗记录中的变化。该模式采用多学科合作的模式为社区老年人提供全面的护理服务，通过医疗机构的协作服务，保持医疗信息的连续性和完整性，实现医疗信息资源的整合。PACE 模式目前已获得国会医疗保险和医疗补助豁免授权的支持。

3. 高级疾病管理（the advanced illness management，AIM）**模式**　聚焦于临床医疗护理、家庭卫生保健和必要的临终关怀的结合，旨在消除临床护理和临终关怀之间的差距，目标是为重病患者提供一系列以家庭为基础的服务，帮助他们从家庭保健过渡到临终关怀，并避免不必要的住院治疗。在该模式中，护士个案管理人员（AIM 护士）是 AIM 模式的主要提供者。AIM 护士接受专门的老年疾病管理培训课程，内容包括姑息治疗的定义和理念、保险覆盖范围、家庭护理和临终关怀原则等。他们对患者的指导内容包括疾病过程和预后、治疗方案、护理计划、疼痛和症状的处理及临终关怀等方面。对该模式的早期评估发现，重症或疾病终末期老年患者的临终护理服务需求得到了较大程度的满足。

4. 绿色居所（the green house，GH）**模式**　旨在改变传统的养老院护理文化，通过改变环境、增加选择和赋予护理人员更多权力来提高老年人的生活质量与员工工作满意度。GH 模式强调居民在正常的环境下生活，而不是在治疗的环境中。该模式是基于伊甸园替代的原则，以促进养老文化的变化，该模式包含如下 3 个关键元素。①环境是由 1 个小的、技术先进的房子组成，它可以作为 8～10 个居民的家，在外观和功能上充当真正的家，因此，没有护士工作站、药物推车或公共广播系统。②护工扮演着广泛且关键的角色，包括个人护理、烹饪、家政，以及协调住院医生，所有护工都会接受正规的职业培训；此外，团队支持系统还包括护工培训师、管理者，作为团队成员之间的协调者和质量监督者。③专业的医疗保健提供者（如护士、医生、社会工作者和药剂师）组成来访的临床支持团队，为老年人提供专门的评估；执业护士负责 GH 的临床护理，护工可以随时通过急救寻呼机寻求 24 小时的执业护士服务。有学者将该模式运用到养老院长期护理中，老年人群的生活质量、对居住地的满意度、社会参与度、情绪健康都得到提高，抑郁症患病率有所下降。此外，护工的离职率降低，员工满意度得到提升。

5. 长久照护模式（evercare model，EM）　EM 是协调医疗保险紧急护理服务和医疗补助计划下的养老院服务模式。在 EM 下，执业护士发挥多点护理和协调指导的作用。执业护士每隔 2～3 天到每家养老院进行 1 次巡诊。护士在服务团队中发挥多方协调作用，与养老院工作人员、家属和家庭医生等沟通相关信息并协调工作。EM 强调对养老院工作人员的职业培训，执业护士与养老院工作人员共同监测治疗实施并评估患者健康状态的变化。在 EM 指导下，Sally 开展了 1 项长达 5 年的老年慢性心房颤动患者的护理干预研究，结果显示，运用该模式照护的患者住院频次仅为 0.06 次/月，与对照组（0.2 次/月）相比差异有统计学意义（$P<0.01$）。该模式成功地减少了住院人数，并为老年患者提供了高质量的长期护理。

6. 改善情绪：促进老年抑郁症的协同治疗（improving mood：promoting access to collaborative treatment for late life depression，IMPACT）　是建立在抑郁症循证治疗基础上的社区老年护理模式，并结合了用于管理其他慢性病如糖尿病的方法：患者、初级保健提供者和专家之间的合作，包括使用有针对性的咨询；制订个性化治疗计划；积极跟进及监察；分级护理的协调。参与 IMPACT 的患者接受有关老年抑郁症的教育材料，并在初级保健诊所访问护理经理。护理经理通常是护士、心理学家和社会工作者，他们会接受抑郁症相关的专业培训，与患者的常规生活护理提供者一起制订治疗计划，并且护理经理会接受 1 名精神科医生和 1 名初级医师的监督。在 IMPACT 下，护理经理亲自面见患者或通过电话对患者进行监测，至少每隔 1 周与患者接触 1 次，鼓励患者参加社会活动，并根据需要向他们推荐额外的健康或社会服务。如果患者从抑郁中恢复，就会制订一个预防复发的计划，护理经理会继续对患者进行跟踪。如果患者治疗效果不佳，及时组织支持小组讨论患者的情况，并安排患者在初级保健诊所接受精神病医生的咨询，从而调整治疗计划。该模式的效果通过临床研究得到了证实，参与者在抗抑郁治疗、抑郁症状、抑郁缓解、身体功能、生活质量、自我效能和护理满意度方面均得到改善。

小链接　国家卫生健康委员会等 13 部门《关于印发“十四五”健康老龄化规划的通知》中指出：推动居家老年人长期照护服务的发展

我国目前尚未建立起适应老年人健康需求的包括保健-预防-治疗-康复-护理-安宁疗护的综合性、连续性的服务体系。老年医疗卫生服务机构、康复医院、残疾人专业康复机构、护理院等机构数量有限且地区分布不均，失智照护、安宁疗护等机构严重缺乏，为社区和居家老年人提供健康服务的能力亟待加强；从事老年健康服务的人员数量不足，尤其是基层人才严重缺乏。因此，需不断强化基层医疗卫生服务网络功能，积极推广家庭医生签约服务，为老年人提供综合、连续、协同、规范的基本医疗和公共卫生服务；充分利用社区卫生服务体系，培育社会护理人员队伍，为居家老年人提供长期照护服务和“喘息”服务，鼓励社会力量利用社区配套用房或闲置用房开办护理站，为家庭成员提供照护培训，为失能老年人提供居家健康服务；鼓励社区卫生服务中心与相关机构合作，增加照护功能，为居家老年人提供短期照护、临时照护等服务等。总体而言，需探索建立从居家、社区到专业机构的比较健全的长期照护服务供给体系。

（二）国内老年长期照护模式

1. 居家长期照护模式　居家长期照护模式是我国最主要的照护模式。受儒家思想的影响，老年人多数首选居家长期照护模式，主要由家庭成员或雇请的保姆照顾。选择居家长期照护模式的原因：一方面在熟悉的环境里享受着家人的照护和陪伴；另一方面费用比机构或社区低很多。目前，家庭结构越来越小型化，致使家庭照护的能力及资源相对不足，功能逐渐弱化，家庭照护者以女性为主，未接受系统的培训以至缺乏专业知识无法满足老年人的需求。2011 年社会养老服务规划进一步阐述了居家养老护理服务包含生活照料、家政服务、康复护理、医疗和保健、精神慰藉等，与以往表述不同的是增加了医疗保健。随着社会的进步，老年人的护理需求逐渐增多，单一照护模式已不能完全满足理想的要求，老年照护服务向着以社区为中心复合型的居家护理发展。

2. 社区老年长期照护模式　在政策的支持下，社区老年长期照护模式得到了一定的发展。社区老年长期照护模式主要包括访视护理、家庭病床及日托护理中心等。家庭病床是把熟悉的家庭环境作为医疗护理场所，将家庭医疗护理、保健预防、健康教育融为一体，是一种新型的医疗模式，也是社会卫生服务的重要补充，顺应社会的发展，更加有利于资源的优化。2016 年中华人民共和国民政部（以下简称民政部）提出，日间照料中心可为社区内的自理、半自理老年人提供饮食服务、个人照护、养生保健、康复服务、心理慰藉等日间托养服务，是社区养老的重要组成部分，白天入托、晚上回家享受家庭的温馨，是一种新型的养老方式。

3. 机构老年长期照护模式 机构老年长期照护模式主要通过养老机构及各级医疗单位，为患者提供全天候的住院服务，包括医疗护理服务及个人的生活照料等，主要适用于病情危急或缺乏有效的家庭或社区照护的老年人，机构老年长期照护模式具备较强的专业性。我国长期照护机构可分为公办及民营两种，但部分民营照护机构由于照护能力不足，为了降低照护风险而不愿收治失能患者，收治对象大多是健康的老年人。公办照护机构因其较低的价格而变得一床难求。

4. 整合型老年长期照护模式 2014 年，杜鹏等首次引入“integrated care”这一概念，综合各方面考虑将其译为“整合照料”，从多方面、多角度对我国老龄化政策改革提出意见和建议，涵盖医疗服务、社会照料及网络技术的开发等，鼓励探索符合中国国情的整合照料模式，开创了以整合照料为中心的老年研究新视角。医养结合是整合照护的实现形式，与整合照料理念相一致，对我国养老模式的创新与发展具有重要意义及价值。社区卫生中心的老年科属于医疗与养老相结合的模式类型，将照护者、被照护者及其家庭紧密地连接在一起，从而有效地开展以家庭为主的非正式照护服务的护理模式，使老年人保持一定的社会交往，提升了自我照护的能力。袁妙彧等研究发现，以社区为基础进行居家养老与机构养老整合是我国社会养老服务发展的趋势，社区内的小型养老综合体未来将超越传统的养老机构成为我国社会养老的主流模式。

5. 信息化智慧养老护理模式 信息化智慧养老是指以提高老年人生活品质为目的，将人工智能、大数据、云计算、互联网等信息技术充分拓展到养老服务模式中，构建智慧养老平台，既可以实现紧急救助、线上问诊、居家护理等日常照料，又能够满足动态监测、健康教育、精神慰藉等多元化的需求，从而提供精准、优质、个性化的智慧养老模式。朱丽科等在智慧养老模式对改善老年身心健康状况的效果研究中，将符合研究标准的老年人按照随机数字表法分为观察组和对照组各 60 例，分别给予智慧养老服务和常规服务，结果显示智慧养老能够提高老年人的日常生活能力和生活质量，丰富晚年生活，保障其医疗服务需求，同时也有利于政府养老资源的合理配置。雷梓茵等调查发现，居民在养老方式的选择方面更倾向于社区智慧养老模式，选择这一方式的受访者高达 70.59%，人们对社区智慧养老模式寄予了较大的期望。时代在发展，越来越多的智能设备在老年护理中发挥了作用。目前，信息化智慧养老护理服务不仅可以通过数据平台实时将监测数据上传医疗机构，还可以应用到特定慢性病的智慧化管理中。快速发展的科技与通信技术，让医疗服务从医院向外延伸，使高龄者能够在自己熟悉的生活空间中有尊严地居住和生活。

案例分析讨论 2-3

1. 老年长期照护是指老年人由于生理、心理受损而生活不能自理，在较长时期甚至是生命存续期内，都需要他人给予日常生活照料、医院内外医疗护理照料等服务，旨在提高正常衰老或病理性衰老老年人的生活质量，亦是预防新疾病发生的重要措施，其最根本的目的并不是治愈疾病和残障，而是增强老年人的生活自理能力，实现健康老龄化。

2. 美国医学委员会确定了老年长期照护的3个原则：①需要全面解决老年人的卫生需求；②需要有效地提供服务；③老年人需要积极主动地照顾自己。

3. 老年长期照护的主要内容：①保持参与社区、社会和家庭生活；②住房的环境性适应和辅助装置可以弥补功能减退；③评估和评价社会护理和卫生保健状况；④制订规划以通过降低危险性措施和医疗质量保证减少残疾或预防恶化；⑤必要时在专门机构或社区提供照顾；⑥承认和满足精神、情感和心理需要；⑦酌情给予必要的姑息治疗和抚恤支持；⑧对家庭、朋友和其他非正式照顾者提供支持；⑨由具有文化敏感性的专业人员和准专业人员提供支持服务和护理。

（王小清）

第四节　老年长期照护分级评估

案例 2-4　　如何做好老年长期照护分级评估

老年长期照护体系的构建需要国家、社会和家庭等主体的共同努力。而在老年长期照护体系建立过程中，老年长期照护分级评估占据着重要地位。日本、澳大利亚等发达国家目前已形成十分完善的分级评估体系，多采用“提出申请-专业评定机构受理-评估团队评估-等级划分-拟定照护计划”的流程模式，促使老年长期照护评估工作顺利且有序地开展，这足以说明制订评估流程的重要性。由于我国老龄化事业各方面起步较晚，老年长期照护发展相对而言还非常不成熟，专业评估机构一直处于缺如状态，特别是在医疗资源及卫生人才都相当匮乏的境地下，要单独设立专业评估机构较为困难。在目前我国大力倡导“以居家为基础、以社区为依托、以机构为支撑”的养老服务体系建设潮流中，部分专家认为以社区及养老服务机构作为初评筛查基点可行性较强。

问题： 1. 我国老年长期照护分级面临哪些困境？

2. 我国老年长期照护分级应从哪些方面进行完善？

3. 研制老年长期照护分级工具应秉持的原则是什么？

众所周知，国外老年长期照护起步早、发展快，一些发达国家如德国、日本、澳大利亚、美国等已经形成一套适于自身国情且完整的老年长期照护等级划分体系，目的是在客观切实地满足老年人照护需求的基础上，更加科学合理地分配照护资源。同时，老年长期照护分级评估也是老年护理保障中提供照护服务与支付照护费用的主要参考依据。然而，中国由于受计划生育政策及改革开放以来人口快速流动的影响，家庭规模逐步呈现出小型化、空巢化的特点，家庭照护功能的弱化使得我国对社会化长期照护提出了新的需求。但是，我国社会化长期照护工作零落地分散在社区、养老机构、医疗系统和民政系统中，不同场所使用的长期照护分级评估标准不同。由于现行国家标准存在较大缺憾，部分地方标准差异又较大，致使我国老年长期照护分级评估呈现出分级指标和级别数量不统一、分级评估程序和规范不明确、分级工具缺乏普适性等缺点，造成各领域长期照护费用收取不一、照护资源分配不均、照护供需失衡等系列较为直观的不良后果，更不利于老年人在“居家

-社区-机构”之间进行照护过渡，严重阻碍了老龄化事业的顺利发展。

一、国外老年长期照护分级评估现状

（一）德国老年长期照护分级评估

德国老年长期照护分级评估工作由国家公共疾病基金下辖管的医疗保险人医疗服务处组织的医务人员（主要是医生）依法承担。分级评估工具为 1996 年荷兰开发的护理依赖量表（care dependency scale，CDS），该量表依据饮食能力、自控能力、体态、移动能力、白天和黑夜模式、穿衣和脱衣、体温、卫生情况、规避风险能力、沟通、与他人交往、遵守规则和价值观念的能力、日常活动、娱乐活动和学习能力共 15 项内容来衡量老年人的照护依赖程度，每项内容都有 5 种选项，总分为 15～75 分，得分越低则预示照护依赖越大。然后，再结合照护时间长短和强度分为如下三级。①Ⅰ级（轻度）：照护次数＞1 次/日，照护时间为 90～180min/d。②Ⅱ级（中度）：照护次数＞3 次/日，照护时间为 181～300min/d。③Ⅲ级（重度）：全天照护，照护时间＞300min/d。不同级别都有大致相同的基本照护内容，包括基础照护、精神心理护理、运动与康复、病历书写共 4 个方面。

（二）日本老年长期照护分级评估

日本老年长期照护以保险形式落实，一般由老年人自身主动向市町村设立的认定委员会提出照护申请。第一次判定由照护管理者来执行，只有具备≥5 年工作经验的专业人士（如医生、护士、物理治疗师等）或≥10 年照护服务经验的非专业人士（如居家照护工作者）才有评估资格。评估工具是包含概况调查、基本调查和特别项目调查这 3 个方面内容且全国统一的“要介护认定调查表”，其中基本调查由如下两大部分组成。①身心障碍程度评估：肢体与关节功能、移动能力、复杂动作、特别护理、日常生活能力、言语交流能力、问题行动 7 个方面共 67 项。②医疗相关评估：静脉注射、中心静脉营养、透析护理、人造肛门护理、氧疗护理、气管切开或使用呼吸机的呼吸管理、气管切开护理、疼痛护理、鼻饲护理、监护仪管理、压疮护理、导尿管管理共 12 项。第二次判定由保健医疗福祉专家组成的认定委员会结合医师诊断书进行评估，重点关注老年人身体障碍程度和痴呆程度的组合分析。然后，依据“要介护认定标准”将老年人分为 7 个等级：①自立＜25.00 分，在护理补偿范围之外；②要支援 25.00～31.99 分，可接受康复训练服务并获得居家照护服务利用的权利；③要介护Ⅰ32.00～49.99 分，每天可享有访问照护员的定时上门服务；④要介护Ⅱ50.00～69.99 分，每天可利用某种服务，包括每周 3 次的日间服务在内；⑤要介护Ⅲ70.00～89.99 分，每天可利用 2 次服务，包括深夜或早晨的访问护理等；⑥要介护Ⅳ90.00～109.99 分，每天可利用 2 次或 3 次服务，包括深夜或早晨的访问照护服务等；⑦要介护Ⅴ≥110.00 分，每天可利用 3 次或 4 次服务，包括早晨、深夜的访问照护。凡是属于要介护等级的老年人，则可同时享有入住养老机构及获取《介护保险法》所规定的所有居家照护与机构照护服务的权利。

（三）澳大利亚老年长期照护分级评估

澳大利亚形成了较为完善的老年医疗保障政策，对于申请照护服务的老年人，需经过老年护理评估团队（aged care assessment team，ACAT）的评估认证，主要包括老年科医师、物理治疗师、职业治疗师、社会工作者、语言治疗师及足疗师，审核批准方可入住护理医院、老年宿舍或利用长期社区护理服务，否则就得不到政府的资助。评估工具是标准化的“老年照护服务申请与审批表”，早于1997年经《老年保健法》通过，包括五大部分：第1部分是申请者的情况，由申请人或其代理人填写；第2部分是批准的照护形式，由老年照护评估小组的代表填写；第3部分是申请者状况，由健康和老年保健部授权的代表填写；第4部分是资料总结，由评估小组填写；第5部分是联邦政府卫生和家庭服务部门有关官员的签字与签发日期。ACAT在评估申请者的照护需求时具体运用住院患者分类标准进行，需考虑申请者的交流、运动、饮食等21项内容，每一项根据程度轻重分为A、B、C、D共4类，每一类赋予不同权重，然后依据总分将护理服务分为8级。

（四）美国老年长期照护分级评估

美国老年长期护理服务也是以保险形式开展的，多元化的商业保险并存是该国一大特点，但均采用最小数据集（minimum data set，MDS）作为长期护理照护分级评估工具，其是所有居民在医疗保险或医疗认证长期护理服务过程中进行综合评价的基础。最新的MDS 3.0版包含了意外事件、行为及情绪状态、临床处理决策、认知功能、排泄能力、感染控制情况、营养与进食、躯体功能、抗精神病药物使用情况、生活质量、感觉与沟通能力、皮肤状况、照护精神状态、情绪、疼痛、生活质量等诸多方面。实施分级评估的是照护评估员，大多数由医疗保健专业人员担任。此外，MDS还有利于发现照护质量问题及用来衡量老年人对照护资源的需求与照护费用支付等问题，因实施效果显著，美国目前约有75%的老年人正在接受长期照护服务，内容主要包括生活照料、健康管理、心理咨询、看护服务等。此外，美国还建立了失能老年人长期照护服务分级体系、受益人准入和申诉制度、服务人员考核进修制度、服务质量评估制度等系列配套制度。

（五）意大利老年长期照护分级评估

意大利老年长期照护分级采用同质资源利用系统组（resource utilization groups system，RUG）进行评估，最新RUG-Ⅲ依据服务内容将对象分为康复、广泛护理、特殊护理、临床复杂护理、认知受损护理、行为受损、身体功能减退共七大类，严重程度依次加深。其中，康复类根据接受物理疗法的强度又可细分为低、中、高、非常高、超高共5种；广泛护理类为一些需要胃肠外给药、气管切开、吸痰护理的对象；特殊护理类包括四肢瘫痪、中重度压疮、昏迷的对象；临床复杂护理类则涵盖失语、偏瘫、绝症、透析或化疗的对象；认知受损护理类和行为受损类统称同源护理类，是一些认知及行为受损的对象；身体功能减退类则囊括了不满足以上类别的对象。最后还需要通过评估日常生活能力、康复和照护需求程度再进一步归到更具体的系统组中，每一系统组对象具有类似的保健需求、大致相同的个人照护时间量及由相同级别护士护理。值得注意的是，RUG除了上述功能外还可用于监测和评价养老机构的服务质量，非常有利于制订针对性照护计划及合理分配人员和照护资源。

二、国内老年长期照护分级评估现状

（一）国家标准

1. 老年人社会福利机构基本规范　我国老年长期照护分级国家标准《老年人社会福利机构基本规范》于 2001 年出台施行，以生活自理能力为划分唯一依据，将照护老年人分为自理、介助、介护 3 级，不同级别有相对应的照护服务内容，主要涉及清扫房间、整理床单位、整理衣物、整理仪表等生活护理类。统计显示，我国机构内老年人慢性病患病率处于 60%～70%水平甚至更高，安全问题发生率和伤残率分别是全体人群的 3.2 倍和 3.6 倍，但该规范未提及医疗相关的评估内容，且未明确各照护级别的详细评估标准及评估人员，分级受主观因素影响较大，缺乏客观性。随着我国老龄化的不断加剧，该规范在起到一定积极作用的同时逐渐暴露出其局限性。

2. 护理分级　对于长期入住老年病科及医养结合型养老机构的老年人而言，分级参照的则是国家 2014 年 5 月出台的卫生行业标准《护理分级》，通过对病情和日常生活能力两方面评估，将护理对象分为特级、一级、二级、三级共 4 级。特级为重症监护患者、各种大手术后或严重创伤患者；一级为病情趋向稳定的重症患者、治疗期间严格卧床患者、Barthel 指数≤40 者；二级为病情趋于稳定但仍需观察者、Barthel 指数为 41～60 者；三级为病情稳定者、Barthel 指数为 61～99 或 100 者。该标准一方面由于对病情评估的限制，仅能在医院应用，而对于居家、社区或机构等地病情较为稳定的长期照护老年人而言，病情评估几乎不具有任何现实意义；另一方面，标准中未明确规定分级人员职责及流程，只提及医护人员在必要时动态调整护理分级，评估人员带有极大随意性；更有研究指出，该标准同级别评估需同时兼顾病情和日常生活能力两方面有失科学性，缺乏可操作性，因为病情的严重程度与生活自理能力强弱并不一定呈正相关。

（二）地方标准

1.《老年照护等级评估要求》　上海市地方标准《老年照护等级评估要求》于 2013 年正式出台实施，分级评估工具为自主研制的“上海市老年照护等级评估表”，包括生活自理能力（进食、修饰及洗浴、穿/脱衣、排泄及如厕、移动）、认知能力（近期记忆、程序记忆、定向力、判断力）、情绪行为（情绪、行为、沟通力）、视觉状况、社会生活环境（居住状况、家庭支持、社会参与、居住环境）共 5 个方面，通过计算前 4 者的加权算术总分将老年人照护等级划分为正常、轻度、中度、重度 4 级，各参数项目分级详见表 2-1。同时，该要求规定评估人员应具备以下条件：①诚信记录良好；②具备医疗、护理、康复、社工等专业背景；③有 5 年及以上相关工作经历；④上岗前应参加专业培训，经考试合格后持证上岗；⑤符合其他相关要求。此要求明确规定了评估人员必须具备的基本资历，也将评估人员范围扩宽到非医学专业者，在有效弥补医疗人才资源短缺困境上值得深入探讨，但遗憾的是该要求未提及医疗护理相关评估内容。

表 2-1　上海市《老年照护等级评估要求》等级划分标准

项目	等级划分			
	正常	轻度	中度	重度
生活自理能力	0～2	3～14	15～30	≥31
认知能力	0～4	5～14	15～29	≥30
情绪行为	0～1	2～5	6～15	≥16
视觉状况	0	—	5	10
照护等级划分	0～7	8～21	22～35	≥36

2.《老年护理院分级护理要求》　2014 年 8 月，上海市又一长期照护分级政策出台，但不同的是，《老年护理院分级护理要求》只评估老年人的病情及日常生活能力两大方面，最终分为 A、B、C、D 共 4 级，分级标准详见表 2-2。每级别都详细规定了护士和护工的护理工作要点，包括病情观察、治疗措施、晨晚间护理、饮食护理、导管护理、卧位护理、排泄护理、安全护理、心理护理、健康宣教等内容。同时，明确了分级评估流程，先由护士运用 Barthel 指数评定量表评估老年人的 ADL，再由医生根据病情评估标准判定病情级别，最后医生综合前两者的结果确定护理级别，并以医嘱的形式落实。病情分为 3 度：重度为疾病不稳定期随时可能抢救，昏迷、休克、惊厥持续状态，慢性病急性发作伴有并发症进行性进展，多脏器功能严重衰竭，心脑血管事件急性期；中度为慢性病急性发作，病重患者或意外伤害病情稳定，辅助检查达到危机值指标；轻度为慢性病稳定期，疾病康复期。该标准优点在于分级评估流程明确，且同时规范了护士和护工二者的分级护理内容，能有效整合人力资源。缺点在于适用面狭窄，尤其对于居家和社区老年人而言病情均较稳定，如若使用该标准会发现仅有 C 和 D 两级，划分不够细致。

表 2-2　上海市《老年护理院分级护理要求》等级划分标准

ADL 评分	病情		
	重	中	轻
＜20	A	B	C
20～40	A	B	C
45～60	B	C	D
＞60	B	C	D

3.《养老服务机构老年人健康评估服务规范》　北京市 2005 年制定了长期照护分级的相关政策，《养老服务机构老年人健康评估服务规范》引用入住医院时的评估程序，以老年人多维健康综合评估问卷作为评估工具，通过收集老年人基本资料、健康史（药物史、过去 7 日所接受的特殊治疗与过程、营养与皮肤状况、生活形态等）、精神状况（外表与行为、言谈与思维、感觉与知觉、认知功能、情绪与行为等）、功能活动（沟通能力、日常活动情况、自我照顾能力、社会功能）4 个方面的信息，将老年人健康进行总体分级与各维度分级，均分为 3 级。总体等级划分标准主要考虑老年人自理能力、躯体疾病、精神健康状况 3 个方面，分为健康完好、受损、堪忧。各维度中，自理能力采用 Barthel 指数评定量表分为完全自理能力（＞60 分）、部分自理能力（40～60 分）、无自理能力（＜40

分）；精神状况通过老年人在认知、情感和意志行为等方面对生活的影响情况分为良好、受损、堪忧；决定能力则通过观察老年人对简易精神状态检查量表（MMSE）和选择卫生服务能力评估问卷（QEHCP）的完成程度，分为完好、部分决定能力、缺如。此外，该规范明确规定了评估人员应具备以下条件：接受过医学或护理学全日制正规教育 3 年以上，具有注册护士或执业医师资格；应在拥有 50 张床位以上的专业养老服务机构连续从事老年人专业护理或临床工作 2 年以上；完成 40h 以上老年人健康评估专门培训和实习，并通过专业机构组织的资格考试。虽然该规范评估内容相对全面，但三级分法过于粗略，难以进一步有效指导针对性照护计划的拟定。

4.“长者健康及家居护理评估”工具 我国香港地区自 2000 年开始，在美国 MDS 基础上开发了“长者健康及家居护理评估”工具，评估员依据老年人的自我照护能力、身体功能、情绪、行为、记忆和沟通能力等方面的受损程度、健康状况、环境危机及应对日常生活的能力等作全面的评估，从而协助老年人制订照护计划，提供个体化的养老服务。“长者健康及家居护理评估”工具对于香港建立老年人健康状况数据库、养老服务质量评价及确定养老服务费用、合理配置养老资源发挥着重要作用。

（三）个人研究

高小芬的“医养结合”模式下老年长期照护等级划分临床实践研究表明，目前国内的医嘱护理分级与老年患者实际自理能力之间存在较大差异，而 ADL 评分能直接反映老年患者对直接护理的需求，ADL 分值越低，需要护士直接照顾的时间就越长。因此，高小芬和刘青青的研究建议将病情观察护理与生活护理分开制订照护等级，先由老年科医生依据病情将老年患者分为Ⅰ、Ⅱ、Ⅲ级，再由临床经验丰富的护士应用 Barthel 指数量表将老年人日常生活能力划分为 A 度（61～100 分）、B 度（41～60 分）、C 度（0～40 分），最后将老年患者划分为ⅠA、ⅠB、ⅠC、ⅡA、ⅡB、ⅡC、ⅢA、ⅢB、ⅢC 共 9 项护理等级。研究指出了对应的护理措施，即Ⅰ、Ⅱ、Ⅲ级别护士对患者分别进行每 1h、每 2h、每 3h 的病房巡视，对患者进行病情观察，另外遵医嘱按时完成各项治疗及用药，根据患者情况监测生命体征，完善各种导管的护理，预防并发症等；A、B、C 度生活护理则包括了晨晚间护理、卧位护理、排泄护理、饮食护理、安全管理、健康指导、情感支持等具体内容，以及时间和次数。实施该分级护理后，老年患者安全事件发生率降低、专科护理质量及患者满意度明显提高，而刘青青等也证实该分类方法适用于老年病房。但是，研究未写明医生进行Ⅰ、Ⅱ、Ⅲ分级的确切标准，难以向外扩展应用；同时病房巡视时间与现行临床一、二、三级护理分级中每 15～30min 一次、每 1～2h 一次、每天 1～2 次的巡视时间差距较大，科学性有待考证。

王菲的研究则自主构建了一个包含基本性日常生活活动(basic activities of daily living，BADL)、工具性日常生活活动能力（instrumental activities of daily living，IADL)、认知能力、行为和精神症状、视听功能、患病与治疗六大方面共计 16 个指标的老年护理服务对象评分分级模型，将老年人划分为 4 级，即一般（0～8 分）、轻度（9～17 分）、中度（18～23 分）、重度（≥24 分）。研究对“评分分级”与“专家分级”一致性检验结果显示两者一致率达到 70.06%，说明模型判别效果尚好，且该研究抽样时还考虑了居家和养老服务机构的老年人，模型具有一定外推性。但是，该研究治疗类评估仅包括打针和吃药次数，未提及专业性特殊护理评估，因此该模型是否能有效指导老年分级护理有待进一步研究。

谢彩霞等对卫生行业标准《护理分级》的实施过程进行了改进，明确了标准中的护理分级流程，通过制订“患者护理分级表”，实时动态记录分级的每个步骤及分级责任人，细化、量化的护理分级步骤在一定程度上弥补了现行标准的不足，有效实现了可视化的过程管理及提高了分级过程的质量。但该研究仍未能说明 Barthel 指数分级纳入后对应的详细护理内容，易造成护理措施实施过程中质量难以控制。马丽等在老年干部病房的研究中同时改进了分级流程和分级护理内容，即护士先根据 Barthel 指数分级后，以书面形式向医生传递 ADL 分级结果，医生再结合病情下达护理级别医嘱。ADL 评分对应护理级别为特级 0～20 分、一级 25～70 分、二级 75～95 分、三级 100 分，同时每级别均详细规定了护理内容，主要包括整理床单位、擦浴、二便等生活护理内容及频次。但该研究 ADL 评估的分级取值与正式量表有所不同，且未提及健康指导与心理护理评估等内容，也留有较大缺憾。

徐萍应用现有的民政部发布的《老年人能力评估》标准作为探讨老年人长期照护需求的工具，评估内容包括日常生活能力、精神状态、感知觉与沟通能力、社会参与 4 方面共 22 个条目，最后将失能老年人划分为轻、中、重 3 级，并依据照护需求强弱分析每级别老年人照护需求的差异。但是，该评估标准仅限于判断老年人的能力强弱，而不能直接指导长期照护的分级，因为长期照护所涉及的不只包含能力方面，还包含如对需要医疗性特殊护理方面的评估，因此这里的长期照护需求分析略显局限性。

（四）我国老年长期照护分级研究面临的困境

我国老年长期照护分级评估的相关研究虽然近两年来逐渐受到重视，但仍不够，综合分析现行标准与现有研究不难发现其中存在诸多问题。

1. 缺乏普适性评估工具　老年长期照护分级评估标准在国家层面尚不完善，北京、上海等极少数发达城市研究的地方标准也并未得到有效推广与验证；此外，同省市内老年长期照护分级评估标准参差不齐，目前诸多养老服务机构的分级评估标准不尽相同甚至缺如，特别是针对社区、居家老年人分级长期照护的研究领域存在较大缺漏。实际上，长期照护评估总体内容并不会因居家、社区或养老机构的地域不同而存在明显差异，这一点也在国外分级标准中被证实。

2. 指标纳入欠规范　国内目前与老年长期照护分级评估相关的研究中，存在“老年长期照护分级”与“医院分级护理”相混淆的现象，“病情评估”指标的纳入尚存在争议，文献研究过程中发现，无论从老年长期照护定义还是从指标本身难以细化的评判标准分析，本研究都不主张将病情评估作为指标之一。一方面，病情评估只有在医院里评判患者疾病轻重缓急时才具有重要意义，但老年长期照护面对的大多数老年人群处于病情康复期或稳定期，因此病情评估对于医院外的老年人而言是没有太大意义的；另一方面，病情评估在很大程度上是临床医生根据自身经验做出的主观判断，如何从中筛选客观指标并通过统计学手段反映出来是未来仍需攻克的难题。此外，“社会评估”指标的纳入亦存在争议，本研究亦不主张将其作为指标之一，原因在于目前尚未查阅到相关研究明确表明老年人的社会背景能对其长期照护等级产生直接影响，就本研究实地调查看来，较差的社会状况可直接影响老年人获取照护的方式，如是否接受政府援助或是否入住养老服务机构，或者通过间接影响承受力较弱老年人的生理和心理来增加其照护等级，因此，社会因素仅能视为间接影响因素作为拟定照护计划的参考资料。

3. 指标考虑不全面 纵观国外的分级评估工具及分析该领域相关理论可知，老年长期照护分级所涉及的评估内容十分广泛且非常复杂，但查阅目前国内已有研究却发现，无论是国家标准、地方标准还是个人研究，都未将老年长期照护的评估指标考虑周全，指标数目相较于国外而言被大大削减，缺乏诸多方面，特别是与疾病密切相关的医疗护理项目关注度较低。

4. 研究方法较单一 现阶段我国老年长期照护分级评估工具的研究方法较为单一，研究学者多倾向于选用量表制作的方法，然而量表对指标选取的严格性在一定程度上限制了指标的全面性，这也许是目前研究一直没有突破的瓶颈；更有研究仅是将两个评估指标进行简单的糅合，缺乏更强有力的统计手段做支撑，因此有必要对研究方法进行新的尝试与探索。

（五）未来老年长期照护分级制度的发展

1. 医护共同合作分级 目前我国分级护理绝大多数是由医生根据患者的病情进行分级后并以医嘱形式下达，护士则遵医嘱执行。然而王淑琴等的研究显示医生对护理等级划分依据的认识有限，分级护理内容完全了解者仅为 12.70%，部分了解者占 86.51%，完全不了解占 0.79%。大部分医生在下达医嘱时，多是根据惯性思维，主观因素多于客观因素，缺乏严谨性、客观性。由于分级护理的内容和要求是对护士工作的约束与规范，而决策者却是医生，责、权、利的不统一使得分级护理在临床实践中出现问题，有的医院一级护理医嘱与实际标准相比多了近 1 倍，不仅加大了护士的工作压力，还增加了化解医疗纠纷的难度。部分护理专家认为，应由护士决定分级护理的级别，但是护士不能独自进行患者的病情确定，因此，加强医护合作进行护理分级是目前较为理想的解决措施。研究指出，96.60%的护士认为护士参与分级护理决策的方式是与医生合作，而 82.60%的医生觉得护士参与分级护理决策可行。医护共同制订的分级护理级别符合患者的病情和生活自理能力实际情况，能准确反映患者的需求，可明显提高分级护理的级别界定、护理质量和整体治疗效果。

2. 明确分级护理标准 老年人常多病共存，因此将病情纳入分级评估标准毋庸置疑，然而病情轻重判断准则在各大标准中仍未见统一。高小芬研究表明，不同 ADL 评分患者的护理需求不同，并且随着自理能力的降低，老年患者对直接护理依赖性逐渐增高，说明 ADL 评分能直接反映老年患者对直接护理的需求。同时，无论是国家标准还是现阶段的研究均囊括了 ADL 的评估，表明了评估 ADL 是护理分级中不可或缺的一项依据。然而，争议最大之处还在于分级护理是否需要对老年人进行综合评估，北京市地方标准、上海市地方标准《老年照护等级评估要求》及王菲的分级模型均倾向于对老年人进行身体、心理、行为的综合评估；但是国家标准《护理分级》、上海市地方标准《老年护理院分级护理要求》与高小芬的研究则倡导主要评估病情与 ADL 即可，因为直接护理时间主要取决于 ADL 评分。但有研究表明，入住养老机构的老年人心理健康状况明显差于居家养老的老年人，生活质量及幸福感明显低于居家老年人，机构内老年人更容易出现抑郁心理、失落感、孤寂感、自卑感、失望和绝望感等，若忽略老年人精神与心理的评估将会使护理分级显得片面。

3. 完善分级护理内容 老年护理的目标在于延缓恶化及衰退、增强自我照顾能力、提高生活质量和做好临终关怀，即强调了应关注老年人的病情、生活、心理、情感等方面的整体护理需求。现阶段分级护理内容叙述较为全面的是上海市地方标准《老年护理院分级护理要求》和高小芬的研究，仅在护理时间和频次上略有不同。此外，“分级”不应仅停留于对“护理内容的分级”，还应扩展到对“护理人员的分级”。众所周知，我国护理人力资源不足的问题十分突出，合理调配护理工作将有益于减轻护士的工作压力，如对于仅有自理能力缺陷的患者，可配备护工主要提供生活护理；病情较轻微的患者，可配备较低年资的护士；病情较重、病情变化快者，配备高年资的护士，从而提供更安全有效的护理。

4. 制订分级护理流程　有研究表明，若根据护理的活动、顺序和职责，设计、实施护理流程并不断改进流程，使护理管理流程化、工作程序化，可以改变工作随意性及盲目性，从而提高护理工作效率。分级护理评估内容涉及医生与护士两个团体，实施过程又涉及护士与护工两个团体，护理程序中涉及病情观察、生活护理、心理辅导、健康教育等多个方面，如果没有科学合理的护理流程做指导，护理工作难以井然有序地开展。研究显示，通过优化护理分级流程提高了护理级别合格率及患者对护理“业务水平”“健康教育”“满足需要及时性”的满意度，说明制订护理流程的重要性。此外，钟郁鸿等的研究显示，精细化管理可使护理流程快捷、有序、高效，可有效调动医护人员的工作积极性和主动性，从而提高老年群体对护理工作的整体满意度。这提示，未来将护理分级流程向精细化方向发展的必要性。

综上所述，我国老年长期照护分级制度及标准尚不健全，仍存在着分级人员不合理、病情分级和分级纳入标准不统一、分级护理内容不完善、分级流程不明确等问题。虽然现行标准在一定程度上对我国的分级护理起到了积极作用，但随着老龄化的不断加剧，老年长期照护问题逐渐暴露，并呈现日益严峻之势，严重阻碍了老年护理服务相关行业的发展。因此，制定适于我国国情的老年长期照护分级制度及标准势在必行。目前关于老年长期照护分级的相关研究逐渐增多，但研究关注点轻重不一、缺乏系统性，有碍于国家标准的制定。提示在今后的研究中，应重点将分级人员、分级标准、分级护理内容和分级流程四大方面纳入系统研究，同时注重分级护理制度的整体性和实际可操作性，突出老年群体身心的特殊性，使老年分级护理工作更加科学化、实际化、人文化。

案例分析讨论 2-4

1. 我国老年长期照护分级工作面临的困境主要包括缺乏普适性评估工具、指标纳入欠规范、指标考虑不全面、研究方法较单一等。

2. 未来我国老年长期照护分级制度的发展应注重促进医护共同合作分级、明确分级护理标准、完善分级护理内容、制订分级护理流程。

3. 充分借鉴国外老年长期照护分级制度经验的同时，深度思考本国国情及老龄化社会环境，研制本土化老年长期照护分级评估工具。

（师　亚）

第三章　老年认知症的医养结合护理

学习要求：

识记：描述认知症的病因、老年认知症的危险因素，以及老年认知症的分型、分期。

理解：理解老年认知症的症状，影响老年认知症需求的因素，老年认知症的预防、筛查与诊断策略及老年认知症友好社区建设的原则。

运用：选择合适的老年认知症非药物干预实施框架并开展护理干预。

第一节　老年认知症的病因、分期及照护需求

案例 3-1　　**老年认知症患者的照护需求**

任奶奶，86 岁，离异，本科学历，MMSE 得分为 16，BMI 为 22.8kg/m^2，高血压病史 31 年，患认知症 12 年，因半年前在家自行找衣服时不慎跌倒，左侧髋关节骨折，行左侧髋关节内固定术，术后因家里没人照顾，出院后入住夕阳红养老院。

任奶奶在机构的好朋友智奶奶因急性心肌梗死发作上周离世，另外一位好朋友郑爷爷前几日因出现糖尿病足转入医院，这两件事给任奶奶造成了严重的心理阴影。任奶奶因手术须卧床，但其不听照护人员劝阻，执意起床行走，行为不受控制，近两日出现自残现象，时常精神恍惚，反复向照护人员问起自己的上班地点。任奶奶有三个女儿，平均一周轮流来养老机构看望她一次。

问题：1. 任奶奶的认知症处于哪个时期？

2. 任奶奶在这一阶段的照护需求有何特点？

一、老年认知症概述及影响因素

（一）老年认知症概述

痴呆（dementia）又称认知症，是一种由进行性、器质性脑功能障碍所引起的记忆力、执行能力、定向、视空间能力、语言和思维能力等多项认知障碍的神经退行性疾病，是导致患者日常生活能力、社会交往、工作能力减退和行为改变的综合征。“认知症”是“痴呆”在以患者为中心的健康服务框架里更易被公众接受的中性词汇，故本书使用“认知症”这一表述。老年认知症是指老年人出现持续时间较长的认知功能损害，以及人格、行为的改变，并出现社会活动能力和自身生活能力的减退。老年认知症是人类在衰老过程中的一种常见病、多发病、难治性疾病，是一组大脑智能损害的慢性进展的衰退性疾病。

自 1906 年德国医生阿尔茨海默报道全球第一例阿尔茨海默病（Alzheimer’s disease，AD）一个多世纪后的今天，认知症（包括阿尔茨海默病）患病人数逐年上升，目前全世界大约有 5000 万认知症患者，其中近 60%生活在低收入和中等收入国家。60 岁及以上人口中认知症患者的比例为 5%～8%。据预测，全球每 3s 会新增 1 例认知症患者，每年新增病例为 1000 万，到 2030 年，认知症患者总数将达 8200 万，到 2050 年预计增至 1.52 亿。

在我国，快速老龄化提高了老年认知症患者在人群中所占比例。作为全球认知症患者人数最多的国家，截至 2020 年，我国有超过 1000 万的认知症患者，占全球认知症患者总数的 1/5。目前我国 60 岁以上人群认知症患病率为 5.3%（95%CI=4.5%～6.0%），年增长率已超过全球平均增长率。《柳叶刀》较早指出，认知症是中国未来“医疗社会救助体系最大的挑战之一”。认知症与老年人残疾、入住养老机构率和死亡率等均密切相关，给家庭与社会带来严重经济负担与照护负担，认知症已经成为影响我国老年人口健康和生活质量的严重公共健康问题。

（二）老年认知症的影响因素

影响老年认知症发病的影响因素包括年龄、性别、受教育程度，疾病因素（高血压、糖尿病、心血管病史、脑外伤、血脂异常），基因与遗传学因素，生活方式因素（不参加体育锻炼、吸烟、过量饮酒、饮食不当、社会参与少）等。对可改变因素进行干预可降低认知症的患病风险，老年认知症潜在可改变危险因素的人群归因比例见图 3-1。

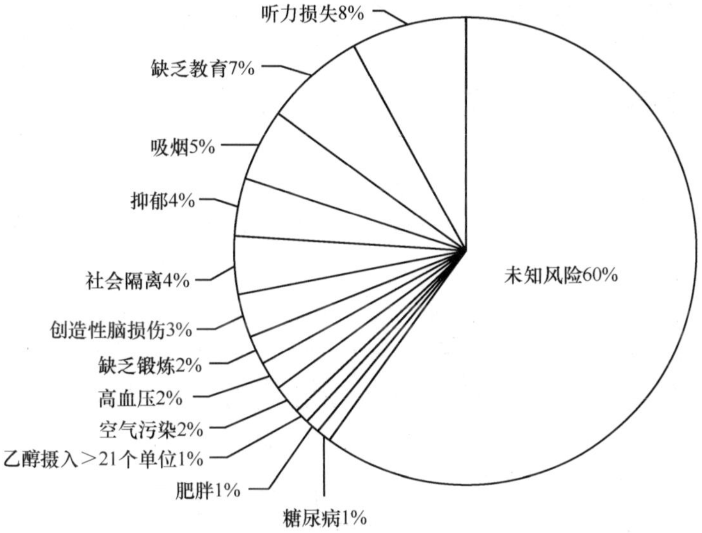

图 3-1　老年认知症潜在可改变危险因素的人群归因比例

1. 年龄、性别和受教育程度　高龄是认知症重要的危险因素。有患者可能在老年期前患上认知症，至少每 20 名认知症患者中有 1 名是 65 岁以下的患者。但随着年龄增长，患认知症的概率会显著上升。65 岁以上老年人患阿尔茨海默病、血管性痴呆（vascular dementia，VaD）的风险约每 5 年翻一番。

女性比男性可能更易患老年认知症，具体原因尚不清楚。有研究表明，女性患老年认知症与绝经后缺乏雌激素有关。然而，有对照试验研究表明，激素替代疗法（hormone replacement therapy，HRT）并未显示出能够降低阿尔茨海默病的患病风险。对于除阿尔茨海默病以外的认知症，男性与女性的患病风险几乎相同。对于 VaD，男性患病风险实际上较女性略高，究其原因主要是男性更容易患脑卒中和心脏病，而这些疾病会导致 VaD 和混合性痴呆。

儿童时期较高的教育水平和终身较高的教育程度可降低认知症的风险。最新研究表明，随着教育的发展，当认知能力在青春期后期达到稳定阶段之前，整体认知能力会有所增强，此时大脑可塑性最强，20 岁以后，认知能力增强的程度将相对较慢。一项纳入 500 例老年人为期 7 年的针对脑白质病变对轻度认知功能损害(mild cognitive impairment, MCI)和阿尔茨海默病发病风险作用的研究显示，受教育程度高能够保护认知功能免受脑白质病变的影响。

2. 疾病因素 认知症的发生与多种疾病相关。较高等级证据表明，损害心脏、动脉或血液循环的心血管风险因素会显著影响认知症患病概率，导致脑血管微出血等微血管功能障碍，进一步降低认知功能，如 2 型糖尿病、高血压、血总胆固醇水平高、肥胖等。患有心血管疾病或 2 型糖尿病的人患认知症的风险会增加 2 倍，因 VaD 是由大脑血液供应问题引起的，以上心血管疾病与 VaD 的发生密切相关。近期研究表明，许多认知症患者为混合型痴呆，或者其本身就患有阿尔茨海默病，并伴有脑部血管损伤。

此外，抑郁症患者患认知症的概率似乎也有所增加，但是否为导致认知症的风险因素目前尚不清楚。有证据表明，中年抑郁的患者发生老年认知症的风险确实更高，老年抑郁可能是认知症的早期症状，而不是其风险因素。其他疾病包括创伤性脑损伤、听力障碍、帕金森病、多发性硬化症和艾滋病，以及唐氏综合征和其他学习障碍亦会增加患认知症的风险。

3. 基因与遗传学因素 基因在认知症发展中的作用尚未完全了解。目前已发现 20 多个基因虽并不直接导致认知症，但会影响患认知症的风险，如遗传载脂蛋白 E（apolipoprotein E，ApoE）基因变异会增加患阿尔茨海默病的风险。此外，与没有认知症家族史的个体相比，若一位近亲（父母或兄弟姐妹）中患有阿尔茨海默病，则个体患病概率会略微增加。认知症有一种非常明显的代代相传的遗传模式，这种模式常见于家族性阿尔茨海默病（一种非常罕见的阿尔茨海默病，通常在 40～60 岁发病）和遗传性额颞叶痴呆。若某人携有该缺陷基因，则其每个孩子都有 50%的机会遗传该基因，从而患上认知症。

4. 生活方式因素 有证据表明，生活方式的选择会影响认知症的患病风险。大型群体研究表明，在中年人群体中，有多种健康行为的人患认知症风险最低，这些健康行为包括规律体育锻炼、不吸烟、适量饮酒、健康的饮食和体重等。缺乏运动是导致认知症最严重的生活方式风险因素之一，其与心脏病、脑卒中和 2 型糖尿病的风险增加亦密切相关。吸烟对心脏、肺和血管系统，包括大脑的血管都有极大的危害，会显著增加晚年患认知症的风险，尤其是阿尔茨海默病。不健康的饮食指多饱和脂肪（提高胆固醇含量，使动脉变窄，导致体重增加）、多盐（导致高血压和脑卒中）和多糖（增加体重和 2 型糖尿病的发生因素）。亦有越来越多的证据表明，孤独和社会隔离（缺乏社会参与）可能会增加患认知症的风险。

二、老年认知症的分类、分期及症状

（一）老年认知症的分类

对认知症的分类，若按照预后分类可分为可逆性认知症和不可逆性认知症如阿尔茨海默病、额颞叶痴呆(frontotemporal dementia, FTD)、路易体痴呆(dementia with Lewy body, DLB) 等；按照脑部病变位置分类可分为皮质性痴呆、皮质下痴呆、边缘性痴呆等；按照病因分类可分为原发性认知症(如阿尔茨海默病、FTD 等) 和继发性认知症(如 VaD 等)；

根据国际疾病分类（international classification of diseases-10，ICD-10）对认知症的分类，主要分为阿尔茨海默病、VaD、见于在他处归类的其他疾病的痴呆和未特定的痴呆。

1. 阿尔茨海默病 老年认知症主要指阿尔茨海默病，有家族遗传性和散发性两种。家族遗传性阿尔茨海默病（familial Alzheimer's disease，FAD）又分为早发型家族遗传性阿尔茨海默病（early-onset familial Alzheimer's disease，EOFDA，多发病在40～60岁）和晚发型家族遗传性阿尔茨海默病（late-onset familial Alzheimer's disease，LOFDA，多发病在65岁以上），是常染色体显性遗传疾病。阿尔茨海默病是一种神经系统退行性疾病，是一个连续的病理生理过程，可经历记忆下降、MCI期及认知症期三个阶段。认知症在临床以大脑皮质获得性高级功能受损为主要特征，包括不同程度的记忆力、感觉能力、判断力、思维能力、运动能力等受损，以及情感反应障碍和性格改变。

2. VaD VaD有多种类型，如多发梗死性痴呆（multi-infarct dementia，MID）、多发性腔隙性痴呆、宾斯旺格（Binswanger）病、脑淀粉样血管病变、脑低灌注状态所致的认知症及出血性认知症。临床以MID较多见。VaD在老年认知症中占第二位，占所有认知症总数的10%～15%。特别是在高龄认知症患者中VaD占第一位的，因为阿尔茨海默病的好发年龄相对于VaD来说年轻一些。美国多中心神经流行病学调查结果显示，年龄在60岁以上的缺血性脑血管病存活的患者中，约26.3%合并认知症。

3. 其他 见于其他疾病的痴呆如匹克病性痴呆、克-雅病性痴呆、亨廷顿病性痴呆、帕金森病性痴呆（Parkinson's disease dementia，PDD）等。

（二）老年认知症的分期

认知症对每位患者的影响方式不同，取决于疾病影响和患者得病前的个人情况。WHO根据认知症相关的体征和症状将其分为3个阶段。

1. 早期 由于认知症是逐步发病，其早期常被忽略。常见症状包括健忘、时间定向力下降、空间定向力下降（如在熟悉的地方迷路）等。

2. 中期 随着认知症发展到中期，体征和症状更为清晰，对老年人的限制更大，包括对最近的事件和人名健忘，空间定向力差（甚至在家里迷路），沟通困难增加，需要护理人员的帮助，经历行为变化如精神恍惚和反复提问等。

3. 晚期 认知症晚期患者近乎完全依赖他人照顾，几乎完全不活动，出现严重记忆障碍，身体上的体征和症状越发明显。症状包括无法感知时间和地点，辨认亲戚朋友存在困难，自我护理方面越来越需要协助，走路困难，经历更多行为变化如进攻性行为等。

（三）老年认知症的症状

老年认知症的症状主要以认知功能下降为核心症状，同时伴随周边精神行为症状。

1. 认知功能障碍 被认为是认知症的核心症状，包括记忆障碍、失语、失用、失认、定向力障碍、执行功能障碍、计算力障碍、注意力障碍、视空间障碍等，出现两个或两个以上认知功能损害是诊断认知症的必要条件。

（1）记忆障碍：多数认知症都累及记忆，但是不同认知症类型出现的早晚和严重程度不同。阿尔茨海默病和多数其他认知症类型早期多累及顺行性记忆，表现为不能回忆最近发生的事，如谈话内容、上一次就餐吃的饭菜，忘记东西放置的位置，一直寻找东西，忘记服药或要购买的东西，患者常借助于记事本帮助记忆，但随病情进展，患者会忘记做过记录。至中期，患者的远期记忆也受到影响，忘记生活中早期的事件，此时患者常言之无物，记忆中的东西已经很少，谈话内容空洞、平淡，往往仅局限一两件事。

与阿尔茨海默病比较，VaD 患者早期并不以记忆障碍作为突出特点，而其他方面的认知功能损害可能已对患者日常活动能力造成显著影响。患者的记忆损害是随缺血的严重程度呈阶梯式逐步进展的过程；短时记忆中的听觉记忆容易发生损害，其次是视觉记忆易损害，而长时记忆不易损害。

（2）失语：失语是一种由于大脑局部病变、神经受损导致患者后天语言学习能力受损或丧失的一种获得性语言综合障碍，与神经肌肉病变引起的发音器官无力或协调性障碍导致的构音障碍不同，患者的理解和表达能力有不同程度的损害，而后者虽然言语不清，甚至完全不能说话，但是通过其他手段（如肢体语言、书写等）能够正常理解和表达。

迄今为止，如何对失语症进行分类尚未取得完全一致的意见。目前，已被学术界广泛认可的以解剖-临床为基础的失语症主要分为以下 8 种：韦尼克（Wernicke）失语、传导性失语、经皮质感觉性失语、命名性失语、布罗卡（Broca）失语、经皮质运动性失语、经皮质混合性失语、完全性失语。前 4 种为流利性失语，后 4 种为非流利性失语。不同类型的失语症患者各具特点，但总体而言失语症患者的问题主要集中在自发性言语能力，词语、短语、句子的复述能力，听觉理解能力，命名能力，阅读能力，书写能力 6 个方面。因此，这也是对失语症患者进行评估时主要关注的内容。

阿尔茨海默病患者存在的语言障碍常表现为流利性失语，言语形式存在，而语义及内容进行性减退。早期患者即出现找词困难，语言空洞，理解能力轻度受损，书写障碍，而口语表达流利。随病情进展，语义障碍进一步加重，阅读和书写能力进一步减退，口语和复述相对较好，与经皮质感觉性失语、Wernicke 失语等流利性失语类型有相似之处，但不完全相同，患者主要表现为讲话缺乏逻辑，缺乏内容，无明显奇特性言语。至重度，患者出现刻板语言，最后发展为缄默。VaD 患者由于梗死的部位不同，可以导致各种类型的失语。语义性痴呆主要损及颞叶结构，其中一种表现为语义记忆障碍，患者讲话不费力，有语法结构，属于流利性失语，理解障碍突出，命名严重不能，语言空洞，缺乏实词，常表现为经皮质感觉性失语或命名性失语。

（3）失用：失用是执行随意、熟练动作的能力丧失，这种丧失虽不能归因于基本的感觉运动缺失，但它是临床上一种熟练且有目的性动作的运动障碍。它是在具有健全的肌力和完整神经支配的情况下，肢体不能顺利完成有目的的动作，丧失已获得的、熟练的正常运动能力。按照运动障碍的病理机制，临床上采用最广泛的 Liepmann 神经生理——心理学分类，将肢体失用分为两种不同类型，即观念运动性失用和观念性失用。观念运动性失用是指失用症患者不会使用工具，它包括手和手指的状态模仿，手势需要的表达，以及有目的使用的手势语。观念性失用是指失用症患者会使用工具，如用刀子切削或使用铅笔。

与记忆损害一样，失用症也是阿尔茨海默病重要的神经心理学特征。Edwards 等研究表明，35%的轻度认知症、58%的中度认知症及 98%的重度认知症患者表现失用。也有研究表明轻、中度认知症患者无论是概念知识还是运用功能均受到损害，也就是既存在观念运动性失用也有观念性失用。对早期认知症患者的研究发现，“把身体的一部分当作物体使用”类错误最为常见，如要求示意如何用牙刷刷牙时，患者不是拿牙刷刷牙，而是用其手指当牙刷去刷牙。同时，阿尔茨海默病患者使用物体完成动作的反应时间与正确率较正常人差，模仿有意义的手势比模仿无意义的手势错误率高，这可能是由于在执行有意义的手势时需要进行语义加工，而阿尔茨海默病患者往往存在语义加工的障碍。

（4）失认：失认是指因脑损害而不能认识经由某种感觉辨察的熟悉物体。在认知症的极早期，患者即可以出现视空间的认知障碍，患者容易迷路、在建筑物中迷失。对立体空间的正常感知力下降，患者不能临摹立方体，常画成平面图形，随着病情进展，二维作业也出现明显的错误，只有胡乱画的线条。认知症初期对熟悉物体的认识一般正常，通过听觉、视觉或触觉能够知道原来熟悉的声音和物体，如汽车声音和钢笔、钥匙等。随着病情的进展，至中度，患者左右认识不能，可以出现自体失认，不能认识自己的手指。至重度，患者不能认识亲人面貌，自我认知受损，患者不认识镜子中的自己，坐在镜子前与镜中自己的影像说话，甚至问自己的影像是谁，有时因为惧怕镜子中的自己而碰碎镜子，迫使家属把镜子全拿走，或者用布蒙上。

（5）定向力障碍：定向力是认知功能的一种，是个体对周围环境（时间、地点、人物）及自身状态（姓名、年龄、职业等）的察觉和识别能力。认知症患者的认知功能随着病情的进展逐渐衰退，定向力障碍是其中的一个重要表现。时间定向力对于认知症患者的早期认知下降较为敏感。阿尔茨海默病早期即可以出现严重的时间定向障碍，患者不知道是何年何月何日、什么季节，对地点和人物的定向相对较好，可以知道居住的城市，就诊的医院，正确地说出丈夫和陪同者的身份。在一项针对 505 个老年护理院老年人的基线 MMSE 总分及时间地点定向、延迟回忆、注意力和其后 3 年随访的研究中，发现时间定向与今后 MMSE 总分的下降显著相关。时间定向力可以用于原本正常人群认知的长期监测。这些证据均说明对于认知下降的患者，时间定向力是一个敏感的指标。随病情进展，地点和人物的定向逐渐损害，患者不知道自己所处的地方，出门找不到家，不能分清人物的身份，严重时自己家人也不认识。

（6）执行功能障碍：执行功能（executive function，EF）是指个体在实现某一特定目标时采取灵活优化方式，来计划、始动、排序、监测目标指向行为的认知技能。EF 障碍广泛包含老年认知症在内的多种神经精神疾病。尽管美国神经医学会在 1994 年将 EF 障碍作为支持认知症诊断的临床依据之一，但认知症患者 EF 损害状况常被大大低估甚至被忽视。越来越多的证据表明，认知症患者 EF 损害是普遍的，与日常生活能力及功能下降密切相关，可预测 MCI 向认知症的转化。

研究表明，阿尔茨海默病患者有明显的 EF 损害，其突出表现在解决问题的能力、信息协作处理、概念形成等方面。研究者认为记忆障碍和 EF 障碍是阿尔茨海默病病程中早期有认知障碍最显著、特征性改变，有助于阿尔茨海默病的早期诊断。Collette 等检查了 20 例阿尔茨海默病患者和健康老年人的 EF，阿尔茨海默病患者所有的执行功能低于健康老年人，分析表明主要与两个 EF 区域有关，即抑制能力和协调信息储存、处理能力。认知症早期如果要求患者做一些事，如扫地、擦桌子等，患者可以完成，但是患者本人很少去做，说明患者不能产生目标行为。有些患者能够较好地完成一般认知检查，谈吐基本正常，但是家属报告患者的日常能力明显减退，如不能招待客人，不能做出日常计划，不能进行创新性的工作，这种检查和真实生活的差距反映了执行能力的损害。

VaD 患者存在明显的 EF 障碍，比记忆下降更明显，有研究者甚至建议把 EF 障碍作为诊断 VaD 的必需条件，事实上，即使未达到认知症水平的脑血管病患者也存在不同程度的 EF 障碍，这是由于 VaD 通常病变广泛，易损害尾状核、苍白球、丘脑等结构及颞叶-皮质下连接纤维，破坏了 EF 的完整性。总体而言，VaD 患者 EF 障碍比阿尔茨海默病患者更明显，并且在损害类型上有区别。VaD 患者以抑制力欠缺及处理复杂信息能力下降为主，其在执行卡片分类作业时常存在大量执行错误，而自由回忆、线索回忆优于阿尔茨海默病患者。

（7）计算力障碍：计算能力是人类的一项基本认知功能，数字加工和计算能力损害是阿尔茨海默病核心特征之一。认知症早期即可有计算能力的减退，高学历的患者也不能进行比较复杂的计算，像白菜 0.5 元/斤，3 元买几斤这样的问题，患者通常难以回答，或者要经过长时间的计算和反复的更正。随认知症的进展，至疾病中期，患者不能正确地进行如 2+3、1+2 等非常简单的计算，不能正确列算式，甚至不认识数字和算术符号。

（8）注意力障碍：注意力的缺陷可以细分为不同的机制，如觉醒障碍、集中注意障碍、分散注意障碍、持续注意障碍、加工速度缺陷。认知症患者多伴有注意力障碍。临床上指的注意力障碍有两个方面：一方面是临床上所讲的注意力不集中，如下面所述的进行注意力筛查时所需的必要的“注意”保持。另一方面是对脑病变对侧的刺激出现特异性注意力不集中。

在确定意识清醒的状态下，首先进行的认知功能检查项目就是注意力的检查。注意力是其他认知功能的基础，所有的检查都与注意力密切相关。注意力障碍与再学习、计算、语言的抽象化都是密不可分的。注意力涣散的患者在检查中很难正确理解测试中的指令，无法得到正确的评价结果。在评定记忆、语言、抽象思维、定向、空间结构等复杂的功能前，必须要清楚知道患者注意的可持续时间，即注意力和集中情况。

（9）视空间障碍：视空间障碍也是认知症患者常见症状之一。Benton 和 Tranal 将视空间认知障碍分为：①空间定位障碍；②方向距离的判断障碍；③地理性定向障碍；④偏侧空间忽视；⑤巴林特（Balint）综合征等。偏侧空间忽视症状较隐匿，往往得不到医生或照料者的重视。在日常生活中的表现：身体、面部朝向右侧，双眼向右注视（眼球活动无障碍）；进食结束后，总是把碗碟中的左半侧的食物或多或少地剩下；读书或看报时，总是把最初的几个字漏掉；男性刮胡子时，左半侧的胡子刮不干净或漏刮。

偏侧空间忽视需要和偏盲相鉴别。偏盲是视野缺损造成的，在视线固定的情况下，视野有一部分的缺损，通过客观的视觉检查就能确诊。当其眼球能自主活动时，通过转头转身等动作是可以代偿的。而半侧空间忽视则是在视线可以自由活动的条件下，仍然对一侧的刺激对象无反应，是知觉水平上的异常。它总是对视觉对象的一半无知觉。

2. 痴呆的行为精神症状（behavioral and psychological symptoms of dementia，BPSD）70%～90%的认知症老年人会在病程中的某个阶段出现行为和心理方面的异常，表现为在行为、意识、思维和情绪方面发生紊乱。行为精神症状主要包括：妄想、幻觉、淡漠、激越、抑郁、焦虑、极度兴奋、脱抑制、易激惹、异常运动行为、夜间行为和睡眠障碍、食欲和饮食障碍等。

（1）妄想：妄想是认知症患者常见的精神症状，是指根据外界现实环境的错误猜想形成虚假判断，使之产生一种顽固坚持的与现实证据相反的信念。认知症患者中的妄想症状多为被害妄想，如财产被盗、被人偷窃和嫉妒妄想（如怀疑配偶不忠）等。其中以被偷妄想最为常见，错误放置的财物，坚信为他人偷拿窃走；荒谬地把自己的报酬和待遇与被患者夸大的工作成绩和水平不符归咎于他人的打击和压制等。

（2）幻觉：幻觉是指一种感知觉，在无相应感觉器官受到刺激的情况下，出现的一种主观推测出来的感觉经历，这种强迫的感受如同现实中的真事一样。幻觉在阿尔茨海默病患者中发生率一般为40%～65%。幻觉至少间歇性出现一个月或更长时间，并非由谵妄引起，且严重到足以扰乱患者的功能。与精神分裂症或情绪障碍患者不同，认知症患者的幻觉往往是视觉上的，视觉幻觉是最常见的精神症状，至少有2/3的患者有这种症状，通常出现在疾病病程早期，且经常复发。

（3）淡漠：淡漠是认知症患者最早、最常见的行为精神症状。淡漠是指与患者之前的功能水平相比，在行为、认知、情感和社会维度上目标导向行为的定量减少。马西莫（Massimo）等提出淡漠发生的3个过程，即情感加工（动机）减少、行动计划的认知加工（计划）受损及行为启动困难，且当这3个过程中的任何一个被破坏时，淡漠都会发生。患者在认知症早期出现不愿外出，喜欢待在家中，对日常活动和个人仪表缺乏兴趣和关心，面部表情贫乏、语调变化减少、情感反应减弱、不关心家人等情况。淡漠和退缩并非由于抑郁造成的，多数患者并没有抑郁心境，可能是患者智能衰退，对周围的环境不理解、害怕的反应。

特别值得注意的是抑郁（或情感低落）和情感淡漠不是一个概念，两者虽然有部分交叉，但分别有各自的特征，情感淡漠的特征是缺少参加活动的动机、社会性退缩和情感上的冷漠不关心。马林（Marin）将情感淡漠定义为在情感、行为和认知方面缺少动机。在此基础上 Starkstein 提出了可操作标准：①相对于患者以前的功能水平或者其年龄和文化状况来说，缺少动机；②存在以下三项中至少一项症状，即目标指向行为减少（缺乏努力，依赖他人进行活动），目标指向认知减少（缺乏兴趣，不关心个人问题），目标指向行为相伴随的情感减少（情绪没有变化，缺少情绪反应）；③这些症状造成了患者明显的痛苦或者社会和职业功能的损害；④这些症状不是由于意识水平的下降、麻醉药物、其他药品的作用而导致。从该定义中可以看出，动机缺乏是情感淡漠的核心特征，情感淡漠可对认知、行为和情感领域造成影响。

（4）激越：激越是阿尔茨海默病患者最常见的行为精神症状，70%的患者在疾病的某个阶段会发生激越行为。激越行为是指不恰当的语言、声音和运动性行为，分为语言攻击行为、躯体攻击行为、语言非攻击行为、躯体非攻击行为。主要表现为坐立不安、徘徊、游荡、易怒、好斗、攻击、咒骂、不恰当处理物品等一系列情感、语言和运动障碍行为。

（5）抑郁：指主要表现为悲伤感或缺乏愉快体验感觉的心境障碍。临床上表现为悲伤、自述或自觉无价值感、绝望、无助、负罪感或罪恶感、反复的自杀念头、思维迟滞、注意力下降、易疲乏及精力缺乏。但与抑郁症不同，患者很少主动诉说，多是经询问或者观察发现以上症状。

近年来，研究者越来越认识到抑郁情绪为阿尔茨海默病的早发症状，研究发现伴有抑郁和淡漠的MCI患者阿尔茨海默病更容易进展，在参与该研究的MCI患者中，阿尔茨海默病淡漠发生比例为72.1%，抑郁的发生比例为41.0%。疾病的早期有自知力的患者由于越来越依赖他人、脱离社会或者知道疾病的可怕后果，可能抑郁绝望而自杀，但大部分患者并没有自知力，所以大部分抑郁并不是对疾病的心理反应，可能是脑部疾病本身的结果，如5-羟色胺和去甲肾上腺素的减少。

（6）焦虑：指过度的、不正确的理解，不祥的预兆及杞人忧天的异常想法。焦虑不安在认知症早期常见，是抑郁的另一种表现，有些患者害怕失去自己的能力，对疾病表示担心。随着病情进展，自知力丧失，此时患者的不安可能是因为周围的环境对患者变得越来越陌生而引起的反应。

（7）极度兴奋：是指临床上一种心境高涨的表现状态。临床上可表现为过度良好的情感体验、幸福感与过度自信，在认知症患者中相对罕见，但可见于伴有脑额叶框回皮质及其皮质下结构功能损伤的患者，如锥体外系疾病、额颞叶变性及克-雅病等患者。

（8）脱抑制：是指一组不恰当的社会和人际关系综合征。患者常表现为强迫行为、发表不恰当与粗俗的评论，摒弃社会道德行为规范与他人不恰当接触，通常言语上符合社会行为要求，但无合适的行动。

三、老年认知症的照护需求

（一）认知症老年人照护需求内容

1. 认知症相关信息需求　认知症相关信息需求主要可包括疾病相关信息和可获得的合适照护支持服务等内容。疾病相关信息主要包括认知症的进展、治疗干预方案、危险因素（基因和环境因素）、BPSD 管理策略、照护者自我照护策略等。有研究显示，照护策略相关信息（如治疗干预、BPSD 管理等）是最常见的信息需求内容，可获得的照护支持服务信息是信息需求中种类最多的需求。针对可获得的照护支持服务信息需求，老年认知症照护者希望在其需要时从中获得专业照护技能等内容的指导学习。此外，照护者对于照护支持的权利如何被关注及如何寻求到相关照护机构（如日间照料机构、长期照料机构等）等信息有一定需求。其他服务相关的信息需求还包括财政支持、法律问题等。

2. 社会支持需求　社会支持需求可包括整体社会支持，以及针对认知症家庭成员的照护、社会关系维持、身心健康支持等。就整体社会支持而言，机构及家庭照护者均对地方和国家政府支持有一定需求，以获得适合的支持服务和社区与机构资源，同时社会需向认知症患者提供安全的、开放的、无偏见的社会环境。有研究提示，家庭照护者希望社会所提供的服务能够满足认知症老年人及其实际需求，与之共同沟通，从而提供灵活和及时的社会支持。照护者表达其经历和问题，训练有素的专业人员需尽早理解并识别其需求，并提供针对性的正式照护。

同时，老年认知症家庭对维护其社会网络关系亦有一定需求，如通过参加认知症小组分享会分享家庭及自我情况，交流认知症相关信息与知识，以消除自我孤独感。此外，老年认知症家庭的社会支持需求包括在家中接受日常照料服务、临时照料中心服务和专门针对认知症的长期照料服务，以及接受财政和法律援助。由于疾病进展，照护者的照护负担加重，出现绝望、抑郁和不堪重负等情况，在无相应应对策略时，则其对心理和身体健康支持亦有一定需求，往往对医疗和心理社会支持、喘息服务、心理健康咨询和专业照护的需求增加。

3. 教育和培训需求　由于认知症导致的认知、行为、记忆和沟通及人格改变问题，给照护者带来了挑战，因其缺乏与认知症老年人的有效沟通，无法知晓认知症老年人的实际需求与愿望，为确保认知症老年人及其照护者的生活质量，照护者对于应对认知症相关问题的专业照护技能有一定需求，需得到针对性的培训与指导。

有研究显示，如何管理 BPSD 的技能至关重要，照护者对于相关的非药物干预技能有学习需求。此外，对于如何为认知症老年人提供照护，如何获得财政和法律支持，如何处理医疗问题，如何制订未来计划，以及如何在适当的时间获得正式的照护服务均有一定教育培训需求。有的老年认知症家庭照护者还有对接受针对认知症老年人失禁、饮食、体育锻炼等方面干预策略培训的需求。如何确保认知症老年人的安全和尊严也被列为重要需求。

（二）认知症老年人照护需求影响因素

影响认知症照护需求的因素主要有认知症老年人 BPSD 严重程度、患者与照护者教育程度、种族等人口社会特征，以及照护者社会支持水平、抑郁及焦虑水平等。

1. 功能状态　大量研究发现，认知症老年人需求与其功能能力受限情况有一定关系。多罗什凯维奇（Doroszkiewicz）的横断面研究表明，老年人在 BADL 和 IADL 方面的表现在护理需求水平之间的差异具有统计学意义。对于 BADL 和 IADL 更困难的老年人，其照护依赖和照护需求越高。因此，Doroszkiewicz 建议为支持老年人独立生活，应采取预防和减少老年人残疾的干预措施。

2. 健康状况　身体健康问题可能影响其照护依赖程度和照护需求。科勒（Koller）等对一组老年人进行了 5 年的随访，评估多病对长期照护需求的影响，结果发现多病人群有更高的照护需求。有研究提出长期照护依赖或需求程度最高的疾病是帕金森病和认知症。此外，根据迪杰斯特拉（Dijkstra）对助听器与照护依赖关系的研究结果，听力障碍可能与照护依赖相关。此外，有研究表明，认知和心理健康问题，如抑郁、焦虑、BPSD 与照护需求程度相关，养老机构老年人 MMSE 评分与总体照护需求之间存在显著负相关。

3. 一般人口学因素　一些人口学预测因素如性别、年龄已被报道与照护需求程度有一定关联。根据施尼策尔（Schnitzer）等的研究，对于脑卒中幸存者来说，女性的照护依赖程度更高，可解释的原因可能是她们年龄相对更大，以及脑卒中发作时更易患尿失禁等老年疾病。因此，预防策略应以老年疾病为重点，以减少脑卒中后照护依赖风险。

（三）不同阶段认知症老年人照护需求特点

认知症老年人照护需求评估及满足的主体是老年人，但同时也应包括机构及家庭照护者。不同阶段认知症老年人及其照护者对于照护需求的侧重内容各不相同，随着疾病的进展，照护需求内容与程度也在不断变化，见图 3-2。

1. 早期（轻度）认知症老年人　早期认知症老年人相对独立，不需要太多协助。处于早期阶段的认知症老年人家庭一般对疾病信息、症状识别、治疗方案、诊断等疾病特定信息的需求更多。除此以外，轻度认知症老年人的照护者对疾病基因学相关信息、试验药物及目前相关研究进展有一定了解需求。但因该阶段认知症老年人的生活能力相对来说较为独立，对于照护服务支持的相关信息需求水平整体相对较低，主要是关于如何照护认知症老年人、急救方案及何时可将认知症老年人转诊至医院的相关信息。同时该阶段认知症家庭亦需要一定的相关支持项目和资源帮助其应对疾病所带来的影响。

认知症老年人及其照护者在开始接受诊断并寻求有关症状、进展、治疗选择时，对信息的需求可能不尽相同，这反过来可能也会影响认知症老年人及家庭成员接受帮助的意愿和能力。有研究显示，有认知症老年人的照护者认为有必要在认知症早期时即接受认知症相关信息的健康教育，这将有助于认知症患者且家庭受益更多，能够更有希望和主动权去寻求外界帮助，而非因为耻辱感难以接受疾病带来的挑战。

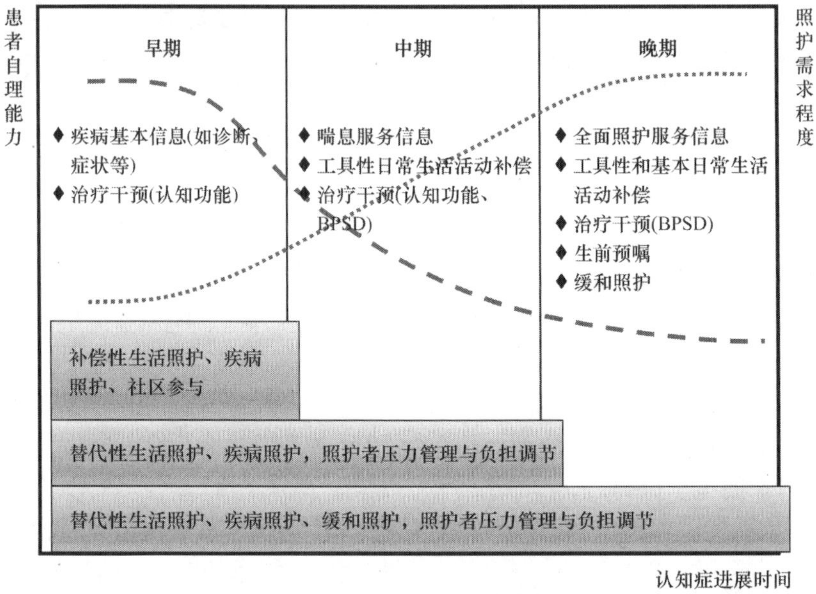

图 3-2 老年认知症患者的自理能力、照护需求程度演变轨迹及需求特征

2. 中期（中度）认知症老年人 与早期阶段需求相同，处于中期阶段的认知症老年人对信息与教育的需求同样重要。在一项超过 100 篇关于认知症照护者干预研究的荟萃（meta）分析中提出，健康教育对于照护负担、抑郁、主观幸福、个人症状、能力和知识具有一定积极影响。

处于中期阶段的认知症老年人由于生活自理能力的逐渐下降，在 IADL 方面开始需要更多协助，如购物、做家务、管理财务、准备食物、服药、使用电话、获取在线资源等。当疾病进一步进展，认知症患者则需要更多关于 BADL 的帮助，如洗澡、修饰、如厕、饮食和洗漱等。随着个人在工具性或基本日常生活活动方面依赖性的增加，认知症老年人从照护者处获取支持服务和协助的需求将越来越高。此外，此阶段的认知症老年人 BPSD（如游荡、激越等）数量和发生频率不断增加，也导致照护者的照护压力与负担加剧，因此除了对疾病、疾病进展基本信息的需求外，该阶段的重点在于照护者对管理认知症老年人不可预测的 BPSD、药物治疗、安全问题等方面有更多需求。同时需要更多关于医疗照护服务的相关信息，如什么地点、如何利用可获得的照护服务等。

3. 晚期（重度）认知症老年人 与早中期阶段需求相同，晚期认知症老年人对疾病基本信息、疾病预后和照护支持均有一定需求。与中期阶段认知症老年人需求相同的是，该阶段在如何管理认知症老年人不可预测的 BPSD、药物治疗、安全问题等方面亦有同样需求甚至更多。该阶段，认知症老年人及其照护者压力均很高，了解疾病如何发展及预期情况可帮助其缓解压力，进而为未来做好准备。

在认知症晚期阶段，由于认知症老年人依赖性进一步增加，其照护需求亦在增加，照护者满足认知症老年人需求的能力变得越来越具有挑战性甚至难以实现，因此，该阶段照护者对获得辅助和全面照护，以及临终关怀等可用替代性生活照护环境的相关信息有很大需求。

案例分析讨论 3-1

1. 任奶奶的认知症处于中晚期，虽然对于最近的事件有记忆，但记不准确，出现精神恍惚、反复提问等表现。

2. 任奶奶的需求主要集中在不可预测的 BPSD、药物治疗、安全问题等方面，以及临终关怀等可用替代性生活照护环境的相关信息需求显著。

（李现文　闵　敏）

第二节　老年认知症的预防、筛查与诊断

案例 3-2　　老年认知症的社区筛查

石头城社区卫生服务中心的护士小金在社区家访时发现，辖区内的老年认知症患者较多。从今年上半年起，社区卫生服务中心慢性病门诊已开始实施了认知症登记项目，尝试对每一位在社区卫生服务中心信息系统中的老年慢性病患者进行纸质版神经心理学量表评定，但该项工作总体进展缓慢，半年时间才完成了46例的筛查。

问题： 1. 纸质版神经心理学量表评定用于认知症社区筛查的局限有哪些？

2. 信息化与智能化认知症风险筛查平台有何实践意义？

一、老年认知症的预防

（一）老年认知症预防指南

老年认知症预防指南主要有 WHO 编写的 *Risk Reduction of Cognitive Decline and Dementia*，美国国家老龄问题研究所（National Institute on Aging）编写的 *Preventing Alzheimer's Disease——What Do We Know?* 英国国家卫生服务（National Health Service）部门的 *Dementia in Primary Care: Guidelines for Prevention, Early Identification & Management* 和英国国民保健服务部门的 *Can Dementia bc Prevented*，英国老龄与心理健康中心（Centre for Ageing and Mental Health）编写的 *Early Interventions in Dementia* 等，见表3-1。这几部指南均指出，目前仍然没有明确的医疗措施可预防老年认知症，激素疗法、疫苗、药物等仍在研发当中；强调健康生活方式预防老年认知症的重要作用，建议健康教育者对中年人（40～64 岁）进行生活方式预防老年认知症的健康教育与健康促进，这可使各类型的认知症患病率降低大约 20%。此外，指南还总结分析了早期诊断及干预的诸多益处。

表 3-1　老年认知症预防指南

指南名称	出版机构	内容提要
Risk Reduction of Cognitive Decline and Dementia	WHO	指南制定的背景及过程；预防措施；注意事项等
Preventing Alzheimer's Disease: What Do We Know?	美国国家老龄问题研究所	老年认知症概述；危险因素；预防措施；高危人群；其他信息
Dementia in Primary Care: Guidelines for Prevention, Early Identification & Management	英国国家卫生服务部门	老年认知症定义；流行；类别；危险因素；预防措施；筛查；触及卫生保健团队职责定义；专业心理团队职责定义；服务流程

续表

指南名称	出版机构	内容提要
Early Interventions in Dementia	英国老龄与心理健康中心	老年认知症概述；初级卫生保健预防认知症；可控因素；早期诊断；筛查；干预措施
Can Dementia be Prevented?	英国国家卫生服务部门	详述生活方式预防老年认知症的措施，包括健康饮食、维持体质量、规律锻炼、戒烟戒酒、将血压维持在一定水平等

（二）老年认知症的预防措施

针对前文所叙述的危险因素，尤其是可控因素，以 WHO 制定的指南中所列出的建议说明老年认知症的预防措施，包括饮食建议、规律运动、戒烟限酒、社交活动和认知干预、其他等。

1. 饮食建议　地中海饮食（Mediterranean diet）和终止高血压饮食（dietary approach to stop hypertension，DASH）。地中海饮食是以自然的营养物质为基础，以橄榄油、蔬菜、水果、鱼、海鲜、豆类为主的饮食风格。有研究发现，当地中海饮食与 DASH 相结合时，可延迟与年龄相关的认知衰退、降低阿尔茨海默病的发生风险。DASH 推荐食用包括水果、蔬菜、低脂乳制品、全谷物（如未加工的玉米、小米、燕麦、小麦、糙米）、鱼肉、鸡肉、坚果和豆类、植物油等，以及低钠低糖摄入、减少红肉摄入。其他具体饮食推荐如下。

（1）建议低盐饮食，每人每天摄入盐量不超过 5g。

（2）摄取脂肪产生的能量应低于总能量的 30%，不饱和脂肪（鱼、油梨油、坚果、菜籽油和橄榄油）比饱和脂肪（肥肉、黄油、棕榈和椰子油、奶油、奶酪、酥油和猪油）和各种各样的反式脂肪包括工业生产的反式脂肪（加工食品、快餐、油炸食品、冷冻披萨、馅饼、饼干、华夫饼、人造黄油和酱料）及反刍动物的反式脂肪（牛、绵羊、山羊、骆驼等反刍动物的肉类和奶制品）更优。建议将饱和脂肪的摄入量降至总能量摄入量的 10%以下，将反式脂肪的摄入量降至总能量摄入量的 1%以下。工业生产的反式脂肪应该避免食用。

（3）每天至少 400g（5 份）水果和蔬菜。土豆、红薯、木薯和其他淀粉类根茎食物不属于水果或蔬菜。

（4）游离糖摄入低于总能量摄入的 10%，相当于 50g（或大约 12 水平茶匙），即健康体重的人每天消耗大约 2000cal，但理想情况下，要获得额外的健康益处，摄入应低于总能量摄入的 5%。大多数游离糖是由制造商、厨师或消费者添加到食物或饮料中的，也可以在蜂蜜、糖浆、果汁和浓缩果汁中天然存在的糖中找到。

（5）保摄入充足的 ω-3 脂肪酸，如深海鱼类（三文鱼、金枪鱼、鲑鱼、沙丁鱼），或者补充深海鱼油。

（6）每天 2～4 杯绿茶被证实可以有效预防老年认知症。

2. 规律运动　大样本人群的观察研究和纵向研究结果表明，体育锻炼可减少认知下降风险及认知症的患病风险。规律运动可以保证循环系统的有效运作，降低胆固醇水平，使血压维持在相对正常的水平，降低患老年认知症尤其是 VaD 的风险。在日常、家庭和社区活动背景下的老年人，运动可包括娱乐或休闲时间的身体活动、交通（如步行或骑自行车）、职业（如果该人仍在工作）、家务、规律体育锻炼。

（1）对于 65 岁以上老年人，建议每周至少进行中等强度有氧运动 150min，或每周进行高强度有氧运动至少 75min，每次有氧运动至少维持 10min。若要维持更高的健康效益，建议每周至少进行中等强度有氧运动 300min，或每周进行高强度有氧运动至少 150min。

（2）对于移动能力较差的老年人，需每周进行 3 天或更多的规律运动以增强其平衡能力，防止摔倒。

（3）肌肉强化运动应涉及主要肌肉群的锻炼，每周 2 天或更多。

（4）当 65 岁及以上老年人由于健康状况不能进行以上所建议的运动时，应在能力和条件允许的情况下进行运动。

3. 戒烟限酒　有研究表明，烟草依赖可影响与年龄有关疾病的发生，如老年人虚弱，以及认知功能下降和认知症。而过量饮酒亦是认知功能下降和认知症的风险因素。指南建议戒烟，提供相应干预措施，并且严格控制乙醇摄入量。对于男性，每天的乙醇摄入量为 3～4 个单位（1 个单位相当于 1 小杯葡萄酒的量，大约 25ml）；对于女性，每天的乙醇摄入量限定为 2～3 个单位。

4. 社交活动和认知干预　当前，独居老年人数量越来越多，缺乏社交活动易患老年认知症。此外，认知干预对认知功能有积极意义，可降低患老年认知症的风险。指南建议老年人增加每周社交活动次数，形式包括走访亲友、观看电影、俱乐部活动、志愿者活动等，以增加认知储备，降低患老年认知症的风险。认知干预可通过认知刺激疗法或认知训练来实现。认知刺激疗法是指参与一系列旨在改善认知和社会功能的活动，而认知训练是指通过实践特定的标准化任务，旨在提高特定的认知功能，如可加强老年人记忆力训练，可从一些简单的渐进性的事情开始，如记住各省省会城市等，并且配上节奏帮助增强记忆，还有猜谜游戏等。此外，可进行大脑功能锻炼包括学习新知识，如学习一门外语、手语、弹奏乐器、阅读报刊或书籍及培养一个新的爱好习惯。越具有挑战的事情，越能增加大脑储备。

5. 其他　指南强调老年人应制订一个规律的睡眠作息时间表，按时入睡、按时起床，确保大脑生物钟保持规律应答。尽管午睡对于消除疲劳有诸多益处，但是对于大多数老年人来说，午睡会使失眠加重。如果老年人已有失眠的困扰，应尽量减少午睡时间。卧室内不要放置电视或电脑，睡前洗热水澡，做一些简单的伸展运动，睡前应保持精神放松。老年人还应注意避免头部外伤。在做一些球类运动时应保护好头部，戴好头盔。冬天应戴好帽子，保护好头部血管。另外，指南指出老年人应保持理想体质量，使血压、血糖、胆固醇控制在一个可接受的范围内。

二、老年认知症的筛查

（一）纸质版神经心理学量表

目前临床常用的认知症风险筛查主要为纸质版神经心理学量表，除常用的画钟试验、简易精神状态检查量表、蒙特利尔认知评估量表等认知功能评估工具外，还常使用日常生活能力量表等评定认知症对老年人日常生活的影响。此外，还有一些认知症特异性神经心理学量表可用于筛查。

1. 长谷川痴呆量表（HDS）　该量表由日本学者长谷川和夫于 1974 年开发并逐渐在亚洲人群中广泛使用，1991 年修订后更名为长谷川痴呆量表修订版（HDS-R）。HDS 及

HDS-R 均侧重于记忆功能的评价，主要适用于筛查可能患有认知症的老年人。

2. 临床痴呆评定量表（CDR） CDR 常用于评估认知症患者社会生活功能障碍严重程度，也可评估认知症患者认知功能，其主要评估受试者记忆力、定向力、判断和解决问题的能力、社会生活交际能力、家庭生活、兴趣爱好和个人生活自理能力共 6 个方面的表现。

3. AD8 该工具由华盛顿大学编制，是一个筛查认知症的简便工具，共包含 8 个条目，通常筛查需耗时 2～3min，如果筛查结果为 2，则认为受试者患有认知症。由于 AD8 能有效筛查普通人群中轻度认知症患者，因此其常被用于健康体检人群主观认知障碍的筛查，但由于其在我国人群中的特异度较低（60%～80%），因此较少被用于认知症的社区筛查。

4. 社区痴呆筛查量表（CSI-D） 该量表是一种用于跨文化研究的认知症筛查量表，包括对不识字或识字受试者的认知测试和关于日常生活表现的知情人访谈两部分，在各种不同社会经济背景的人群中具有较强的适应性和实用性。

5. 记忆与执行筛查量表（MES） MES 量表是近年来新研究的用于认知症早期即 MCI 筛查的工具，可全面评估记忆和执行功能，不需要借助任何辅助工具，耗时较短，不受文化程度和语言的限制。

6. 痴呆简易筛查量表（BSSD） BSSD 是由我国学者张明园于 1987 年编制，吸取了国际上较有影响的几种评定量表的长处，具有易于掌握、操作简便、可接受性高、效度好等特点，更能适合我国国情。BSSD 检出认知症的分数线为文盲＜16 分，小学文化≤19 分，中学以上≤22 分。

7. 智能筛查量表（CASI） CASI 是美国学者 Teng 等编制的一套筛查认知症的认知功能检查量表，由 MMSE 发展而来，即可以同时得到 MMSE 得分，其优于 MMSE 的地方是有助于阿尔茨海默病严重程度的判断和不同类型认知症的鉴别诊断。能对注意、旧记忆、新记忆、心算、计算力、言语流畅性、语言能力、构图能力、概念判断力在 15～20min 做出定量评价。

（二）信息化与智能化认知症风险筛查平台

1. 信息化与智能化认知症风险筛查平台的意义 由于纸质版神经心理学量表通常施测时间长，测评结果的录入和评判费时费力，对于施测人员要求较高，故在社区开展大规模老年人群筛查时不易开展。在国外，认知症风险筛查已采用信息化、智能化的认知测评工具为老年人提供个性化认知测评方案，强化对认知症风险人群的长期追踪与综合管理，并且可以在医院、社区、养老机构和居家等不同场景为老年人提供多样的认知测评方案。此外，信息化与智能化认知症风险筛查平台还可以对老年人进行分级管理，从而提供有针对性的认知训练服务。

2. 信息化与智能化认知症风险筛查平台的实践探索 由北京市卫生健康委员会领导，北京师范大学认知神经科学与学习国家重点实验室组织统筹的北京市脑健康体检（认知症风险筛查）项目是国内信息化与智能化认知症风险筛查平台应用较早、覆盖率较大的实践项目。该项目确定了北京市社区老年人群认知障碍的高危因素，建立了老年认知衰退模型，揭示了中国老年人群认知衰退轨迹和关键期，建立了适用于我国的本土化老年脑健康体检工作体系，解决了大范围普及脑健康体检所需的技术体系、人才培养与培训和脑健康知识普及等方面的关键要素。

（三）其他

1. 影像学筛查　有学者采用脑部 MRI 容积定量分析系统对行阿尔茨海默病筛查患者的患病风险进行评估，探索其有效性和应用价值。脑部 MRI 容积分析系统的分析结果不仅与临床专科医生的临床诊断结果基本一致，同时还筛查出部分已有轻微认知减退症状但在初期诊疗过程中未引起重视的早期认知障碍患者。

2. 生物标志物筛查　学者发现神经酰胺含量与认知症的发生发展（疾病进程、不同阶段精神症状之间）具有密切的关系，且跟认知症早期的病理改变相关，有可能作为预测、诊断阿尔茨海默病的生物标志物。

小链接　**国家卫生健康委员会《探索老年痴呆防治特色服务工作方案》提出：开展评估筛查和预防干预服务**

基层医疗卫生机构在实施国家基本公共卫生服务老年人健康管理服务项目时，结合老年人健康体检等工作，使用 AD8 和简明社区痴呆筛查量表开展辖区老年人认知功能评估。养老机构、医养结合机构要定期对机构内老年人认知功能进行评估。对发现疑似认知症的老年人，建议其到上级医疗机构就诊。社区（村）65 岁以上老年人认知功能筛查率达 80%。

精神专科医院或综合医院精神科、神经科、老年科依托医联体，将专家服务下沉至基层，为社区（村）可疑认知症患者提供科学诊断，制订分类管理与治疗方案，并指导基层医疗卫生机构定期随访。基层医疗卫生机构借助医联体等服务模式，开展老年认知症预防干预服务。对诊断为 MCI 的老年人，由社区（村）全科医生组织开展常态化认知训练，预防和减少老年认知症的发生。对确诊老年认知症的患者，社区医生对其家属和照料者开展培训，提高干预率，改善生活品质。在县级医疗机构精神科、神经科或老年科专业医生指导下，由社区（村）全科医生结合家庭医生签约服务等，对 MCI 患者每年开展随访，监测认知功能变化。鼓励基层医疗卫生机构采购老年认知症治疗类药物，增加基层药品的可及性。鼓励养老机构、医养结合机构通过购买服务等形式，由精神（心理）科、神经科或老年科专业医生团队提供老年人认知功能筛查和老年认知症诊断、治疗及预防干预等服务。

三、老年认知症的诊断

（一）诊断步骤

1. 明确认知症诊断　老年认知症以认知功能损害为主要特征，包括注意、执行、学习、记忆和视空间功能等，在疾病的过程中可伴发 BPSD，如幻觉、妄想、激越、不知饥饱、大小便失控等。对于认知症的诊断，NIA-AA（*National Institute on Aging – Alzheimer's Association*，2011）规定所有原因所致认知症的临床诊断标准要求病史和客观的认知评估证实认知损害严重到干扰了工作或日常活动的能力，见表 3-2；DSM-5（*The Diagnostic and Statistical Manual of Mental Disorders*，2013）规定重度神经认知障碍的临床诊断标准要求病史和神经心理测评证实认知损害严重到干扰了日常生活活动的独立性，见表 3-3。这些诊断均强调存在认知功能损害及执行功能损害。

表 3-2 NIA-AA 所有病因认知症的核心临床标准（2011）

1. 干扰了工作或日常活动的能力
2. 代表从以前的功能和表现水平下降
3. 不能用谵妄或主要的精神障碍解释
4. 患者和知情者提供的病史：①客观的认知评估；②证实存在认知损害。当常规病史和床边精神状态检查不能提供可靠的诊断时，应进行神经心理学检查
5. 认知或行为障碍至少涉及 2 个以下领域
A. 获取和记忆新信息的能力受损——症状包括重复提问或对话，放错个人物品，忘记事件或约会，在熟悉的环境下迷路
B. 推理能力、处理复杂任务的能力和判断力障碍——症状包括对安全风险认识不足，无法管理财务，决策能力差，无法规划复杂或连续的活动
C. 视空间能力障碍——症状包括尽管视力良好，不能识别面孔、普通物品及找到正前方的物品，不能使用简单的工具，或正确穿衣
D. 语言功能受损（说、读、写）——症状包括找词困难、犹豫不决；说话、拼写和书写错误
E. 人格、行为或举止改变——症状包括反常的情绪波动，如激越、动机受损、主动性丧失、淡漠、缺乏动力、社交退缩、对以前的活动兴趣下降、同情心丧失、强迫或迷恋行为、社交上不可接受的行为

表 3-3 DSM-5 重度神经认知障碍临床诊断标准（2013）

1. 在一个或多个认知领域（复杂注意、执行功能、学习记忆、语言功能、知觉运用、社交认知），与先前表现的水平相比存在显著的认知衰退，其证据基于如下
A. 个体、知情者或临床工作者对认知功能显著下降的担忧
B. 认知功能显著损害，最好能被标准化的神经心理测评证实，或者当其损害时能被另一种量化的临床评估证实
2. 认知损害干扰了日常生活活动的独立性（即最低限度而言，日常生活中复杂的重要活动需要帮助，如支付账单或药物管理）
3. 认知损害不仅仅发生在谵妄的背景下
4. 认知损害不能用其他精神障碍更好地解释（如重性抑郁障碍、精神分裂症）

（1）存在认知功能损害：对于老年认知症患者首先可通过认知评估（如病史、精神状态检查等）证实有无认知功能受损，其神经认知损害标准不要求将记忆列为必须受损的领域之一，而是扩展为复杂注意、执行功能、学习记忆、语言功能、知觉运用、社交认知等 6 个领域，且必须与老年人以往的认知功能作比较。对于阿尔茨海默病，是老年或老年前期渐进性起病，病程呈持续性进行发展的认知障碍，以近记忆力障碍为首发症状；VaD 起病迅速，进展呈阶梯样恶化，并有明显的局灶性神经系统体征，一般不难鉴别。另外，认知症的诊断需排除其他精神疾病所致认知功能损害，如谵妄、重性抑郁障碍、精神分裂症等。

（2）存在执行功能损害：老年认知症的核心症状为认知功能损害，随着病程的进展，认知功能损害越来越明显，可能会干扰日常工作及活动能力。此外亦会伴发幻觉、妄想、情感淡漠等精神症状，以及攻击、游荡及大小便失禁等行为症状，多为中晚期认知症的特征。NIA-AA 标准考虑了不同病因认知症的认知和行为（神经精神）特征（学习记忆、执行功能、视空间能力、语言功能和人格行为 5 项中具 2 项），对于区分不同严重程度（从轻度到严重阶段）的认知症有更广泛的适用性。

关于特定病因认知症（如阿尔茨海默病、VaD 等）的特定标准，中国老年保健协会老年痴呆及相关疾病专业委员会指南工作组（简称 ADC 指南工作组）推荐了不同病因认知症的临床诊断标准，见表 3-4。

表 3-4 ADC 指南工作组推荐的不同病因认知症临床诊断标准

类型	标准	制定机构，时间
阿尔茨海默病	1. 阿尔茨海默病的核心标准（core criteria of AD）	NIA-AA，2011
	2. 阿尔茨海默病的研究标准（research criteria of AD）	IWG-I，2014
VaD	1. VaD 临床诊断标准	AHA/ASA，2011
	2. 重度血管性认知障碍诊断标准（major VCD or VaD）	VASCOC，2014
	3. 遗传性多发脑梗死性痴呆（CADASIL）	Mizuta. et al.，2017
DLB	1. DLB 临床共识标准	DLBC-4，2017
	2. PDD 临床诊断标准	MDS，2007
额颞叶变性及相关谱系疾病	1. 行为变异型 FTD 诊断标准	FTDC，2011
	2. 语义性痴呆临床诊断标准（SD）39	PPAC，2011
	3. 非流利性失语临床诊断标准（PNFA）	PPAC，2011
	4. 肌萎缩侧索硬化-额颞叶谱系疾病（ALS-FTSD）	Strong，et al.，2017
	5. 皮质基底节变性诊断标准（CBD）	Armstrong et al.，2013
	6. 进行性核上性麻痹临床诊断标准（PSP）	MDS，2017
克-雅病	1. 散发型克-雅病诊断标准（sCJD）	Zerr，et al.，2009
	2. 变异型克-雅病诊断标准（vCJD）	Heath，et al.，2010
边缘性脑炎	边缘性脑炎诊断标准（LE）	Graus，et al.，2016
正常压力脑积水	特发性正常压力脑积水诊断标准（iNPH）	Shprecher，et al.，2008

2. 确定认知症的病因 引起认知症的病因有很多，如神经变性认知症（阿尔茨海默病、FTD、DLB）和非神经变性认知症（脑外伤、脑血管病、慢性酒精中毒性脑病、一氧化碳中毒、颅内感染、脑肿瘤、甲状腺素减退症、艾滋病、吗啡中毒性脑病等）。确诊为认知症后，应根据病史、体格检查、相应辅助检查（临床量表评估、影像学检查、生物标志物检测等）等判定具体病因。老年认知症的病程具有隐渐性、进行性、不可逆性、全面性的特征，其他原因所致认知症具有可逆性，故称可治性认知症，应予以识别。

3. 判断认知症严重程度 常用于认知症严重程度分级的工具有临床痴呆评定量表（clinical dementia rating scale，CDRS）、总体衰退量表（global dcteriorate scale，GDS）及 ICD-10 的诊断标准，一般分为轻、中、重度。ICD-10 在认知症分级中的应用如下。

（1）记忆障碍：①轻度，记忆力障碍涉及日常生活，但仍能独立生活，主要影响近期记忆，远期记忆可以轻度损害或不受影响；②中度，较严重的记忆障碍，已经影响到患者的独立生活，有时伴有括约肌功能障碍；③重度，严重的记忆障碍，完全需要他人照顾，有明显的括约肌功能障碍。

（2）其他认知功能的减退：①轻度，认知功能的减退影响到患者的日常生活，但仍能独立生活，完成复杂任务有明显障碍；②中度，认知功能减退影响到患者的独立生活能力，需他人照顾，对任何事物完全缺乏兴趣；③重度，完全依赖他人照顾。

对认知症的严重程度判定是由记忆障碍和其他认知功能减退共同决定的，以两者中最严重者作为认知症的严重程度，如轻度记忆障碍和中度认知功能减退的老年人应被诊断为中度认知症。

（二）诊断方法

认知症的诊断应按照诊断标准进行，但诊断标准所依赖的也是临床表现及辅助检查结果，主要可依赖病史采集、体格检查、神经心理学测试、神经影像学检查、生物标志物检测等手段。

1. 病史采集　病史信息可来自患者或知情者。由于患器质性精神病的患者常出现记忆、智能受损或意识不清，常难以诉说自己的病情，此时只能由知情人代诉。病史应详细可靠，包括现病史、既往史、家族史等内容。

（1）现病史：应注意发病时间、诱因、病程特点、症状特点等。有时可给予必要的提示，帮助代诉者回忆疾病的演变过程，有利于获得翔实的病史资料。

可能诱发的原因：脑血管危险因素（高血压、高脂血症、心脏病和糖尿病等）和躯体疾病（肝、肺、肾等感染，中毒，内分泌及脑外伤）。如有头痛、恶心应考虑有无占位性病变的可能，必要时作相应的检查明确诊断。

对于病程特点，应注意病程是慢性、进行性、渐进性、阶梯性还是波动性（昼轻夜重）的。慢性、渐进性病程特点，如有认知功能的损害，多见老年认知症；阶梯性病程特点多见于脑血管疾病里；波动性（昼轻夜重）病程特点见于急性器质性疾病特征，如感染、中毒、脑出血等。

对于发病时的症状特点，应注意发病过程中有无言语功能障碍及运动功能方面的障碍，有无发热、抽搐史，有无精神症状特征。如先有记忆及智能下降，以后才出现情绪改变，幻觉妄想及行为紊乱症状群，首先应考虑老年认知症的可能性大；急性器质性精神障碍患者的幻觉具有鲜明性、丰富性及恐怖特点；慢性器质精神障碍的幻觉具有短暂性、原始性，妄想多继发于记忆损害的基础之上，其内容简单，怀疑对象多为患者身边的亲人和保姆，随着认知症的进展逐渐消失，而认识功能及行为障碍（攻击、游荡、不知饥饱、大小便失控等）逐渐加重。

（2）既往史：询问可能引起认知和 BPSD 的系统性疾病，如既往有无精神病史，躯体疾病史（心、脑、肝、肺、肾等疾病史），颅脑外伤史，酒精及依赖物质滥用史，以及精神类药物使用等，以上均有助于认知症的诊断。

（3）家族史：目前认为肝豆状核变性、舞蹈病及阿尔茨海默病均有显著的家族性遗传倾向。诊断时仅供参考，不能作为排除的依据。

2. 体格检查　对于认知症患者的体格检查，除一般的体格检查外，还应注重神经系统的检查。进行一般体格检查，以助于发现对认知症发病有影响的系统疾病。例如，肝硬化有助于识别酒精性肝病或肝性脑病，心率、甲状腺检查有助于识别是否有甲状腺功能减退，一般体格检查亦可有助于发现是否有脑外伤或肿瘤等情况。

神经系统检查对于鉴别原发性、继发性认知症或合并症非常重要。早期阿尔茨海默病除精神状态检查外，其他检查往往是正常的。合并其他认知症的叠加症状可以提示特定病因，不一样的症状可能暗示其他认知症原因。例如，肌肉僵直、运动迟缓、不伴有震颤可能提示 DLB；偏侧肌力下降、不对称性反射、视野缺损、锥体束征或其他定位体征可能提示 VaD。

3. 神经心理学测试 认知症不能仅进行单一测试，按照认知症的诊断标准，认知功能下降，特别是记忆丧失，不足以诊断为认知症。认知功能下降导致的日常生活功能的下降，以及 BPSD（如情感淡漠、谵妄、攻击等）亦是重要判断依据，因此需对认知功能、精神行为和日常生活状况等进行全面评估

（1）认知功能评估：认知功能评估应包括总体认知至少 4 个认知领域（如记忆、语言、执行/注意力、视空间功能）的评估，可采用简易精神状态检查量表（mini-mental state examination，MMSE）、蒙特利尔认知评估（Montreal cognitive assessment，MoCA）、安登布鲁克认知检查（Addenbrooke's cognitive examination，ACE）和 CDR 等工具进行评估。

1）MMSE 是应用最为广泛的综合认知评估工具，包括定向力、记忆力、注意力、语言能力和视空间能力。测量认知症的最佳阈值为≤24 分。在不同教育水平，推荐 MMSE 值：大学≤26 分、中学≤24 分、小学≤23 分、文盲≤22 分。建议 MMSE 原始得分用于认知症程度的粗略判定，即 21～26 分为轻度认知症、11～20 分为中度认知症、0～10 分为重度认知症，15～26 分为轻中度认知症，＜15 分为中重度认知症。

2）MoCA 覆盖注意力、执行功能、记忆、语言、视空间结构技能、抽象思维、计算力和定向力等认知域。常用的认知损害分界值为 18～25 分，类似于 MMSE 24～29 分，可参照 MMSE 最佳阈值进行分数转化，以 MoCA≤18～21 分类似于 MMSE≤24～26 分水平，提示存在认知症。

3）ACE/ACE-R（Addenbrooke's cognitive examination-revised，阿登布鲁克认知检查修订版）是较为简洁的认知测试量表，包含 5 个认知域，分别为注意力/定向力、记忆、口头表达的流畅性、语言、视空间认知能力。测量认知损害的最佳阈值尚无共识，从 83 分、88 分到 93 分不等，分值越高表明认知功能越好。检测认知症的敏感度类似于 MMSE，但特异度偏低，更适用于轻度认知症的筛查，对 FTD 和 PDD 较 MMSE 更为敏感。但诊断性能受教育水平和患者躯体功能障碍影响。

4）CDR 涵盖记忆、定向、判断和解决问题、工作及社交能力、家庭生活和爱好、独立生活能力 6 个项目，分为正常 CDR=0、可疑认知症 CDR=0.5、轻度认知症 CDR=1、中度认知症 CDR=2、重度认知症 CDR=3。常用于认知症程度分级评估。

5）GDS 常用于全面评估认知症状况，可以用于阿尔茨海默病以外的其他类型认知症，分为 7 期，1 期为无认知功能下降，7 期为极重度认知功能下降。

6）单一认知域的测量评价工具有如霍普金斯词语学习测验（Hopkins verbal learning test，HVLT）评估记忆、波士顿命名测试（Boston naming test，BNT）评估语言功能、连线测试（trail-making test，TMT）评估执行/注意、画钟测试（clock drawing test，CDT）评估视空间功能等，这为单一领域认知损害提供了客观证据。

（2）BPSD 评估。认知症疑诊患者都应进行全面的 BPSD 评估，应通过知情者进行适当的评估量表评估，推荐使用神经精神问卷（neuron-psychiatric lnventory，NPI），该量表是最常用的 BPSD 评估工具，本量表由照护者回答。评估内容包括妄想、幻觉、激越、抑郁、焦虑、欣快、淡漠、去抑制、易激惹和异常行为活动等方面。NPI 评分并不总是随病情加重而加重，轻度阿尔茨海默病随病情进展，NPI 分值会增加，而随疾病的进一步加重，NPI 分值反而可能下降。

（3）日常生活能力评估：因认知功能损害会导致日常活动能力的下降，因此应对认知症老年人的日常活动能力进行评估。ADL 主要包含 BADL 和 IADL。BADL 涵盖如穿衣、洗漱、如厕等，IADL 涵盖如工作、做家务等。认知症老年人的日常生活能力可用 Lawton 日常活动能力量表进行评估。Lawton 日常活动能力量表包括 8 项工具性日常生活活动和 6 项基本日常生活能力评估。Lawton 工具性日常活动量表常采用 1～4 分计分法，得分越高损害越重，工具性能力可以敏感地反映认知水平，研究表明 4 项工具性能力（服药、使用交通工具、处理财务和使用电话）是认知症早期非常灵敏的指标。在认知症晚期阶段，如厕、穿衣、洗澡等 BADL 也会受累。阿尔茨海默病协作研究-日常生活活动能力量表（Alzheimer's disease cooperative study-ADL，ADCS-ADL）常用于认知症临床试验的结局评估，通常与 ADAS-cog 联合使用，评估试验药物的临床疗效。

4. 神经影像学检查 神经影像学包括结构性影像和功能性影像。结构影像评估作为认知症病因诊断的常规检查，CT 和 MRI 对认知症的鉴别诊断很有价值，如肿瘤、脓肿，MRI 较 CT 能提供更多的诊断信息。

神经系统变性病所致认知症在结构性影像中通常不表现为异常信号，而表现为某些脑结构的萎缩，MRI 冠状位显示内侧颞叶萎缩或海马体积缩小有助于诊断阿尔茨海默病；对称或不对称额叶和颞叶的萎缩提示额颞叶痴呆。VaD 诊断必须经 MRI 或 CT 检查提供相关的脑血管病证据支持。

功能性影像学检查中，在阿尔茨海默病、DLB、FTD 及 CBD 患者中行 FDG-PET 检查时出现异常糖代谢的分布模式，可为鉴别诊断提供依据。DAT-PET 或单光子发射计算机体层摄影（SPECT）基底节多巴转运体摄取显著减少对诊断 DLB 有高特异性，可用于 DLB 诊断及其与阿尔茨海默病的鉴别。

5. 电生理检查 电生理检查对认知症的诊断和鉴别诊断有一定的参考价值。阿尔茨海默病的脑电图表现为弥漫性波幅下降，α 波减少、β 波增加及平均频率减低；脑电图表现为弥散性和局灶性异常通常提示 VaD 的可能；周期性同步放电为克-雅病的特征性脑电图表现。事件相关电位 P300 被认为和智能有关，认知症患者多有 P300 潜伏期的延长。

6. 实验室检查 血常规、尿常规、粪常规、肝功能、肾功能、叶酸、维生素 B_{12} 水平、血糖、促甲状腺激素（TSH）等检查应列为认知症患者常规检查，可用于筛查是否为由全身性疾病而引起的认知症。而腰穿脑脊液检查中的 Aβ、T-tau/P-tau 等指标也有助于认知症的诊断。

案例分析讨论 3-2

1. 纸质版神经心理学量表通常施测时间长，测评结果录入和评判费时费力，对于施测人员要求也较高，在社区开展大规模老年人群认知症筛查时不易开展。

2. 信息化、智能化的认知测评工具利用信息化及智能化技术，可以为老年人提供个性化认知测评方案，强化对认知症风险人群的长期追踪与综合管理，通过对老年人进行分级管理，提供有针对性的认知训练服务，实现筛查、干预、评价的系统化。

（李现文　季梅丽）

第三节　老年认知症的干预策略

案例 3-3　　**老年认知症患者 BPSD 照护**

郑奶奶，72 岁，身高 153cm，体重 62kg，患有糖尿病 20 多年、多发性腔隙性脑梗死和认知症 8 年，平素性格外向、善谈、易激动哭泣。郑奶奶育有 2 女，均在国外工作。2 年前，郑奶奶因老伴去世后无人照顾入住夕阳红养老院。

郑奶奶最近 1 周出现 BPSD 加重，情绪易激动、大哭大闹伴有下跪行为。照护人员发现郑奶奶有时找不到卫生间，需要照护人员诱导才行，并有时夜间醒来会在房间盆里或垃圾桶里小便，倾倒在房间门口，并多次出现因哭泣导致晕厥现象，有时要求寻找老伴一起吃饭。

问题： 1. 郑奶奶的 BPSD 有哪些？

2. 适合郑奶奶的非药物干预有哪些？如何实施？

一、老年认知症的药物治疗

老年认知症是获得性持续性智能损害综合征，除阿尔茨海默病外，其他常见原因和类型包括 VaD、DLB、PDD、FTD，以及其他中枢神经系统疾病或系统性、代谢性、中毒性疾病导致的认知症，应针对病因、认知症状和 BPSD 进行干预。

（一）阿尔茨海默病的药物治疗

胆碱酯酶抑制剂如多奈哌齐、卡巴拉汀、加兰他敏可用于治疗轻中度阿尔茨海默病，用于治疗重度阿尔茨海默病患者仍可获益，其中多奈哌齐耐受性相对更好（轻中度患者推荐用量为 5～10mg/d；中度或重度患者推荐用量为 10～23mg/d）。胆碱酯酶抑制剂的不良反应发生率主要与治疗剂量有关，应视耐受情况采用剂量滴定法加量。

盐酸美金刚（memantine hydrochloride）是第一个获批准用于治疗阿尔茨海默病的谷氨酸受体拮抗剂。有研究结果显示，接受稳定剂量多奈哌齐的中重度阿尔茨海默病老年人联合盐酸美金刚（20mg/d）治疗可改善认知功能、生活能力及阳性 BPSD，肾功能不全者需慎用。

银杏叶提取物 240mg/d 用于治疗轻中度阿尔茨海默病，可使患者认知和总体轻微获益，对于认知症伴 BPSD 有中等疗效。

（二）VaD 的药物治疗

胆碱酯酶抑制剂中，多奈哌齐（5～10mg/d）或加兰他敏（4mg/d 或 8～24mg/d）可用于治疗轻中度 VaD，卡巴拉汀（3～12mg/d）对轻中度 VaD 患者认知功能有微弱效益。

盐酸美金刚对轻中度 VaD 患者认知功能有益，且安全性相对较好。尼麦角林可作为轻中度 VaD 的促智药使用。高剂量银杏叶提取物（240mg/d）对轻中度 VaD 患者的认知功能和总体印象有益，与阿尔茨海默病之间并无显著性差异。

（三）DLB 和 PDD 的药物治疗

胆碱酯酶抑制剂中，多奈哌齐（5mg/d 或 10mg/d）或卡巴拉汀（3～12mg/d）可用于治疗 DLB，对认知功能和 BPSD 有效。加兰他敏可考虑用于治疗 PDD，8mg/d 治疗 4 周后改为 18mg/d 对认知障碍有效。

盐酸美金刚可轻微改善 DLB 患者的总体印象和 BPSD。DLB 患者应慎用神经安定类药物，避免使用典型抗精神病药物。抗帕金森病运动症状治疗的各种药物中，左旋多巴被推荐首选单独用于治疗 DLB 和 PDD 的运动症状，左旋多巴应从小剂量开始，缓慢加量达到缓解 50%以上症状所需的剂量后尽量长时间维持治疗。

（四）FTD 和其他认知症的药物治疗

不建议常规使用胆碱酯酶抑制剂治疗 FTD，因为可能会引起意识混沌、激越或不安等风险。盐酸美金刚可用于治疗中重度 bvFTD 患者神经精神症状如激越、抑郁等，但对于认知功能无益处。曲唑酮和选择性 5-羟色胺再摄取抑制剂可用于治疗 FTD 的行为精神症状。

丁苯那嗪可能有助于控制亨廷顿病性痴呆的舞蹈症。多西环素可轻微延长散发型克-雅病患者的生存期，但需要更多高质量证据的支持。脑脊液分流术可改善特发性正常压力脑积水患者的认知功能和“起立和蹲下”测试，但是选择手术时应该评估其长期获益与风险。

二、老年认知症的非药物干预

（一）非药物干预的方法

非药物干预指的是使用除药物以外的方法治疗疾病，恢复健康的手段，包括但不局限于心理社会干预、生活方式的改善、康复锻炼、护理干预等。非药物干预损伤小，成本低，目前已在高血压、糖尿病、心房颤动等慢性病领域发挥了重要的作用。

老年认知症患者的行为问题一般情况下应首选非药物干预，即使在必须使用药物治疗时，非药物干预也应该继续进行。国内外研究者也在积极开展非药物干预的开发和研究，通过对文献的回顾，目前 BPSD 的非药物干预主要包括照护者的教育、日常生活护理、怀旧疗法、音乐疗法、运动锻炼、芳香疗法、按摩抚触、美术疗法、宠物疗法、光照疗法、情感疗法、园艺疗法、娃娃疗法、现实取向、环境改造及认知刺激疗法等。但是研究结果也表明不同于其他疾病或人群，BPSD 表现各异，照护需求各异，即使是同样的症状，同样的干预措施，也会因个人经历、文化程度、家庭环境等方面的因素导致作用效果差异巨大。

有研究者对认知症患者 BPSD 非药物干预进行了系统评价，纳入 6 篇指南，并对其推荐意见进行汇总，见表 3-5。其中，休闲娱乐活动在非药物干预中的效果是最全面的，同时仅环境改造能够帮助患者定向，适应新环境。个性化的方案能够帮助患者减少焦虑/抑郁等心

表 3-5 认知症非药物干预措施类型及效果

	体育锻炼	休闲娱乐活动	怀旧疗法	芳香疗法	按摩疗法	多感官刺激	宠物疗法	行为疗法	环境改造	个性化方案
定向障碍	/	/	/	/	/	/	/	/	√	/
焦虑/抑郁	√	√	√	√	/	√	√	√	/	√
行为问题	/	√	√	√	√	√	√	/	/	/
精神症状	/	√	/	/	/	/	/	/	/	/
情绪	/	√	√	×	/	×	√	/	/	/
激越行为	/	√	√	×	√	×	/	√	/	/

注：√指南推荐；×指南不推荐；/指南未作推荐意见

理问题，推测是否可以将能达到不同效果的措施进行组合，对 BPSD 进行更有效地管理。

有学者建议照护者应将不同策略进行组合干预。在认知领域有较明确的循证医学证据支持组合策略的有效性，其中最常见的是运动锻炼与认知训练的组合形式，针对特定人群也给出了一些建议，如针对出现 BPSD 的患者加入音乐治疗，对有睡眠障碍的患者加入光照治疗等。在 BPSD 的治疗领域有研究者在循证的基础上总结 5 类非药物方案（照顾者教育、有效沟通、有意义的活动、规律的日常活动和安全、适宜的环境）可以有效地减少行为问题。Opie 等的研究中由医师、护士、物理治疗师共同为 99 名出现 BPSD 的症状患者构建包括精神病药物及疼痛管理、日常生活护理措施、按摩、芳香治疗、规律运动、行为等非药物管理的综合干预方案，结果显示综合干预方案明显降低了患者躁动不安、激越等症状发生的频次。

此外，随着虚拟现实（virtual reality，VR）技术的发展，VR 技术在老年认知症干预中的应用也不断深入。VR 技术基于计算机技术，综合利用人机接口技术、数据库设计、控制科学与工程技术、应用心理学、动物行为学等多种学科知识，能够创造出一种模拟真实的三维虚拟环境，从而为用户提供一种"身临其境"的沉浸式的综合性科学技术。使用者投入到利用计算机产生的三维虚拟环境中，有一种身临其境的感觉，进而在虚拟场景中利用传感设备与虚拟对象互动，感觉像在真实世界一样，并利用多感知性、自主性，提高干预效果。Kim 等研究表明，VR 技术干预可以对认知障碍患者的各种临床结果产生积极影响。VR 技术干预通过刺激患者的大脑来改善认知功能和其他功能，Coyle 等研究表明，VR 技术干预可以适度改善认知障碍参与者的认知功能。Doniger 等则对有阿尔茨海默病家族史的认知症患者进行 VR 认知运动训练，每次 45min，每周 2 次，持续 12 周，提示 VR 训练提高了患者的认知功能。目前，VR 技术对老年认知症患者影响的研究在国内尚处于起步阶段，仍需进一步的研究和实践。

（二）非药物干预的实施框架

1. DICE 框架　DICE 代表描述（describe）-原因（investigate）-方案（create）-评价（evaluate），是被推荐用于认知症患者 BPSD 管理的干预实施框架。

该框架第一步为描述（D）行为：BPSD 的管理应遵循个性化的原则，其体现在对患者的全面评估，与照护者进行沟通，如果有可能、有能力的话，认知症患者也应参与这一过程的讨论，描述的内容应包括行为出现前有无先兆表现或激发因素，并且还要了解让患者和照护者最苦恼的症状，以及患者和照护者的治疗期望。全面地了解何时、何地、出现了何种症状。

第二步为调查原因（I）：需要对引起症状的潜在原因进行全面的评估，建议从患者、照护者和环境三个方面分析考虑。患者因素主要包括认知症的类型和严重程度、躯体疾病状态、便秘等需紧急处理的情况，除此之外还包括药物的不良反应、心理状态、病前人格特征等。照护者因素也会导致 BPSD 的出现，如照护技术不当，照护者感到压抑、抑郁，情绪消极，在护理过程中便更倾向于消极应对，采取消极的交流方式和应对方式。环境因素如环境刺激过度、生活规律的改变、身体和社会环境突然发生变化等。

第三步为制订方案（C）：应包括实施方案的对象及实施方法，建议由照护者和患者共同参与，与多学科团队共同制订实施。干预措施可包括躯体疾病治疗、非药物干预治疗和药物治疗等，并已按其优先选择的顺序进行排序。

第四步为评价效果（E）：评价方案实施后是否有效，患者的行为表现是否改善，照顾者困扰是否缓解。

DICE 过程应循环持续进行，尤其对新出现的或者令照护者感到困扰的异常行为症状推荐使用。

2. 以人为中心的护理（person-centered care，PCC）**模式** 是由以人为本治疗发展而来的，并于 1988 年由 Kitwood 引进，首先应用到认知症患者的照护中。在 2018 年的阿尔茨海默病协会专家共识中也推荐将 PCC 运用到认知症患者的照顾中。

“以人为中心”和“以患者为中心”常以同义词的形式出现在文献中，其实两者有着很大的差异。PCC 将“患者”归入“人”同等对待，强调人性，在疾病的治疗和干预中不完全是被动地接受，而是能够积极地参与到自我照护和决策的制订中。

有研究者概括了 PCC 的 4 个主要内容，包括重视认知症患者和照护者，以完整的个体看待“人”，即全人照护，从认知症患者的角度看待世界，拥有一个积极的社交环境，使认知症患者可以享受相对的健康。研究者归纳总结了 PCC 的 6 个主要原则，包括整体护理，尊重患者的想法，维护患者选择的权利，维护患者的尊严，维护患者的自主决定的权利，鼓励患者维持自己原有的社会角色积极地面对生活。

尽管学术界关于 PCC 并没有一个明确统一的定义，但多数学者认为 PCC 应包含以下几个方面：应始终将患者视为能够进行生活和社会交往的个体，并促进患者的社会交往，促进与照护者之间的关系，尽管他们存在不同程度生理及认知功能的进行性退化；患者参与；了解患者的既往经历，并融于日常护理中；照护的重点是患者目前有能力完成的，而不是针对患者已丧失的能力；为患者提供良好的照护环境，使其处于安全、适宜的环境中。

PCC 主要包括认知症照护筹划和某些社会心理活动干预手段两种主要手段。

将 PCC 理念运用到实际的认知症照护中时主要表现为全面深入了解患者的过往包括生活习惯与生活经历等，并将其进行整合、分析，据此为患者设计和开展适合并且有意义的康复活动；了解患者的心理状态，同时务必要建立和维护照护者与认知症患者之间的良好关系。

有学者认为，PCC 通常并不适合在三级医院的环境中应用，因为在医院环境中会更多地关注患者的急危重症的救治、临床症状及功能的康复，较少会花大量的时间和精力关注与分析患者的社会心理状况。然而其在认知症的长期照护中对控制认知症患者行为症状、提高生活质量等方面的作用已得以证实。PCC 是更适用于长期护理机构，以及照护者具有同样观念的家庭环境中的护理情境。

案例分析讨论 3-3

1. 有 70%～90%的认知症老年人会在病程中的某个阶段出现行为和心理方面的异常。郑奶奶的 BPSD 主要有妄想（老伴已去世但仍寻找）、激越（大哭大闹伴有下跪）等。

2. 目前 BPSD 的非药物干预主要包括照护者的教育、日常生活护理、怀旧疗法、音乐疗法、运动锻炼、芳香疗法、按摩抚触、美术疗法、宠物疗法、光照疗法、情感疗法、园艺疗法、娃娃疗法、现实取向、环境改造及认知刺激疗法等，可以结合郑奶奶的认知及 BPSD 评估结果、既往生活经历等因素开展非药物干预，其实施可以参考 DICE 框架即描述（describe）-原因（investigate）-方案（create）-评价（evaluate）实施，也可参考 PCC 模式等。

（李现文）

第四节 老年认知症与医养结合护理

案例 3-4 **认知症友好社区的建设与评价**

某市某街道辖区内有 35 个居民小区，有认知症老年人 361 例。该社区从上一年开始，遵循以人即认知症老年人为中心的核心准则，采取多元合作的模式，探索建立认知症友好社区，从而满足认知症家庭在疾病及生活等不同层面的需求。但由于社区内的行政管理、医疗机构、养老机构、社会组织等尚未统筹资源及管理体系，认知症友好社区建设近期推进缓慢。

问题： 1. 该街道下一阶段开展认知症友好社区建设的重点工作是什么？

2. 如何实施对该街道认知症友好社区的评价？

一、老年认知症养老护理模式

（一）现有认知症养老护理模式及特点

参考已有认知症居家照护模式系统评价研究，可将老年认知症居家照护模式概括为家庭照护者主导模式、个案管理模式、医疗服务模式、整合照护模式等，各类老年认知症居家患者照护模式特点整理见表 3-6。

表 3-6 不同老年认知症居家患者照护模式特点

照护模式	照护者	照护对象	照护成本	照护重点	主要局限
家庭照护者主导模式	家属，有偿聘用的保姆、护工等	老年认知症患者	非正式照护成本相对较高，家庭生产力损失较大	基本生活照护、情感支持	照护专业性欠缺；照护者负担重；外部照护资源利用低
个案管理模式	个案管理员	老年认知症患者及其家庭照护者	非医疗的外部支持服务成本相对较高	疾病知识指导、症状管理及社会情感支持等	个案管理员需协调多学科服务团队参与；对个案管理人力资源、时间、精力有要求；多学科之间的协作有待进一步加强衔接
医疗服务模式	专业化医疗团队	老年认知症患者	正式照护成本较高	疾病知识指导、药物管理、症状管理及心理支持等	对家庭照护者的照护支持相对较为欠缺；除医疗体系外的照护支持资源利用较低
整合照护模式	多学科协作照护团队	老年认知症患者及其家庭照护者	非医疗的外部支持服务成本相对较高	疾病知识指导、药物管理、症状管理及社会情感支持等	政府政策、社会照护支持和社会环境层面（技术环境、文化环境等）资源利用仍有待加强

1. 家庭照护者主导模式 提供者常为配偶或子女等非正式照护者，以及有偿聘用的保姆、护工等。由于认知症尚未纳入国家管理的慢性病目录，社区卫生服务中心提供的认知症相关卫生服务缺乏，家庭照护者主导模式是当前我国最常见的认知症居家照护模式。

2. 个案管理模式 指由社会工作者等个案管理员在认知症老年人出现最初症状或诊断到进入护理机构或死亡的整个过程中，向认知症家庭提供协调的治疗、护理和支持。在案例管理模式中，主要由案例管理员开展，通常是专业人员如经过认知症护理培训的护士等，采用一对一模式，通过定期电话或家访对认知症家庭需求进行动态评估，对照护者技能培训和认知症患者行为管理等提供帮助。英国记忆服务中尤为注重个案管理，包括对认知症家庭进行需求评估和药物管理等。有研究者采用案例管理模式对轻度认知症家庭进行干预，结果显示该模式可减轻认知症患者的抑郁症状，同时促进对家庭照护者的社会支持，增加社区服务使用。

3. 医疗服务模式　借鉴传统社区慢病管理模式，主要由医疗机构如当地精神卫生中心、社区卫生服务中心等专业医护团队提供医学专门指导。因主要由医疗机构提供如疾病知识指导、药物管理、症状管理及心理支持等方面的照护，且认知症尚未纳入国家管理的慢性病目录，正式照护成本相对较高。该模式针对家庭照护者的照护支持相对较为欠缺，除医疗体系外的照护支持资源利用较低。

4. 整合照护模式　是在政策、资金和照护提供者等层面上创建连通性、一致性和协作性的照护服务。其中照护提供者可基于多学科团队的、多组成部分的干预方式，通过利用跨学科团队的专业知识重新设计医疗保健服务，改善以家庭为中心的照护。该模式有助于个案管理模式的开展，个案管理员代表认知症家庭与不同服务组织机构联系，为认知症家庭提供综合照护。该模式已在多个国家开展广泛实践研究。

（二）我国认知症养老护理模式主要问题

目前国内认知症照护以家庭照护者主导模式最常见，个案管理、整合照护等管理模式也局限于家庭范围，未能实现认知症老年人的社会接纳和社会参与，认知症公共照护有待开拓，照护多主体间的协同关系尚需深入挖掘；既往对有关认知症患者核心的 BPSD 应对和非药物干预开展了相当的研究，但多集中于机构照护中，对于适合居家照护情境的照护方案有待探索。

二、老年认知症医养结合照护：友好社区照护模式

近 90%的认知症老年人住在社区里由家人照护，在目前没有药物和医疗手段可以治愈认知症的情况下，对认知症老年人的长期护理和照护，让老年人可以有尊严地生活，便利地使用公共服务，以及参与社会活动显得尤为重要。友好社区照护模式是老年认知症医养结合照护的有效实践模式。认知症友好社区的提出，就是为了建立让认知症老年人觉得有归属、被接受和能够积极参与的社区，从而创造一个对认知症老年人的医疗、照护和社区等支持的综合医养照护服务体系。

（一）认知症友好社区的概念

通过对各组织认知症友好社区概念的梳理，以“受众群体、社会生活参与、社会文化环境、居住空间和物理环境”四个维度为框架基础，对各概念具体特征进行了归纳，见表 3-7。

表 3-7　不同组织、专家对于认知症友好社区的界定

概念来源	受众群体	社会生活参与	社会文化环境	居住空间和物理环境
Mitchell	认知症人群	过独立自主的生活 持续成为社会中积极的市民	赋予与他人同等权利，被尊重与有尊严对待 意见被听见，被回应	未明确提及

续表

概念来源	受众群体	社会生活参与	社会文化环境	居住空间和物理环境
Shannon	认知症人群及其照护者	参与社区生活，与社区保持联系	患者和照护者均能够得到支持 认知症没有被污名化，而是被正常化	社区
WHO	认知症人群及其家人和照护者	在帮助下持续独立生活 抓住参与机会，充实地生活在社区中	确保受众群体生活质量与尊严，维护认知症人群人权 处理污名化问题，促进其更多融入社会 为受众人群提供支持，提供最大化的健康、参与和安全的机会	社区
国际阿尔茨海默病协会	认知症人群	参与社区社会活动	保护认知症患者的安全与幸福 赋权认知症患者 人们给予其价值和重要性肯定	城镇、城市、村庄和国家 由包含经过培训的、可满足认知症患者需求的企业、保健工作者、紧急服务人员和其他雇员组成“看不见的”社会关系支持网络
英国阿尔茨海默病协会和英国标准协会	认知症人群	对自己日常生活有所选择和掌控 有自信能为社区生活做出贡献	居住地理区域被理解、被尊重并得到支持 人们了解并理解认知症，接受和接纳认知症人群 为认知症群体提供支持	由个人、商业、组织、服务和信仰社区组成
欧盟认知症基金会	认知症人群	参与改善生活质量的、与“认知症友好社区创意”相联系的广泛活动、项目	未明确提及	国家、地区、自治区、城市、乡镇、村庄 利益集合体，如信仰社区、艺术社区、体育社区和零售商业社区（如商场和超市）
澳大利亚阿尔茨海默病协会	认知症人群	有意义、有目的、有价值的高质量生活	公众了解认知症 社会团体对其欢迎和包容 认知症患者受到尊重，观点和经历被倾听 专业或志愿组织提供外部支持	当地社区（理事会） 有利于弥补认知症患者身心障碍的环境
美国阿尔茨海默病协会	认知症人群及其照护者	有更多机会积极参与社区活动 尽可能长时间地待在家里	得到更好的社区支持	社区
新西兰阿尔茨海默病协会	认知症人群	参与社区活动	提供归属、目的和安全感，像正常人一样生活	生活、娱乐、购物和工作的社区
Life Change Trust 认知症公益组织	认知症人群及其照护者	尽可能独立地生活，增强由于认知症影响的患者能力 积极参与影响其日常生活的决策，融入社会	在生活各方面获得权利和支持（从获得服务到公共交通使用等）	地理社区或利益社区

在“受众群体”维度，认知症友好社区建设受众对象普遍针对认知症患者，WHO 等将认知症患者照护者（家属）亦纳入其中。在“社会生活参与”维度，各个定义主要体现在“独立生活、融入社会或参与社会活动”两个方面，澳大利亚阿尔茨海默病协会在该维度表述不同于前者，其利用“有意义、有目的、有价值的高质量生活”进行了解释，这可

考虑为“独立生活、融入社会或参与社会活动”所最终能够实现的高质量生活目标。各文献或报告对“社会文化环境”维度的界定主要体现在“理解尊重、包容支持”方面，欧盟认知症基金会在定义认知症友好社区过程中未明确提及相关内容，美国阿尔茨海默病协会、Life Change Trust 认知症公益组织在定义界定上未明确提及“理解尊重”这一内容。Mitchell 对于“居住空间和物理环境”内容未明确提及，各种类型的“社区”是较多定义中在该维度中所能够体现的，另还包括以地理特征为特点的“国家、地区、城市、村庄”等，国际阿尔茨海默病协会提及由各类人员所组成的“看不见的”社会关系支持网络特点，这从人员角度对不同“个人、商业、组织”各类支持体系进行了阐述。

根据以上文献汇结，可将认知症友好社区界定为以包含认知症患者、照护者的家庭为中心，以社区为依托，建立对认知症家庭友好、包容、尊重的社会文化氛围和宜居环境，提供多学科协作服务团队支持，患者在支持下实现“独立自主生活”，享有平等机会参与社会生活，从而提高其生活质量和家庭幸福感，促进社会和谐稳定。

（二）国内外认知症友好社区发展

1. 日本 日本进入老龄化较早，被认为是“认知症友好社区”提出最早的国家。1997 年，日本部分地区便开展了提高认知症社会意识的活动。2004 年起，日语中的“痴呆症”被改成“认知症”。2005 年，日本政府开始系统地提出一些认知症友好社区相关的理论，制定了一项以社区为重点支持认知症老年人的政策。这项政策包括改善社区护理服务提高社会认识；挑战与认知症相关的污名化内容；为认知症老年人培训提供支持的志愿者。2012 年起，日本政府制定了名为“橙子计划”的国家政策，2015 年又开始“新橙计划”，该计划侧重建立对认知症老年人的医疗、照护和社区支持的综合服务体系。

2. 英国 参照日本认知症的发展模式，一些欧洲国家政府和非政府组织也相继提出发展认知症友好社区的倡议，德国和比利时是最先发展的国家之一，英国认知症友好社区的发展更具有影响力。《国家认知症战略》（2009 年）中提出一项计划，以解决认知症老年人带来的越来越多的影响，并提出了改进诊断、护理和支持的策略。《国家认知症宣言》（2010 年）开始通过鼓励个人、组织和企业支持实现认知症老年人在生活中想看到的 7 种结果（认知症老年人对决定有自己的选择和控制；认知症老年人知道服务是围绕他和他的需求设计的；认知症患者的生活能够有支持；认知症老年人有一定知识和技能可满足自我需求；认知症老年人生活在有利和支持他的环境中，能够被重视和理解；认知症患者能够有归属感，感受到他是家庭、社区和公民生活中有价值的一部分；认知症患者能够知晓有研究正在进行，以期为其未来带去更好的生活和希望），来保持积极作用，消除社会对认知症的污名化。英国于 2012 年将认知症友好社区引入，并借鉴认知症友好社区的概念，以此为依托，发展出“认知症好朋友”（dementia friends）运动，通过宣传和教育，减少社会对认知症的污名化。同时，为了加强和维持前期政策在认知症照护方面所做出的努力，《挑战失智症 2012》（*The Prime Minister's Challenge on Dementia* 2012）确定了 3 个关键内容，包括改善卫生和保健、创建认知症友好社区并开展更好的相关研究。老年认知症友好社区组成包括公共、私营和志愿部门组织，在认知症友好社区团队的领导下，成立了基于 10 个行业的任务小组，在各个行业采取行动。每个组织将自己的成果以文件的形式展现，指导其他组织参与其中并成为认知症友好机构。《挑战失智症 2020》（*The Prime*

Minister's Challenge on Dementia 2020）继续发展这一项目，希望截至 2020 年，超过一半的人生活在认知症友好社区，并鼓励和支持所有企业成为认知症友好机构，与所有行业部门共同制定《认知症友好宪章》，并与企业领导人合作，做出个人的努力。在政策议程最前列关于认知症友好社区的内容，鼓励认知症老年人尽可能独立生活，有选择和控制权，同时消除围绕老年认知症的污名内容，从而减少社会孤立。

3. 美国　在美国，认知症友好社区建设亦有一定发展。明尼苏达州于 2011 年最早开始提出建设认知友好社区的倡议（ACT on Alzheimer's），该倡议的目的是寻求降低成本、改善护理、增加诊断率、支持照护人员、使社区具备“认知症能力”（dementia capable）的方法，并通过提高社会认识减少对认知症的污名。该项目依靠当地企业、社区团体、个人和非营利组织、政府和私人组织的合作，目前全州有 400 多名参与者，其中包括 60 多个组织。基于 ACT on Alzheimer's 项目，2015 年 7 月，成立了“认知症友好美国”（Dementia Friendly America）。该倡议旨在通过获得来自国家组织各个部门的支持，在全国各地创建认知症友好社区，然后这些组织激活其地方分支组织、机构或成员，在其所在地区启动、加入或支持认知症友好社区。来自非营利组织、银行、政府、法律、医疗卫生组织，以及认知症老年人和照护者都很支持这项认知症友好社区建设。为支持认知症友好社区更好发展，有关部门开发了一系列指南、最佳实践册和工具包。

4. 澳大利亚　2014 年，澳大利亚阿尔茨海默病协会对 188 名认知症患者进行了一项全国性调查，以了解如何才能减少其病耻感和社会孤立感。调查发现，以下 6 个目标是优先考虑内容：提高社会对认知症的认识和了解；参与社交活动；优先支持居家生活；提供适当的卫生保健服务；交通；改善自然环境。因此，澳大利亚阿尔茨海默病协会开始开展“认知症友好国家”项目。该项目强调了人们可采取微小行动，使他们的社区对认知症更友好。此外，还开发了两个认知症友好工具包，一个供企业使用，一个供社区成员使用。在慈善机构和政府（国家、州和地方）的支持下，开展试点项目建立认知症友好社区。麦夸里港认知症友好社区于 2012 年建立，一直由指导委员会开发和推动。指导委员会由当地议员、认知症老年人、照护者和当地议会的代表、服务提供者、澳大利亚新南威尔士州阿尔茨海默病协会、教会团体、地方企业、商会、交通和教育部门组成。该社区被选定为澳大利亚认知症友好社区示范基地，由当地认知症老年人和照护者组成的认知症社区支持联盟作为制订战略目标和战略倡议的团体。11 家企业已完成由联盟批准的“改善认知症行动计划”。有社会志愿组织积极参与该项目，与天主教关爱老年人组织合作，设立了“认知症伴侣”项目，从而将志愿者和认知症老年人联合起来，以减少认知症老年人的孤立感，并鼓励其积极参与社会互动。《2015—2019 年认知症国家行动框架》（*The National Framework for Action on Dementia* 2015—2019）确定了在澳大利亚发展认知症友好社区的必要性，以便在社区中建立公众对认知症的认识、接受和理解。

5. 中国　在我国，2010 年发起了社区记忆健康运动，旨在提高社区对认知症的认识、识别和预防。记忆专家、社会工作者和社区工作人员举办讲座，以提高人们相关意识，并支持 50 多个城市进行认知症筛查。目前，中国有 500 多个社区可进行认知症筛查。2012 年，“黄手环”项目启动，以防止认知症老年人迷路。国内认知症友好社区发展较晚，目前在北京、上海、南京设有部分试点项目，如上海长寿街道认知症友好社区，于 2017 年 9 月 21 日正式建设，覆盖长寿街道 35 个居民区。在中国香港地区，“认知症好朋友”于 2017

年4月成立，旨在鼓励建立一个有利于认知症老年人的友好环境。“认知症好朋友”项目启动仪式由英国阿尔茨海默病协会首席执行官杰里米·休斯、北京大学第六医院陈慧敏教授、“认知症好朋友”大使女演员惠英红主持。在项目开展最初的2个月，超过200名认知症朋友接受了培训，现内地部分地区，“认知症好朋友”项目亦在不断发展。“认知症好朋友”项目是友好社区建设的有效探索，对友好社区建设具有积极的促进作用。

（三）认知症友好社区的建设

1. 认知症友好社区建设原则 为了同时达到减少病耻感与增进对认知症的理解及赋予患者权力的双重目标，国际阿尔茨海默病协会（ADI）指出，支持认知症友好社区的四个基本要素是人、社区、组织和伙伴关系，见图3-3。

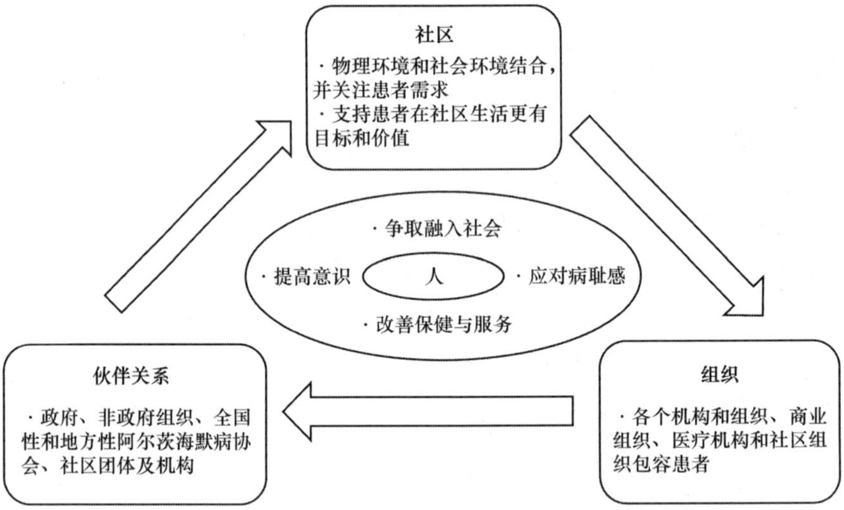

图3-3 认知症友好社区建设原则

（1）人。罹患认知症的患者参与其中。认知症友好社区应该围绕认知症的社会与经济影响信息、罹患认知症的患者的需求与观点，以及照护者的观点等进行塑造。只有确保新项目对不同疾病阶段罹患认知症的患者具有包容性，我们才可能成功给予他们所追求的尊重、尊严和目标。

（2）社区。社区环境主要包括社会环境、物理环境。①社会环境：通过必要的策略鼓励罹患认知症的患者参与并融入社区活动中，以此应对与认知症相关的病耻感与社会隔离问题，这一点在当前非常必要。开展适合患者需求的可及的社区活动，提供适宜的交通方式，对构建认知症友好社区极为重要。让患者融入社区现有的活动中，而并非仅仅参加专业活动，也非常重要。为患者提供能继续在自己家里及社区中生活的机会也应该是一个指导性原则。“我们都有权期待的机会”包括有偿或无偿的活动，通过体育活动参与社交的机会、朋友聚会，参加社区活动，获得零售商、银行和其他服务。②物理环境：物理环境支持罹患认知症的患者也极为重要，要求环境不仅是可随意进入的，而且方位也很容易辨别和定位，尤其要特别重视路线、路标及照明条件等。

（3）组织。①认知症友好化组织：为了使罹患认知症的患者能继续参与社区生活，企业和机构需要展示其对认知障碍的意识、对患者的尊重及对患者与其照护者需求的积极响应。鼓励各个组织制订认知症友好化的方法和实施策略，帮助罹患认知症的患者融入认知障碍友好型社会。②获得适宜的医疗保健：提供及时诊断和早期治疗也是认知症友好社区的关键要素。在恰当的地点、恰当的时间满足罹患认知症的患者独有的需求，是为提供认知症友好化服务。

（4）伙伴关系。将认知症友好社区建设工作作为一项社会行动计划，需要争取多部门支持及集体行动才能产生实质性的变革。要产生颇具规模的变革并不是某一个组织单独需要承担的责任，因此，在这一事业上需要共同担当，群策群力，以协作与合作伙伴关系共同开展工作，这一点极为重要。为建立认知障碍友好型社会，需要明确各个机构与组织在社区中的优势和重点，并在行动计划中有所体现。

2. 推动认知症友好社区实施的策略 建立认知症友好社区是一项社会行动倡议，最重要的是研究和评估主动性。在可能的情况下，评估这一角色应由国家阿尔茨海默病协会承担，制订总体框架，从而使得地方社区能够在没有评估负担的情况下开展基层项目。实现这一目标的方法包括如下。

（1）提高认知症意识并进行认知症教育。认知症意识是对认知症是什么，以及如何有效地与认知症老年人互动并为其提供支持的基本理解。利益相关者团队（指与认知症友好社区建设相关的政府、医疗机构、社区、认知症患者及家庭、社会组织等多元参与主体）应该努力提高整个社区包括个人、团体、组织和企业对认知症的意识。认知症教育和培训是一项正式的学习或技能发展，以期为个人提供认知症的相关知识、技能和价值观，以及他们对自我角色的理解。利益相关者团队应注重在合适的部门进行认知症教育与培训，尤其是针对与认知症老年人直接交流相处的工作者。

（2）推广分享认知症相关信息。利益相关者团队应该做好认知症友好社区项目推广工作从而使得其更好发展。推广内容需重点关注：认知症意识提升和认知症教育开展；需要实现什么目标及何时实现；利用新媒体技术进行宣传。利益相关者团队应明确当地负责认知症友好社区推广与宣传工作的关键工作人员，推广应包括当地社区进程是如何开始的，它现在在哪里，它将向哪里发展，以及社区人群如何认识到社区是认知症友好社区。

（3）正确的媒体利用。利益相关者团队应该阻止媒体传播认知症老年人作为受害者和患者的负面形象内容，并阻止传播产生恐惧的图像，如处于晚期或生命末期孤立的认知症老年人。利益相关者团队应该设法鼓励媒体展现认知症老年人积极参与社会活动的内容，从而展现认知症老年人还拥有参与社会的可能性和能力。认知症老年人需作为媒体宣传认知症友好社区的一部分，在认知症老年人有意愿和能力的情况下，给予他们任何必要的帮助使得认知症老年人可以充分利用这样的机会并获得成功的经历。

3. 认知症友好社区评价 常用的认知症友好社区评价包括认知症友好社区认证、评估产出、认知症老年人评价、社会认知态度评估、重新审视认知症友好社区建设等。

（1）认知症友好社区认证：由于每一个认知症友好社区都是独特的，每一个利益相关者团队应该考虑如何实施测量和评价认知症友好社区，以使得其符合认知症友好社区建设整体目标标准。当地的利益相关者团队应该向认知症友好组织和企业颁发友好化机构的认证证书。

（2）评估产出：利益相关者团队应制订行动计划，并利用该行动计划在特定的时间间隔内衡量认知症友好社区发展的进展。利益相关者团队应该纳入认知症老年人及其照护者，作为衡量认知症友好社区建设发展的评价成员。利益相关者团队在衡量认知症友好社区进展时应考虑以下产出：①建设过程中完成了多少提高认知症意识的活动或认知症信息分享与教育活动；②社区中有多少组织、机构正在努力成为认知症友好化组织；③涉及多少领域的行动在积极处理认知症家庭的相关问题。

（3）认知症老年人评价：利益相关者团队应将认知症老年人对自我能力、价值观等方面的评价作为评价认知症友好社区建设进展的方法之一，可包括：①“我对有关我的决定有个人选择和控制或影响”；②“我知道服务是围绕我和我的需求设计的”；③“我有帮助我生活的支持”；④“我有知识和技能来满足我的需求”；⑤“我生活在一个有利和支持我的环境中，在那里我感到被重视和被理解”；⑥“我有一种归属感，我感受到我是家庭、社区和公民生活中有价值的一部分”；⑦“我知道有研究正在进行从而为我未来带来更好的生活和希望”。此外，利益相关者团队应将神秘购物（mystery shopping）视为一种衡量进展的方法，帮助组织和企业改善他们的服务和环境从而更好实现对认知症的友好化。同时应考虑在认知症老年人所在的社区进行亲身体验，以了解认知症老年人生活中可能出现的障碍或困难。

（4）社会认知态度评估：利益相关者团队应努力减少人们对认知症的负面认识。

（5）重新审视认知症友好社区建设：认知症友好定义的要点：认知症老年人是否感到更被理解、尊重和支持，并有信心认为他们可以为社区生活作出贡献；社会是否意识到并更多地了解认知症；认知症患者是否觉得自己更受欢迎，更有参与感，更能选择和控制自己的日常生活。

利益相关者团队努力建立认知症友好社区的同时，应该注意评估以下方面：①什么工作是有效的；②什么工作是无效的；③建设的困难在哪里；④学习什么内容将有助于继续推动认知症友好社区发展。

案例分析讨论 3-4

1. 认知症友好社区建设的 4 个基本要素是人、社区、组织和伙伴关系。该街道在下一阶段有必要将认知症友好社区建设工作作为一项社会行动计划，明确各个机构与组织在社区中的优势和重点，争取多部门支持及集体行动，以协作与合作伙伴关系共同开展认知症友好社区建设工作。

2. 目前常用的认知症友好社区评价包括认知症友好社区认证、评估产出、认知症老年人评价、社会认知态度评估、重新审视认知症友好社区建设等。结合该街道的实际情况，可以考虑首先开展认知症友好社区认证，以判定其是否符合认知症友好社区建设整体目标标准。

（李现文）

第四章　社区老年人健康素养与认知功能障碍

学习要求：

识记： 描述老年人健康素养评估特点、健康素养与认知功能障碍的关系、健康素养对老年认知功能障碍的影响和老年认知功能障碍健康素养内涵。

理解： 理解老年人低健康素养与认知功能衰退的关系、老年人健康素养下降对认知功能的不良影响、健康素养在认知功能障碍防治中的重要地位和老年认知功能障碍健康素养需求。

运用： 选择适合老年人的健康素养评估工具进行健康素养评估，并通过降低老年人认知负担进行健康教育。

第一节　老年人健康素养评估方法

案例 4-1　　中国老年人健康素养试点调查

为贯彻落实健康中国和积极应对人口老龄化国家战略，提升我国老年人健康素养，国家卫生健康委员会老龄健康司委托中国疾病预防控制中心慢性非传染性疾病预防控制中心（以下简称慢病中心）组织实施中国老年人健康素养促进项目，开展中国老年人健康素养调查。

慢病中心经过多轮专家研讨和论证，形成了中国老年人健康素养调查方案。根据国家统计局《部门统计调查项目管理办法》及项目需求，于2021年6月21～22日在山东省济南市历城区、6月25～26日在陕西省渭南市临渭区进行试点调查以考察方案科学性和可行性。调查之初慢病中心工作组成员对试点调查方案、问卷调查及调查技巧等进行培训，并组织调查员现场练习。在调查过程中慢病中心工作组进行全程实地观察和督导。资料收集结束后开展了总结和反馈会，梳理调查过程中遇到的问题和获得的经验，包括问卷内容和结构的设置、调查对象的配合程度、问卷时长、调查工具、现场组织经验等。

此次试点调查圆满完成，为国家项目组细化、完善调查方案和问卷提供了依据，并为开展全国性调查打下坚实的基础。

问题： 1. 你认为哪些因素会影响健康素养评估？

2. 你认为老年人健康素养评估有何特点？

健康素养是国民素质的重要标志，是反映国家与地区健康水平的重要指标，也是提高全民健康水平最根本、最经济、最有效的措施之一。全面有效的健康素养评估工具能客观监测老年人健康素养水平，为实施健康教育和健康促进工作提供翔实依据。2008年1月，国家卫生部发布了《中国居民健康素养的基本知识与技能》，这是我国健康教育领域发布的第一个政府公告，也是世界上唯一一份界定公民健康素养公告，2015年又进行了增补、修订和完善。之后以《健康素养66条》内容为依据，研究制定了健康素养评价指标体系，开发了健康素养测评标准化问卷。从 2008 年起，国家卫生部组织开展了全国居民健康素养水平的动态监测，数据显示我国城乡居民健康素养水平稳步提升，由 2008 年的 6.50% 上升至 2019 年的 19.17%，但整体水平仍然相对较低，而老年人健康素养水平更是令人担忧。美国第一次大规模成人健康素养调查显示，只有 3%的老年人具有足够的健康素养技能；我国居民健康素养首次调查也表明老年人健康素养水平低下，65 岁以上年龄组具备健康素养的占 3.81%。2016 年 10 月印发的《“健康中国 2030”规划纲要》明确指出要健全覆盖全国的健康素养和生活方式监测体系，着重改善老年人等重点人群的健康状况。2019 年 7 月 15 日，国务院印发的《国务院关于实施健康中国行动的意见》指出：“把提升健康素养作为增进全民健康的前提，根据不同人群特点有针对性地加强健康教育，让健康知识、行为和技能成为全民普遍具备的素质和能力，实现健康素养人人有。”预计到 2050 年，中国将进入深度老龄化阶段，中国老年人≥60 岁人口将占中国总人口的 27.1%。有研究显示截至 2019 年我国有超 1.8 亿老年人患一种及以上慢性病，比例超 75%。增强老年人健康意识和健康管理能力，提高老年人健康素养水平，对健康教育事业发展和推动实现“健康中国 2030”战略目标具有十分重要的现实意义。

一、健康素养的概念及内涵

健康素养（health literacy，HL）的概念最早由美国学者西蒙兹（Simonds）于 1974 年在国际健康教育大会中提出，至今国际上对健康素养并未形成统一的定义。美国国家医学图书馆给出的定义：健康素养是指个体获得、理解和处理基本的健康信息或服务并做出正确的健康相关决策的能力。依据纳特比姆（Nutbeam）的观点，健康素养内涵有三个层面：功能性（或基本性）素养、沟通性（或交互性）素养及批判性素养。功能性素养是指具有日常阅读计算能力和对基本医学知识的了解；沟通性素养是指具有有效沟通问题的能力；批判性素养是指对已获得的信息具有审视分析和运用的能力。这三个层面体现了具有更高自主权的健康素养不同水平及个体做出健康决定的过程。扎卡杜拉斯（Zarcadoolas）等则横向描述了健康素养内容范围，他们认为健康素养是基本素养、科学素养、公民素养和文化素养四个核心范畴的糅合。基本素养是指读、写、计算等技能；科学素养是指对基本的科学知识、科学过程和科学本质的掌握程度；公民素养是指公众对社会公共事务的关注并参与决策的能力；文化素养指个体能够认识和运用世界观、信念、风俗及社会身份来传播健康知识影响健康行为。我国学者认为，健康素养是健康知识、健康信念、健康技能和行为的组合体。这是依托于健康教育“知信行”模式对健康素养的剖析，具有较高的评估操作意义。健康素养是一个多层次、融合了多种素养的内涵体系，依托于不同学者的观点，健康素养评估工具也不尽相同。

二、老年人健康素养评估工具的国内外现状

相对于一般成人，老年人有其特有的群体特征：首先，老年人的平均认知能力和文化程度低于普通成人，对于问卷的理解和配合度较一般成人差；其次，老年人随着年龄的增长身体状况日渐衰退，大多数老年人患有高血压、糖尿病、冠心病、脑血管病等各种慢性病和退行性疾病，身体状况不同于普通成人。另外，绝大多数老年人退休或赋闲在家，在

社会功能、社会角色上有很大的转变；老年人精神也会发生改变，由于衰老、疾病、家庭、丧偶与再婚、离退休、社会地位改变、自我封闭、医疗经费、养老等因素，容易产生失落、孤独、恐惧、焦虑、抑郁、自卑等不良情绪。因此，老年人健康素养评估对评估工具提出了新的要求。一个合适的老年人健康素养评估工具能够更真实地探究现状，更有效地指导实践。国内外老年人健康素养评估工具的使用现状简介如下。

（一）国外老年人健康素养评估工具的现状

自 1974 年 Simonds 首次提出健康素养概念以来，健康素养的研究发展已历经了几十年的时间。国外对于老年人健康素养评估大致经历了三个阶段：一般成人健康素养评估工具沿用阶段、联合使用传统健康素养评估工具阶段及老年人健康素养专用评估工具研制阶段。

1. 一般成人健康素养评估工具的沿用 2009 年以前，老年人健康素养评估没有专门的工具，大多借用一般成人健康素养评估量表直接测量。目前仍有很多老年人健康素养的研究沿用这些经典的评估工具。

（1）成人医学素养快速评估（rapid estimate of adult literacy in medicine，REALM）是 1991 年开发出来的帮助临床医生评估患者阅读素养的量表。它要求被测者逐个读出 66 个常见医学术语和表达身体部位或疾病的名词，单词表根据单词和发音的难易度进行排列，测试中参与者大声朗读难度逐渐增大的单词表，根据受试者发音的正确性给出一定分数，并转换为相应的等级，该评估将素养水平分为 4 个等级：0～18 分，19～44 分，45～60 分，61～66 分，≤44 分时则定义为“处于风险中的患者”，总耗时为 2～3min，缩减版 REALM-SF（与 REALM 量表的 Pearson 相关系数为 0.959）只有 7 个单词，用时更短，在老年人群中更为适用。杰维特（Jewitt）等曾使用 REALM-SF 区分老年肺癌患者不同健康素养水平，并比较不同水平患者使用肺癌立体放射治疗宣教手册的教育效果。梅利莎（Melissa）等针对美籍华裔老年人对 REALM 进行了修订，修订版 REALM-R 有 11 个中文医学词汇，6 分以下为“健康素养低下”，但是并未重新做信效度检验。REALM 量表是在健康素养的概念提出之初开发出来的，由于健康素养概念的维度随着研究的进展越来越丰富，相对而言，REALM 量表评估内容相对单一，对于健康素养的评估仅仅限于阅读和识别能力，难以监测患者的理解、判断能力，所以对于健康素养的评估略显片面，与其他维度的健康素养评估工具搭配使用会更加妥善。

（2）成人功能性健康素养测试（test of functional health literacy in adults，TOFHLA）是于 1995 年开发的评估功能性健康素养的工具，与 REALM 一起被视作其他健康素养评估工具开发所对照的“金标准”，主要测量成人在医疗环境中的阅读和计算能力。在评估阅读能力时，测试对象需要阅读 3 篇就医诊疗相关文章并完善其内容，所使用的阅读材料来源于真实的医疗环境，如医疗方案中患者的权利和义务、知情同意书等。受试者根据材料的上下文，从 4 个备选项中选出一个最恰当的词，使文中连接完整，其形式相当于英语考试中的完形填空，共 50 项。在测试计算能力时，患者需观看提供的实物如检查单或药瓶，然后回答相关的 17 项计算测试。两部分总分为 100 分，Cronbach's α 系数为 0.98，测评时长 22min，根据最后得分可将健康素养分为 3 个等级：不充分（0～53 分），边缘（54～56 分），充分（67～100 分）。缩减版 TOFHLA 量表（S-TOFHLA）只有 40 道题（计算题 4 个，阅读题 36 个），两个维度的 Cronbach's α 系数分别是 0.68 和 0.97。TOFHLA 和

S-TOFHLA 量表被翻译成多国语言，萨拉·曼特维尔（Sarah Mantwill）等将 S-TOFHLA 翻译成简体中文，并在中国（不含港澳台）进行了信效度检验（阅读和计算部分 Cronbach's α 系数分别为 0.94 和 0.90）。TOFHLA 及其简表曾在多个老年人健康素养评估研究中得到运用，但是也有研究者发现阅读部分完形填空的作答方式会带来年龄相关的条目功能差异（differential item functioning，DIF），这种差异是由工作记忆（working memory）因素引起的，因而此作答方式需要慎用。

（3）最新重要指标（newest vital sign，NVS）测量于 2005 年由美国学者开发，已被美国、英国、荷兰、日本等众多国家验证和使用，也是基本健康素养评估具有代表性的量表，Cronbach's α 系数为 0.76，接受者操作特征（ROC）曲线下面积为 0.88。相对来说，NVS 量表的 Cronbach's α 系数不高，可能与量表本身题目量小有关。它由一个营养标签和 6 个相关问题组成（前 4 个为计算题，后 2 个为阅读题）。每个问题答对都会被相应计分，4～6 分为健康素养程度高，2～3 分表明可能存在不足，0～1 分说明健康素养不足。该量表的优势在于能快速评估，筛选低素养的人群，相比于 REALM 和 TOFHLA，耗时更少，只需 3min，常受研究者的青睐。塞缪尔（Samuel）等曾使用 NVS 来研究老年人健康素养与使用网上患者信息门户之间的关系。

（4）简明健康素养筛查（the brief health literacy screening，BHLS）是只有 3 个问题的简明量表，主要是自我评价运用医疗服务的能力，每个问题即 1 个条目，最后得分为 3～15 分，≤9 分认为是低健康素养。BHLS 最大优势在于使用时方便快捷，常在临床情景中使用（医院患者和诊所患者信度 Cronbach's α 系数分别为 0.80、0.76）。萨拉（Sarah）等在老年心力衰竭群体出院后 30 日内再次使用医疗服务相关因素的研究中采用 BHLS 获取被试的健康素养信息，但其自我评价的方式会带来报告偏倚。

（5）欧洲健康素养调查问卷（the European health literacy survey questionnaire，ULS-EU-Q）是欧洲第一个用于大范围调查的工具。ULS-EU-Q 有 47 个条目，也称 ULS-EU-47，主要测试获取、理解、评估和使用信息的能力，包括了 3 个领域：健康照顾、健康预防和健康促进。每个条目答案按 4 分 Likert 量表设置，最后结果可分为 4 个等级：不足（0～25 分），存在问题（25～33 分），充分（33～42 分），优秀（42～50 分）。“不足”和“存在问题”都被看作“低健康素养”。ULS-EU-47 是针对 8 个欧洲国家设计的，信度检验也高低不等（Cronbach's α 系数为 0.51～0.91）。2013～2014 年，台湾学者在亚洲对包括中国台湾在内的 6 个国家和地区对 ULS-EU-47 进行信效度检验，得到较高的信度和效度（Cronbach's α 系数＞0.90，item-scale correlation＞0.40）。ULS-EU-16 是在 ULS-EU-47 基础上删减完成的版本，Cronbach's α 系数为 0.88。Daniel 等首次运用 ULS-EU-16 对老年人群体进行健康素养测量，但等级划分仍参照原始版本，至于是否合适的问题，仍需要考虑。

（6）健康素养调查问卷（health literacy questionnaire，HLQ）侧重评估个人使用健康信息和健康服务的能力。问卷有 9 个子量表和 44 个条目。9 个量表分别为感到被服务提供者理解和支持、有足够的信息管理自己的健康、积极管理自己的健康、社会健康支持、评估健康信息、积极参与医疗服务的能力、使用医疗服务系统、找到优质健康信息的能力、了解足够健康信息并指导运用。HLQ 具有很好的结构效度（验证性因子分析中 CFI=0.992），各量表复合信度为 0.80～0.89，被认为是良好的健康素养诊断和结果测量工具。戴安娜（Dianne）等使用 HLQ 评估糖尿病老年人的健康素养水平，以此指导设计健康促进的方案。由于 HLQ 每个分量表的信度都较高，也有研究者仅使用其中某个或几个子量表，如丹麦研究者卡琳娜·弗里斯（Karina Friis）等在研究慢性病患者理解健康信息的能力和利用健康照顾服务的能力时仅选取了对应的两个量表。

（7）电子健康素养量表（e-health literacy scale，e-HEALS）是顺应数字时代而发展起来的一种量表。它来源于设计者 Norman 和 Skinner 的 e-Health literacy 模型。该模型阐明了 6 个核心能力：传统素养、健康素养、信息素养、科学素养、媒体素养和计算机素养。基于这 6 个核心素养，作者设计了 8 个题目，主要评估受试者的健康知识和获取电子健康信息并解决自身健康问题的能力，包括网络健康信息与服务的应用能力测试、评判能力测试和决策能力测试。各题均采用 Likert 5 级量表作答并计分，总分＜26 分表明低健康素养。随着老年互联网用户增多，在线查找健康信息的频次增加，该量表在老年人群中有良好的信效度（Cronbach's α 系数为 0.90～0.99）。

2. 联合使用评估工具 无论是发展成熟的量表还是新开发的量表，都有各自的优势和劣势，而健康素养又是具有丰富内涵的综合概念，因而一些学者倾向于联合使用几种量表，多数为经典量表的两种或三种结合。

（1）成人功能性健康素养测试和美国成人健康素养评估的联合使用：海永（Hyekyung）等学者在老年人用药依从性影响因素的研究中，将 TOFHLA 和美国成人读写能力全国调查（NAAL）2 个工具结合形成新的评估工具 KFHLT（the Korean functional health literacy test）测量研究中被试者的健康素养状况。TOFHLA 主要测量功能性素养，NAAL 是美国 2003 年第一次成人健康素养评估使用的综合性评估工具。两者结合形成 KOFHLA 有 15 个条目（8 个计算能力相关条目，7 个阅读能力相关条目）。每个条目回答正确则得 1，总共有 15 分，6 分以上为“充足健康素养”。改良后的 KOFHLA 信度提高，Cronbach's α 系数为 0.821（TOFHLA 的 Cronbach's α 系数为 0.796），但是耗时仍然较长，大约需要 20min。

（2）欧洲健康素养调查问卷-47（HLS-EU-47）与 NVS 的联合使用：HLS-EU-47 是采用自我评价的方式进行评估的量表，而 NVS 采用读取标签回答问题的形式进行，具有客观性。德国学者伊娃（Eva）等采用了两种评估量表进行不同年龄段成人的横断面调查，主客观相结合使得测量的结果更加接近真实状况。HLS-EU-47 是综合性的评估量表，NVS 只针对功能性健康素养的评估，研究者对于两量表知识只是简单重合使用，又将重叠部分加以删减整合，使得测量过程冗杂。

（3）成人医学素养快速评估和最新重要指标的联合使用：NVS-UK 为英国版的 NVS，其内部一致性 Cronbach's α 系数为 0.74，Brooks 等使用 RAELM 和 NVS-UK，联合测量老年人的健康素养需求，探究建立信任的重要性。两个量表发展历史较长，在人群中有广泛使用，但两个量表均为基本素养的评估，对于沟通性健康素养、评判性健康素养的水平不能予以甄别，故不能全面多维度地测量健康素养。

3. 老年人专用工具的研制

（1）韩国健康素养量表（the Korean health literacy scale，KHLS）是 2009 年韩国学者针对于本国老年人的健康素养状况设计的评估量表。该表有 29 个条目 3 个子量表，每个子量表代表 1 个维度，总共 3 个维度：阅读理解（Cronbach's α 系数为 0.891）、数字能力（Cronbach's α 系数为 0.843）及健康相关问题（Cronbach's α 系数为 0.845）。评估的内容有阅读医学术语、计算医学有关数字问题、阅读健康信息有关图表、使用健康信息、交流健康信息等能力。KHLS 量表最大的特点在于它含有短文、图片和多项选择的图表，图文并茂的形式简化了选项的理解度，适合文化程度较低的人群，在社区老年群体里的接受度较高。但其只注重于功能性素养的评估，没有涉及沟通性素养和评判性素养，未来仍需要改进。

（2）葡萄牙语成人健康素养评估缩减版量表（short assessment of health literacy for Portuguese-speaking adults，SAHLPA）是 2012 年开发出来，适用于葡萄牙语老年人的健康素养评估量表，该量表要求被测者读出 50 个单词，并在选项中找出每个单词的近义词，完成时间只需 3～6min，具有筛选的功能，内部一致性与重测信度高（斯皮尔曼等级相关 α=0.93，类相关系数=0.95），效度处于中高水平（斯皮尔曼等级相关为 0.63～0.76）。其缩减版 SAHLPA-18 与 SAHLPA-50 具有相似的心理学特征，测量时间缩短到 1～2min，其测量得分低于 14 分为“健康素养不足”。SAHLPA-18 常在巴西糖尿病老年人的研究中使用，但是它只是针对功能性健康素养的评估。

（二）国内老年人健康素养评估工具现状

我国健康素养的研究起步较晚，评估工具的研究也相对滞后，目前使用最多的健康素养评估工具为中国公民健康素养问卷。该问卷在大陆应用广泛，在老年人群评估中也常有使用；而台湾学者则开始尝试针对老年人群特点开发特定人群的健康素养评估量表。此外，也有不少针对患老年慢性病的量表被开发。

1. 健康素养自我感知量表（self-perception in health literacy scale） 是最近几年我国台湾学者根据老年人的特点开发的快速评估量表。该量表包括两个维度：评判健康信息素养和沟通性素养，10 个自我评价的问题，在老年人群中有较好的信效度（Cronbach’s α 系数为 0.948），分值为 10～50 分，分值越高健康素养越高，平均测量时间为 3～5min。与传统的量表不同，该量表难度小且为自评量表，能够减轻老年人因为答不出问题感觉“丢面子”带来的羞涩感；并且可以由访谈者直接询问填写，不需要老年人自己阅读题干作答，所以在老年人群中的接受度较高。但由于每个个体在自我评估时的标准不一，尤其在评判健康信息素养时，单纯从被测者的主观评价来决定，评估的结果可能存在偏倚。该量表如需广泛使用，仍要继续改进。

2. NVS 汉化版 在中国人群中适用性良好。较国外版本不同的是 NVS 汉化版本较前新增了一个配图，以促使受试者尤其是老年人更好地理解营养标签表，在受试者阅读标签时，研究者需要简要为受试者解释营养标签内容，并进行量表提问，无须受试者自行阅读题干，允许受试者使用计算器支持计算。因此，不识字的患者并不适用。此外，研究中仅纳入了 106 例年龄在 60 岁以上人群，因此在老年人群中仍需进一步验证。

3. 中国公民健康素养调查问卷 是 2008 年卫生部在《公民健康素养 66 条》的基础上编制的健康素养评估工具。该问卷由社会人口学特征、基本知识和理念、健康生活方式与行为、基本技能 4 个维度组成，包含了慢性病、传染病、职业病的预防管理，突发状况的应急，生活方式，健康技能等内容，含有 76 个条目。根据我国当前存在的主要健康问题，将健康素养分为科学的健康观、传染病预防素养、慢性病预防素养、安全与急救素养及基本医疗素养 5 类。2012 之后监测评估内容又有所调整，增加了分析性健康素养，加大了控烟项目的比重，评估问卷项目多达 107 项。以正确回答 80%的题目作为判断调查对象是否具备健康素养的基准。中国健康教育中心曾展开全国范围老年人健康素养调查，以及东北部吉林省的5个市、西部地区乌鲁木齐市、中部湖南省等地进行老年人健康素养调查研究，均参照中国公民健康素养调查问卷，或者综合其他问卷。李燕飞在乌鲁木齐养老机构老年人的健康素养的调查中，在运用《2008中国公民健康素养调查问卷》的同时，还针对老年人高发的慢性病如高血压、糖尿病、冠心病，自行编制了《慢性病相关健康素养调查问卷》。虽然国内常用《中国公民健康素养调查问卷》进行老年人的评估，但是有些条目并不能反映老年人的特点，如关于婴儿喂养、职业病预防、艾滋病预防等。薛谨曾将NVS量表与此量表进行对比，两者在对健康素养水平评估上存在一致性。NVS是国际公认的相对比较难的健康素养工具，而中国公民健康素养问卷的评价标准仍高于NVS量表，且内容过于冗长。NVS汉化版量表取4分的评估界值对应的中国公民健康素养问卷为75分。即当中国公民健康素养问卷正确率达75%时为足够健康素养水平，中国公民健康素养问卷原有的健康素养评估标准（≥80%）过高。因此，中国公民健康素养量表的评分标准并不适合用于老年人健康素养本身就偏低的群体评估。独立编制一套针对老年人健康素养的问卷很有必要。

4. 慢性病患者健康素养量表 2012年，孙浩林等学者对澳大利亚乔丹（Jordan）教授等编制的健康素养管理量表（HeLMS）进行翻译和修改，改编后为28个条目，该量表的Cronbach's α 系数为0.894，问卷各维度的Cronbach's α 系数为0.857～0.940，因子分析的KMO值为0.887，具有良好的信效度。此量表被应用于调查安徽省老年慢性病患者健康素养及影响因素。

5. 居民肿瘤防治健康素养调查表 Cronbach's α 系数为0.754，KMO系数为0.814，具良好的效度。近年来，吴妮、刘月玲等使用HL居民肿瘤防治健康素养调查表作为调查患者健康素养水平的调查问卷对老年肿瘤患者的健康素养进行评估。

6. 糖尿病健康素养量表 李春玉等编制糖尿病健康素养量表，Cronbach's α 系数为0.84，内容效度为0.88，书面素养和运算能力是其主要内容。书面素养考查的是评估对象的阅读和理解能力；运算能力的评估包括13个条目，主要有预约单、生命体征评价表、对糖尿病密切相关的用药标识3个维度。量表总分范围为0～230分，其在国内老年糖尿病患者中运用较为广泛。

小链接 **什么是老年人营养素养？如何评估？**

营养素养是健康素养的重要组成部分，也是提高人口素质、改善居民营养状况和防控营养相关慢性病的重要因素。营养素养是个人获取、分析和理解基本营养信息与服务，并运用这些信息与服务做出正确营养决策，以维护和促进自身营养与健康的能力。营养素养包括基本健康知识和理念、健康生活方式与行为及基本技能三大部分。

随着年龄的增加，老年人的器官功能会出现不同程度的衰退，致使膳食营养摄入能力下降，因此，更需要关注膳食营养。《健康中国行动（2019—2030年）》"合理膳食行动"中提出，居民营养健康知识知晓率在2022年时要比2019年提高10%，2030年时比2022年提高10%。《国民营养计划（2017—2030年）》中提出，到2030年时，居民营养健康知识知晓率要比2020年提高10%。

为落实上述政策和行动中提出的目标和要求，提高我国居民营养素养水平，北京大学公共卫生学院组织全国营养、食品安全、健康教育、疾病预防和临床等不同领域的专家，综合考虑我国的国情和饮食文化，不同地区、不同年龄居民的营养认知和需求特点，综述国内外文献政策及相关研究，遵循信息科学、重点突出、广泛动员的原则，依照规范程序，历经两年时间，制定了《中国居民营养素养核心信息及评估工具》。针对老年人提出了 20 条营养素养核心信息，强调老年人需要充足食物的摄入从而预防营养缺乏现象的发生；注重食物种类的多样性，以谷类为主，摄入优质的蛋白质和高钙食物；合理选择并搭配食物等。

《中国居民营养素养核心信息及评估工具》的制定是落实《"健康中国 2030"规划纲要》等相关行动计划和政策的具体措施，将在改善居民营养素养、健康中国建设中发挥重要作用。

三、老年人健康评估工具发展的建议与展望

综上所述，现行的老年人健康素养评估量表由于对健康素养的内涵界定不同，反映的维度也有所不同，但都具备各自的优势和局限性。整体上，现行的量表都只是对受试者进行医学常识基本认知及阅读和计算能力的评估，还停留在功能性和沟通性健康素养的研究层面，而如何测量评判性健康素养的维度、提高其信度、改善作答方式、减少偏倚等仍然是大多数量表所需要研究的。国外老年人健康素养评估量表的发展较国内成熟，且量表测量的形式多样，但是由于个体的健康素养受所处国家的社会经济文化背景的影响，因而不能直接翻译应用，但可以扬长避短，用以借鉴。我国关于老年人健康素养量表的研究较少，用得较广泛的量表条目繁多用时长，内容也没有明显反映老年人的特征，在评判性素养的维度上并没有成熟发展，形式上只采用问卷作答的方式而没有临床情景的模拟。老年人健康素养评估工具研究不能只单纯挪用或者简单改良一般成人量表，而是应该根据老年人的身心社会特点开发适合老年群体的精要量表。

案例分析讨论 4-1

1. 健康素养评估受年龄、受教育程度、认知功能等多种因素影响。

2. 老年健康素养评估是一个复杂的过程。由于受年龄、文化程度等影响，老年人对健康素养的评估的理解和配合程度较年轻人低，如何争取他们的配合，促进对健康素养评估的理解是在今后工作中需要重点考虑的。

（薛　谨）

第二节　老年人认知功能对健康素养的影响

案例 4-2　　**陈大妈老了吗？**

陈大妈身体一直不错，退休后帮儿子带孙辈，家务活包揽，每天做香喷喷的饭菜，儿子夸陈大妈是家里的半个"顶梁柱"。可最近一年来，儿子发现陈大妈好像有点变了：去菜场

买菜，常忘记找零；做菜的时候，不是没放盐、就是太咸；带孩子出门，这回忘带尿布、下回又忘了奶瓶；才叮嘱过的事，转身就忘，儿子问起来，陈大妈说“老了老了，记性变差了！”有时，陈大妈好像要和儿子说什么话，可话到嘴边，又想不起来，吐不出一个字。

儿子有点担心，于是带陈大妈到医院记忆门诊看病。大夫问了陈大妈最近的变化，说陈大妈得的是“轻度认知障碍”。

问题： 1. 老年人认知功能衰退有何特点？

2. 你认为陈大妈儿子的处理方式如何？

3. 你认为认知功能的衰退或损伤影响健康素养吗？

中国老年人口基数庞大、增长快并且日益呈现高龄化趋势。研究发现健康素养水平是老年人发病和死亡的一个主要决定因素。健康素养对老年人尤为重要，随着年龄增长，各项身体功能的改变和退化，老年人将面临越来越多的健康问题。低健康素养的老年人，慢性病自我管理能力差、住院风险增高，健康状况较差，死亡率增高。相反，拥有高健康素养水平的老年人往往容易建立良好的生活方式，可以自觉规避疾病的风险因素，更好地利用卫生服务设施，在面对医疗相关决策时也更加明智，而这些健康行为的产生无不依赖于良好的认知能力，健康素养水平以认知为基础。认知是人脑接受外界信息，经过加工处理，转换成内在的心理活动，从而获取知识或应用知识的过程，包括记忆、语言、视空间、执行、计算和理解判断等方面。上述几项认知功能中的一项或多项受损，并影响个体的日常或社会能力时，可诊断为认知症。健康素养能够预测健康行为和结果的原因是，这些健康素养测量内容反映了与处理能力和知识相关的更广泛的能力。老年人健康素养水平与认知功能密切相关。

一、健康素养测量与认知功能测量间的联系

（一）健康素养常见测量工具

国外常用的主要有三种，分别是 TOFHLA 及其简化版（S-TOFHLA）、REALM、NVS。国外健康素养测量工具多注重对患者阅读和计算能力的考察，其中 TOFHLA 常被作为“金标准”来评价新开发的健康素养量表的测评效果。国内广泛使用的健康素养测量工具是《中国公民健康素养调查问卷》，由中国卫生部组织专家编写，包括健康基本知识和理念、健康生活方式和行为、健康技能 3 个维度。

（二）认知功能常见测量工具

研究发现，对认知症病因进行精准分型越来越难，因为不同病因引起的认知症之间存在临床及病理的交叉。尽管生物学标志物在认知症诊断中意义重大，但腰椎穿刺、正电子发射断层显像（positron emission tomography，PET）等检查尚未能常规开展。目前认知症尚无有效治疗方法，早期识别，早期干预，可以改善预后。认知障碍依然通过临床评估和排除其他疾病的方式诊断，而认知评估量表是辅助诊断的基础工具。

认知功能测试分为单项领域的认知功能测试和综合的认知功能测试。单项评估认知领域的测试有很多，如 TMT 是临床上常使用的执行功能和注意力的测试，韦氏记忆量表评估记

忆力等。常用的综合认识功能评估量表有 MMSE 和蒙特利尔认知评估量表（MoCA）。

（三）健康素养与认知功能测量工具之间关系

国外 3 个常用的健康素养测试与认知功能测试密切相关。例如，阅读是加工和理解的过程，依赖于认知能力。计算需要记忆、一定的处理速度和推理才能得出结果。阅读和计算能力是患者自我管理疾病的关键能力。利维拉（Oliveira）等研究发现健康素养评估工具 S-TOFHLA 得分与认知功能评估结果存在较强的相关性，可以用于推测正常认知功能或 MCI 患者的认知储备状况。达尔克（Dahlke）等将 MMSE 与 3 个常用健康素养量表进行比较，认为 MMSE 适合作为健康素养的代理测量工具，即当 MMSE 受试者出现 3～5 个系列减法错误，提示其可能存在低健康素养的问题。这种预测是否可以运用于临床仍然有待进一步验证。

二、老年人认知功能对健康素养的影响

（一）老年人认知功能特点

美国心理学家卡特尔（Cattell）等根据因素分析结果，依据智力功能上的差异将智力分为两种：一种为流体智力（fluid intelligence）；另一种为晶体智力（crystallized intelligence）。

流体智力是一个人生来就能进行智力活动的能力，以生理为基础的认知能力，凡是对事物的知觉、记忆均属于流体智力，它依赖于先天的禀赋，随神经系统的成熟而提高，如知觉速度、机械记忆、识别图形关系、运算速度和推理等能力。流体智力的发展与年龄有密切的关系，一般人在 20 岁以后，流体智力的发展达到顶峰，30 岁以后随着年龄的增长而降低，呈缓慢下降的趋势。人们能运用流体智力迅速准确判断不熟悉的事物彼此间的关系。晶体智力与流体智力相对应，以学得的经验为基础，是指应用在社会文化中习得的解决问题的方法的认知能力，在实践（学习、生活和劳动）中形成。晶体智力是后天对流体智力应用的结果，人通过在解决问题时投入流体智力而发展晶体智力。凡是运用既有知识与学得技能去吸收新知识或解决问题的能力，均属于晶体智力，如学会的技能、言语理解、判断力、联想力等，相对稳定。晶体智力受后天的经验影响较大，在人的一生中一直在发展，它与教育、文化有关，并不因年龄增长而降低，只是到 25 岁以后，发展的速度渐趋平缓。

流体智力和晶体智力都属于一般因素，它们通常都参与到任何活动中。不同的是，流体智力以神经系统发展为基础，在青壮年时达高峰，随年龄的老化而减退，而晶体智力则以流体智力为基础，随着年龄增长和生活阅历丰富，不断积累语言、知识和技能等能力，不因年龄增长而衰退。因此，老年人的认知功能特点是晶体智力相对稳定，而流体智力，如记忆力、归纳推理能力、处理速度等随着年龄增长而衰退。

小链接　　何谓老年人失能？

根据 2020 年第七次全国人口普查数据，我国 60 岁及以上老年人口达 2.6 亿；我国老年人健康状况不容乐观，2019 年我国人均预期寿命为 77.4 岁，人均健康预期寿命仅为 68.5 岁；患有一种以上慢性病的老年人比例高达 75%，失能和部分失能老年人超过 4000 万人，老年人对健康服务的需求非常迫切。我国 2.6 亿老年人中，75%患有一种或一种以上疾病。除了多种慢性病、老年综合征、多重用药等问题，还有一部分老年人存在着精神心理问题，

特别是老年人失能和半失能情况的发生，不仅影响他们的生活质量，也给社会和家庭带来了沉重的负担。老年人失能是指由于意外伤害或疾病造成身体或精神上的损伤，导致生活或社交能力的丧失。生活或社交能力完全丧失，称为全失能，如果部分丧失，称为部分失能，包括失动（运动功能的丧失）、失智（认知功能的丧失）、失禁、失明、失聪，感知觉与沟通能力的受损及社会参与能力的受损而引发的生活综合能力的丧失。

通过对ADL、精神状态、感知觉与沟通、社会参与能力的综合评估，老年人失能等级划分标准如下。能力完好：日常生活活动、精神状态、感知觉与沟通的分级均为0，社会参与的分级为0或1。轻度失能：日常生活活动的分级为0，但精神状态、感知觉与沟通中至少有一项的分级为1及以上，或社会参与的分级为2；或日常生活活动分级为1，精神状态、感知觉与沟通、社会参与中至少有一项的分级为0或1。中度失能：日常生活活动分级为1，但精神状态、感知觉与沟通、社会参与均为2，或有一项为3；或日常生活活动分级为2，且精神状态、感知觉与沟通、社会参与中有1～2项的分级为1或2。重度失能：日常生活活动的分级为3；或日常生活活动、精神状态、感知觉与沟通、社会参与的分级均为2；或日常生活活动的分级为2，且精神状态、感知觉与沟通、社会参与中至少有一项的分级为3。

（二）老年人认知功能衰退对健康素养的影响

2008年我国首次对国内15～69岁居民健康素养进行了调查，结果显示：除15～25岁年龄组外，居民的健康素养水平随着年龄增长呈现下降趋势，65～69岁年龄组拥有足够健康素养水平的人群比例最低，仅为3.81%。小林（Kobayashi）等在长达6年的纵向研究中发现英国人在65岁左右健康素养开始下降，随着年龄增加，下降速度越快，年龄＞80岁老年人健康素养下降速度是52～54岁人群的3倍，最易受到危害。健康素养水平与年龄呈负相关关系，年龄越大的群体，其健康素养水平往往越低，健康素养下降速度越快，老年人的健康素养水平值得引起关注。越来越多的学者对影响老年人健康素养的因素进行了研究和探讨。

除了学历等长期影响的因素外，根据老年人的生理特点，随着年龄不断增长，流体智力不断下降，众多研究表明老年人健康素养下降与流体智力衰退有关。高水平的认知功能可以减缓健康素养随年龄增长下降的速度。沃尔夫（Wolf）等认为认知能力中执行功能与情景记忆等流体智力，是健康素养获得的基础，易受年龄增长的影响，因此在研究中纳入了老年人执行功能与情景记忆，发现情景记忆能力直接影响健康素养水平，而执行功能是通过个人的决策风格作用于健康素养。健康素养涉及多种因素，特别是认知功能中执行功能和情景记忆，特别容易受到年龄的影响。健康素养的获得需要与社会环境互动。高度规避风险的个人可能会避免接触新的或不确定的受教育或学习的机会，并且往往文化程度较低。因此，规避风险可能会限制获得所需的新知识和经验（如疾病相关知识）的机会，阻碍了老年人健康素养提高。有研究发现随着年龄增长，这些流体智力在减退，并且可以解释老年人随着年龄增长而健康素养下降的大部分原因，而语言能力随着年龄保持相对稳定，并不能够解释老年人健康素养的改变。老年人处理速度下降是引起TOFHLA所测得的健康素养得分下降的最主要因素。里奇（Ritchie）等认为处理速度中所包含的视觉鉴别速度，是认知能力衰退的一个重要指标。

健康素养水平高的老年人，认知功能往往高于健康素养水平低的老年人。老年人的认知功能直接影响很多健康任务的完成，包括理解疾病相关信息，按医嘱服药，定期监测血压和复查等。健康知识的理解和回忆是健康管理中的重要一步，是后续产生健康行为的前提，可以预测自我照护行为。例如，人们在接收相关疾病说明或是服用药物的方法等健康信息时，大致可分为三种理解水平：停留在字词的认识；能够理解所传达的整体含义；能够产生相应情境的心理模型，用于实践。沃尔夫等进一步检测了处理能力和健康素养之间的联系，使用了一种回归方法，表明处理能力解释了为何在需要理解和记忆健康信息的任务上老年人表现差异。

在理解健康或疾病有关信息时，处理能力如处理速度、工作记忆关系着人们是否能够真正掌握所传达的健康信息。处理能力随着年龄的增长而下降，影响着老年人的理解和学习能力。而较多的健康知识（即晶体智力）可以减轻处理速度衰退对健康素养水平的影响。一般性语言知识和具体疾病健康知识在健康素养和回忆信息之间的关系中起着独立的中介作用，语言知识等晶体智力和具体疾病相关的知识有助于理解信息。而且拥有更多知识的阅读者在阅读时速度更快。虽然处理能力伴随年龄增长在下降，但知识却是随着年龄在增长或者保持稳定。有研究认为较高的知识水平可以减轻处理能力衰退对健康信息回忆的影响，学历与知识水平呈高度正相关。佩恩（Payne）等发现，识字经验（通过印刷品接触量衡量）可以抵消与年龄相关的工作记忆下降对句子回忆的影响，因此印刷品接触量越大的老年人的回忆表现受工作记忆差异的影响越小。知识对于健康素养可能有特别重要的作用，因为健康知识可能比处理能力更具可塑性，并且可以随着年龄相关的经验、学习和教育的增长而增加。知识可能是一种基于年龄的资产，可以提高健康素养，从而促进行为和结果。

总之，老年人认知功能尤其是处理能力、记忆衰退是健康素养下降的重要原因，高水平的认知功能是健康素养随年龄增长免于下降的保护性因素。晶体智力如较多的健康知识等可以减轻流体智力下降对健康素养水平的影响。

三、老年认知功能障碍患者健康素养

MCI 是介于正常认知能力老化和认知症之间的中间状态。MCI 老年人的认知功能下降程度已超出了老年人正常范围内的认知能力老化，但是尚达不到认知症的诊断标准。MCI 以轻度记忆和（或）某项认知功能障碍为主要表现，尚未严重到影响日常生活的独立性。高龄是 MCI 的危险性因素，随着年龄增长，MCI 的患病率增加。

相比于认知功能正常的老年人，MCI 的患者往往年龄更大，有着较低的认知功能得分和健康素养水平。认知功能损害越严重，健康素养水平越低。汉（Han）等测量了 MCI 患者的情景记忆、语义记忆、工作记忆、知觉速度和视空间能力发现其均低于正常认知功能对照组，情景记忆、语义记忆、知觉速度影响着 MCI 患者健康素养水平，而工作记忆、视空间能力在多元回归分析中差异不具有统计学意义，其中语义记忆影响最大。在认知神经科学中，语义记忆能力历来被视为检索特定类别信息相关概念知识的基础。健康素养被定义为在多种环境中识别、理解和利用健康信息，并有效发挥作用的能力。语义记忆的认知神经科学观点很好地符合这一概念，并可能解释为什么这一认知系统可能与发展和维持老年人的健康素养特别相关。语义记忆的特定下降是否会降低患有 MCI 老年人的健康素养仍有待研究。尽管语义记忆对 MCI 健康素养的影响最大，但它只占 15%，仍需要考虑认知以外因素的重要性。

总之，认知功能衰退是老年人健康素养下降的重要原因，这一发现为老年人健康素养干预提供了理论基础。降低老年人的认知负担，在复杂的医疗或生活环境中采取系统、有针对性的干预措施，才可真正促进老年人对健康信息和技能的理解和掌握。MCI 患者的健康素养水平较认知功能正常的老年人低，而 MCI 是认知症的高危人群，如何提高 MCI 患者的健康素养值得关注。认知功能损害对于 MCI 健康素养的影响也需要进一步探究。

案例分析讨论 4-2

1. 老年人的处理能力、记忆等流体智力随着年龄增长衰退，而知识等晶体智力相对稳定。

2. 陈大妈儿子对母亲的忘事表示重视，并去医院检测明确，是非常值得鼓励的行为。MCI 指记忆力或其他认知功能减退，但不影响日常生活能力，尚未达到认知症的诊断标准。它是介于正常老化和认知症之间的一种过渡状态。MCI 的早期发现有利于采取干预措施。

3. 健康素养的获得和发挥作用均以认知为基础，老年人认知功能改变影响健康素养。

（薛 谨）

第三节 老年人健康素养对认知功能障碍的影响

案例 4-3 **张老师的退休生活自述**

现回顾我退休 20 多年的老年生活，除在思想上要正确地对待自己的人生以外，在生活上也要养成良好的习惯，我是烟酒不沾的人，不打麻将，也没有什么爱好和社交活动，不爱看电视，最多晚上看中央电视台的新闻联播，平时有读书看报的习惯。我今年 84 岁，总结自己这 20 多年来的生活习惯，就是一个字“动”，我爱动。因为我没有什么爱好，刚退休时去钓鱼。现在有时间，就利用简单易行不占场地、运动成本低的方式进行锻炼。

一是坚持多走路，喜欢到处转转，特别是黔灵公园，人不多，空气也特别好，最初就在黔灵湖边走平路，后来背水走路，开始背几斤水（最多 10 来斤），要休息几次才能回家，到后来一次可背 20 多斤水，有时可以一口气背回家，风雨无阻。现在不行了，有一年多的时间未背了。但爬山还可以，从目前情况来看可以继续一段时间，不过速度慢一些了。二是在室内进行一定的活动锻炼，方法也简单，举哑铃，哑铃从几斤逐步增加到现在 50 斤，用这种方法增加自己双臂的力量。

我的锻炼体会：①除在思想上要有一种知足常乐、保持平静的心态外，需要有良好的生活习惯和生活方式。②一切从实际出发，不搞花架子，结合个人的实际情况就行。③要循序渐进不能操之过急，要有恒心和毅力，不要三天打鱼两天晒网。

问题： 1. 你认为张老师的生活方式健康吗？

2. 请分析张老师的生活方式对认知功能的影响。

一、老年认知功能障碍

随着人口老龄化进程及医疗保障水平的提高，老年人寿命延长，老年人认知功能衰退，进展为认知症者也逐年增多，相关的医疗费用和照料问题给家属和社会带来了沉重的负担。认知症是仅次于心血管疾病、癌症和脑卒中的第四大老年人主要致死性疾病。认知症患者由早期的近事记忆和判断力下降开始，逐渐进展为远近记忆均严重受损，可有时间、地点定向障碍，最后只有片段记忆，生活自理能力完全丧失。因此，认知症会对家庭和社会造成沉重的负担。2012 年 WHO 报告表明，中国是认知症患者最多的国家，占世界认知症发病人数的 25%。阿尔茨海默病和 VaD 是认知症的两大主要类型，65 岁以上人群中认知症的患病率约为 5%，其中阿尔茨海默病约占全部认知症的 50%，VaD 约占 20%。中国阿尔茨海默病患病率不断增长，然而大脑的高代偿潜力使阿尔茨海默病患者早期临床症状不明显，就诊率和治疗率很低。阿尔茨海默病作为阿尔茨海默认知症的潜在病因，已成为一项重大的公共卫生挑战。阿尔茨海默病的病理生理过程始于症状出现前几十年，可通过 β 淀粉样蛋白和 tau 沉积及神经退行性变的生物标志物在疾病过程中早期识别。目前的研究标准允许在前驱症状甚至无症状阶段进行基于生物标志物的诊断，这种诊断远远早于出现明显的功能性障碍症状。这刺激了对阿尔茨海默病早期疾病识别、认知症风险预测和预防策略的广泛研究，最终目的是通过影响基于生活方式的干预措施中可改变的风险因素和通过药理学方法针对阿尔茨海默病的分子途径来减缓疾病进程。在所有这些情况下，干预措施都从认知症前期开始，并集中于选定的高危人群。

MCI 以轻度记忆和（或）某项认知功能障碍为主要表现，尚未严重到影响日常生活的独立性。国外有研究表明，年龄≥65 岁老年人 MCI 患病率为 10%～20%。北京、深圳等各地区对 MCI 患病率调查显示，年龄≥60 岁老年人中 MCI 患病率为 11.6%～21.46%。高龄是 MCI 的危险性因素，随着年龄增长，MCI 的患病率增加。受教育程度高是 MCI 的保护性因素，受教育程度高者 MCI 发病率低于受教育程度低者。也有研究表明，男性 MCI 的发病率比女性高。其他的危险因素有高血压、糖尿病、维生素 D 缺乏、载脂蛋白 E（ApoE）e4 基因型、睡眠呼吸障碍及有危重疾病病史等。与正常认知功能老年人相比，MCI 患者进展为认知症的风险增加。MCI 进展为认知症的危险因素包括高龄、受教育水平较低、脑卒中、糖尿病及遗忘型 MCI 等。ApoE e4 等位基因的存在可使 MCI 进展为认知症的风险轻度增加。相反，低龄、受教育水平较高、基线认知功能较强，以及非遗忘型 MCI 从 MCI 逆转至正常认知功能的可能性增加。

主观认知下降（subjective cognitive decline，SCD）是指个体主诉与自身先前相比，认知能力下降，但在标准的神经心理测试中表现正常的一种状态。此阶段，大脑结构上显示轻微的退行性改变，脑功能处于代偿期，常规的神经心理学测试难以敏感地检测到认知损害。纵向流行病学调查荟萃分析发现，SCD 患者 4 年后 MCI 转化率为 27%，认知症转化率为 14%。阿尔茨海默病临床前期的 SCD 患者在 3 年内向 MCI 或认知症进展的风险高达 40%～62%。阿尔茨海默病症状前期病程一般进展缓慢且持续时间较长，仅能在主观水平上发现细微的认知功能下降。SCD 可能是阿尔茨海默病最早的临床表现，是提示认知能力下降的重要警示，此阶段为延缓甚至预防阿尔茨海默病的进展提供重要的时间窗。SCD 与之前正常的认知状态相比，自我感受认知能力持续下降，与急性事件无关，无需要他人证实。与 MCI 和阿尔茨海默病前驱期不同的是，在调整年龄、性别、受教育年限后的标准认知功能测试结果正常。

二、老年人健康素养对认知功能障碍的影响

健康素养是获取、理解和利用健康信息的能力，与老年认知症风险相关。一方面，健康素养以一定认知能力为基础，有可能作为认知能力的预测指标。另一方面，健康素养也需要非认知资源，促使人们能够寻找、获取和理解健康材料，整合不同的信息来源，权衡选择，做出推论和决断，在医疗服务环境中进行有效沟通，并根据需要参与终身学习，达到预防疾病，促进和维持健康的目的。健康素养涉及多种因素间的相互作用，包括早期生活因素（如受教育程度和职业等）、个性相关因素（如决策风格）和认知功能。因此，健康素养是一种多维结构，远远超出认知范围，包括积极学习和获取相关健康领域特定知识的信息，此外，思维的灵活性允许不断完善在现代社会有效运作所需的知识和技能。在关于预防老年人认知能力下降的工作中，认知活动与健康素养之间的关系也受到了关注。

（一）老年人健康素养与阿尔茨海默病的关系

健康素养与认知能力，这两项指标的测量工具呈现中高度相关关系。一项早期研究表明，MMSE 测试可以提示健康素养的水平。反之，认知障碍患者的健康素养水平可以反映认知障碍。许多研究表明，健康素养对健康结果的影响是由认知能力介导的，然而也有研究发现低健康素养比认知能力更能预测阿尔茨海默病认知症的发生，至少有两种可能的解释。首先，健康素养测量可能代表了传统认知测量所无法捕捉的认知功能的另一个维度。其次，健康素养是一个复杂的多维结构，不仅涉及认知，还涉及人格相关因素和健康领域特定知识。健康素养包括与外界互动、主动寻求健康信息和以健康为中心的行为。因此，健康素养可能反映了易患阿尔茨海默病的个体在非认知能力方面的不足。对于认知能力相当（传统测量）的老年人来说，健康素养较低的人更容易患阿尔茨海默病。因此，健康素养测量可能有助于识别并可能早期预测阿尔茨海默病。健康素养对阿尔茨海默病的风险预测具有更高的敏感性和特异性，因此，对健康素养等涉及更复杂能力的关注可能有助于检测认知症或认知障碍风险较高的患者。

有学者在 6 年随访中，观察到老年健康素养平均每年下降速度约为 1%。健康素养的快速下降与阿尔茨海默病发病风险相关，健康素养下降每年增加 1%，患阿尔茨海默病的风险就会增加 3 倍以上。老年基线健康素养水平与下降速度之间存在很强的相关性，健康素养基线得分较高的受试者健康素养下降速度较慢。高龄和女性，较低的受教育程度，与健康素养下降更快有关。老年人呈现不同水平的健康素养下降，可预示患阿尔茨海默病的风险，下降较快的参与者更容易罹患阿尔茨海默病。人们普遍认为，在出现明显临床症状之前的几年甚至几十年内阿尔茨海默病病理改变就在发生发展，认知症诊断前认知功能的纵向评估等为这种疾病发展过程的后果提供了客观证据。一段时间的健康素养水平可能会被各种预先存在的因素（如教育、职业和其他生活经历）所混淆，相比之下，由于这些混杂因素在老年时期相对稳定，健康素养的变化是年龄相关疾病进展的更敏感标志，即便在单个时间点测量健康素养，也可以为认知症诊断和预测工作提供信息。健康素养与阿尔茨

海默病之间的关系可能是多方面的。研究显示，健康素养的基线水平和随后的下降都与阿尔茨海默病认知症发生发展有关，这两个指标可能反映了这一复杂关系的不同方面。尽管健康素养比传统的认知能力指标更能预测阿尔茨海默病风险，但在临床环境中使用当前的健康素养作为评估工具还为时过早。

（二）健康素养与老年轻度认知功能损害

健康素养是个体获取、理解、评估健康问题及应用健康信息和技能的能力。健康素养被认为在疾病防治过程中起着至关重要的作用。

MCI 老年患者健康素养水平明显低于正常认知功能对照组。随着健康素养水平的降低，MCI 患病率均呈现升高趋势，健康素养低下是患 MCI 及是否进展为认知症的风险性因素。国外研究显示，健康素养水平较低可能是老年人认知功能障碍临床前期的表现。卡维（Kave）等认为健康素养水平比学历更能反映老年人执行功能水平。低健康素养者的基础执行功能比高健康素养者低，并且下降速度明显比高健康素养者快，即便仅随访一年也能观测到两种健康素养水平人群之间执行功能下降的差异。健康素养水平可能是执行功能下降的预测因素，且这种作用与社会人口学特征、学历和所患疾病无关。曼利（Manly）等认为低健康素养水平者随着年龄增长，其记忆力下降的风险也比低健康素养者要高。在对 MCI 患者健康素养长达 6 年的纵向研究中发现健康素养下降速度越快者，由 MCI 进展为阿尔茨海默病的风险增加。此外，研究结果提供了健康素养的动态变化的信息，总体是随着时间的推移和年龄的增长而退化，即使在基线检查时没有任何认知障碍的老年人也是如此。然而，老年人健康素养的变化存在也体现了相当大的异质性，有 20%的参与者健康素养保持不变，这部分老年人群值得进一步研究。

健康素养是慢性病患者自我管理能力的重要影响因素，低健康素养者慢性病知识缺乏，自我护理能力较差，发病率和住院率增高。老年人随着年龄增长，身体功能衰退，将面临许多改善健康、维持生活独立性等重要的复杂决策，健康素养能力也是决策的重要影响因素。老年人认知功能和健康素养下降均会对决策产生影响，而这复杂的行为变化可能在明显的认知症甚至 MCI 出现前几年就表现出来。未来需要进行更多的研究，以充分确定老年人健康素养下降对 MCI 的影响。

（三）健康素养与老年主观认知功能下降

健康素养高的人倾向于参与认知、社交和体育活动，所有这些活动在维持认知功能方面都表现出良好的效果，这种能力有助于预防认知功能下降。低健康素养与缺乏锻炼、不健康的饮食习惯、肥胖、高血压、糖尿病、心力衰竭和代谢综合征有关，也是造成认知下降的风险因素。不仅如此，健康素养较差的个人参与社会活动的频率较低，而这些都有助于维持认知功能。主观认知功能下降是认知症的一个临床前无症状阶段，被认为是 MCI 的前兆。尽管日常生活没有困难，客观认知测试表现正常，但 SCD 患者的主观认知功能降低，据报道，与健康老年人相比，其患 MCI 和阿尔茨海默病的风险更大。这些联系意味着 SCD 患者是早期干预策略的最佳目标。

SCD 患者年龄较大，健康素养和认知功能得分较低。与非 SCD 患者相比，在 SCD 阶段，甚至在 MCI 发病之前就可以检测到明显较低的健康素养。SCD 组和非 SCD 健康对照组在年龄与抑郁症状、认知功能方面存在显著差异。多因素分析显示，高龄、低健康素养和严重抑郁症状是社区老年人 SCD 发病率相关的独立因素。SCD 发病率随年龄增长而增高，衰老过程可能会使个体更容易患 SCD。而 MMSE 评分与社区老年人 SCD 的进展无关，这可能是因为 MMSE 评分没有完全反映 SCD 的早期认知下降。低健康素养是 SCD 进展的不利因素。健康素养这一复杂能力超出了传统认知测试测量涉及的能力，这可能有助于早期发现认知障碍的高危人群。健康素养对老年人 SCD 风险的影响为预防早期认知症的干预研究提供有价值的信息。健康素养的纵向评估对于提供随时间变化的客观测量至关重要。健康素养下降先于认知障碍的发生，这可能反映了神经病理学积累降低健康素养的过程，未来的临床病理学研究需要阐明早期神经病理学改变对健康素养变化的影响。

健康素养低下是潜在疾病过程的早期表现，发生早于传统的认知功能测试，可能是出现认知缺陷的先兆。此外，健康素养提高与防止认知障碍的健康促进行为有关。陈艳丽等研究认为健康素养是影响老年人认知功能的重要因素。高水平的健康素养可以延缓老年人认知功能下降。一个常见理论是，健康素养可能有助于认知储备，从而保护认知健康，防止因阿尔茨海默病和其他年龄相关神经病理学引起的大脑损伤。这一储备理论意味着两个独立的过程。一方面，在衰老的大脑中缓慢积累神经病理的改变导致认知障碍，最终导致认知症；另一方面，独立于疾病过程，健康素养的获得可能会促进脑中结构弹性或增强功能连接，因此即使脑中存在病理性改变时仍可以保持一定的认知能力。健康素养会造成老年人认知功能水平差异，由于认知功能下降常被老年人和家属误认为是衰老的正常现象而不被重视，从而错过了疾病治疗的最佳时机，而健康素养水平是唯一与患者掌握健康知识和疾病管理技巧密切相关的因素，提高健康素养可以改善老年人的认知功能。

总之，健康素养能力的获得和保持需要一个积极的学习过程，支持健康信息和技能的获取、使用及整合。健康素养的结构远远超出了传统的认知功能测试所评估的内容。在调整了认知功能等因素，健康素养下降仍然与 MCI 和阿尔茨海默病发病有关。较高水平的健康素养可以减缓老年人认知功能下降。此外，健康素养下降发生先于认知功能障碍，健康素养可以用于预测认知障碍患病风险，有利于认知障碍的早期发现和干预。

小链接　**健康生活方式有助于提高老年人的认知功能**

芬兰一项针对 1260 名 60～77 岁的老年人的研究发现，整合身体活动、膳食、血管危险因素和认知功能锻炼的多因素干预手段，可以有效地延缓老年人认知功能的衰退。身体活动和膳食因素，一直是心血管疾病、糖尿病等慢性病的生活方式干预重点，同样，它们对认知功能也有益处。长期坚持中等强度体力活动能够保护认知功能。日常生活中的体力活动，特别是快步走、慢跑、舞蹈、游泳等有氧运动，会对老年人的认知功能产生积极的影响。膳食结构也与老年人认知功能关系密切。合理膳食结构，如低碳水化合物、适量不饱和脂肪酸、膳食纤维和特定营养素的饮食，可以延缓老年人认知功能的衰退。而不合理的膳食结构，如高脂肪、高胆固醇、高热量的饮食会加速老年人认知功能的衰退。老年人也应当注意积极锻炼自己的认知功能，让大脑忙起来。多与子女、朋友联系，多参加家庭活动，退休后继续工作，经常旅游，积极参加社会娱乐活动，保持阅读或玩棋牌等，都有助于延缓认知功能的衰退。除此之外，老年人也应定期测量血压、体重、腰围，如有需要应及时去医院就诊。

案例分析讨论 4-3

1. 从张老师的表达中可以看出，这位老年人的生活方式相对比较健康，也存在一些问题。

2. 运动和阅读均有利于老年人的认知功能，张老师持之以恒地锻炼对其身心均有影响，不仅增强了体质，还愉悦了心情，对认知功能都是很有利的。读书看报需要"动脑"，大脑也因此得到"锻炼"，这些都丰富了退休后的生活。社交生活是获得社会支持的重要方式，张老师缺乏社会互动和交往，则不利于认知功能维护。

（薛　谨）

第四节　老年认知功能障碍的健康素养需求

案例 4-4　　《忘不了餐厅》

《忘不了餐厅》自第一季播出以来就获得一路好评，第一季节目播出后更是收获豆瓣 9.2 分的高评分，在宣传科普认知障碍这一公益行为上，《忘不了餐厅》一直坚持着自己的步伐。第一季邀请 MCI 老年人，旨在让大家能更好地开始了解和认识患 MCI 老年人的症状，提倡早发现、早干预、早治疗；通过节目里店长团和老年人的暖心互动，艺人和嘉宾们细致耐心引导，不断输出的爱和陪伴的行为，都切实地帮助了老年人们，节目组真正做到了公益践行，而不只是口号。第二季节目在这一公益践行上开始探索更多可能性，邀请了病程发展更为严重的老年人加入，更加真实地还原现实患者的生活日常，也想要进一步告诉大家，即便病情发展到一定程度，出现了严重忘事，对时空的概念错乱，依然有办法帮助老年人们，不能放弃。《忘不了餐厅》用纪录片+娱乐的手法，更好地表述内容、吸引关注。

餐厅实体店的正式落地，代表着《忘不了餐厅》从简单的线上传播科普认知障碍知识落实到线下切实地帮助更多的患者群体，深刻地体现了这档综艺节目的人文价值和社会价值。中国医学会科普分会将忘不了餐厅设立为健康科普基地；上海健康素养促进委员会将忘不了餐厅设为健康素养教育基地，极大地肯定了《忘不了餐厅》的意义。

问题： 1. 你认为《忘不了餐厅》的意义在哪里？

2. 你认为有哪些方式提升老年人认知障碍健康素养水平？

认知功能障碍疾病已经成为影响人民群众生活质量的一个重要的制约因素。在疾病早期增强患者和家属的自我管理能力，减少病残和死亡，这些都依赖于个体健康素养的提高。我国 60～69 岁老年人健康素养水平为 6.1%，低于我国居民健康素养平均水平（8.8%），已成为我国当前面临的重大经济和卫生问题。目前，一些认知症的病因学和发展机制不是很清楚，尚无有效的临床治疗方法。行为生活方式是认知症影响因素之一，健康的行为生活方式有助于减少老年人罹患认知症的风险。全面了解老年人群及处于患病高危状态的群体的认知障碍素养对于合理制定社区相关卫生政策和推动我国认知症早期预防、早期干预研究进展有着重要的意义。

一、认知功能障碍疾病健康素养的概述

认知是指机体认识和获取知识的智能加工过程，涉及学习、记忆、语言、思维、精神、情感等一系列心理和社会行为。认知是影响老年人群健康素养的最重要因素。随着年龄的增长，大脑出现结构上的退变，随之带来了认知问题，如工作记忆，代表短期内患者对医生的医嘱信息进行学习和记忆的能力。认知功能障碍疾病的健康素养，包含对疾病的认识能力，获取认知障碍信息的能力，对早期筛查识别的了解，对寻求专业医疗及照料护理帮助的了解。受助人群不仅限于患者本人，患者家属和照护者的素养提高也是必需的。认知功能本身是影响个体健康素养的关键因素，也是增加死亡率的独立危险因素。从健康视角来看，美国学者认为健康素养的内容更倾向于医生能否更好地帮助患者理解和执行治疗方案。而研究者最早将健康素养认为是听、说、读、写及计算能力。随着健康素养研究的进一步深入展开，更多是要求公众具备以下几个方面的素养：态度素养、知识素养、基本保健素养、疾病早期筛查、预防素养、安全和急救素养等。认知功能障碍疾病的健康素养与上述内容大致相同。

二、老年认知障碍健康素养研究现状及需求

到目前为止，关于认知症风险增加的患者健康素养研究非常有限，这也限制了医疗卫生实践服务的发展。由于患者认知功能的不断恶化将逐步影响健康素养技能，在需患者知情并做出决策及公共卫生的利用方面存在独特的挑战。人们对认知障碍在医疗体系中的总体参与情况知之甚少。认知障碍高危人群在决策和行动中如何获得、理解、评估和应用风险相关健康信息，即老年认知障碍健康素养值得去探究。以下将以认知障碍健康知识、健康信念和健康行为为老年认知障碍健康素养的主要内容展开阐述。

（一）老年认知障碍的健康知识

因国家和地区的发展水平不同，公众对认知障碍的概念和识别水平差异较大。据张海燕在对社区老年人认知症早期症状识别的研究报道中，老年人对认知障碍疾病早期症状的识别率仅为 32%。尤其对阿尔茨海默病的识别率则更低。郭祎对上海市浦东新区 5534 名居民进行 MCI 知识知晓率测定，结果基本知晓率 19.8%，部分知晓率 48.0%，较少知晓率 32.21%，且知晓率与性别、年龄、文化程度有关。MCI 知识分析女性知晓程度高于男性，且与年龄有关，年龄越大居民认知障碍知识总得分越高。一般说来，受教育程度低者和低收入群体的卫生服务可及性较低，获取阿尔茨海默病相关知识和信息的渠道较少，对阿尔茨海默病的病因存在错误认知的可能性较高，阿尔茨海默病相关知识的知晓率会更低。阿尔茨海默病相关知识的低知晓率是导致阿尔茨海默病患者低就诊和低治疗比例的主要原因。研究发现，社区老年人群中关于阿尔茨海默病患者记忆功能受损情况的知晓率最高（63.6%）、情绪或行为变化的知晓率最低（45.5%）。一项来自澳洲的流行病学调查发现，参与调查的 2500 名老年人中，83%被调查者对阿尔茨海默病早期症状不能识别，76%的被调查者表示即使有了症状，治疗也无效果。可见人们对认知功能障碍知识知晓较低，需要大范围普及认知功能障碍知识。

MoCA 筛查阳性者是阿尔茨海默病的高危群体，全面了解这部分人群的阿尔茨海默病相关知识、态度、行为是制定认知症早期预防、早期干预政策的基础和前提之一。MoCA 筛查阳性者对阿尔茨海默病相关知识的知晓率在一定程度上反映了这部分人群对阿尔茨海默病早期症状的识别能力和预防意识。调查发现，相对于 MoCA 筛查阴性人群，MoCA 筛查阳性人群阿尔茨海默病早期典型症状和表现的知晓率更低，更倾向于认为老年认知症不是疾病，是自然衰老现象，且对阿尔茨海默病及时诊断的态度消极、对阿尔茨海默病的病耻感强烈、更倾向于不健康的行为生活方式。这反映了 MoCA 筛查阳性人群的认知症早期症状识别能力低下、阿尔茨海默病预防意识差。认知症早期预防、早期干预的理念最终目的是认知症高危人群能早期识别认知症相关症状和表现，并主动采取正确的态度和行为应对及努力延缓其认知损害过程。筛查阳性者的阿尔茨海默病相关知识的低知晓率可能会导致其采取不正确的态度和行为，并可能最终影响其老年认知损害疾病的发生发展进程。因此，对 MoCA 筛查阳性人群及其家庭及时进行阿尔茨海默病相关知识宣传和教育，促其采取积极的应对态度和行为以延缓认知症发生发展进程对我国城市社区认知症防治至关重要。

国内有学者对阿尔茨海默病患者家属相关健康知识进行质性研究，阿尔茨海默病患者家属首先注意到的患者最初症状是记忆力减退，这和全球其他国家的老年认知损害患者家属家庭照护者的描述相似。而在国内研究中，患者家属在一开始并没有足够重视患者的记忆力减退等表现和症状，他们仅在相关提醒下才会带患者就医。在北京、西安、上海、成都四个城市对患者家属的调查也曾显示，只有 50%左右的受访者会在意识到家人的认知功能下降是疾病所致后带家人去医院检查。众所周知，随着年龄的增长，老年人各项身体功能开始缓慢衰退，目前没有有效的临床方法来阻止这种人体自然衰老现象的发生。和其他老年期慢性病一样，老年人的认知功能下降同样是一个缓慢发展的过程，且目前尚无有效的临床方法可以治愈。这也是绝大多数半结构访谈的受访者（患者的家属）即使在他们的家人被确诊之后仍然坚持认为患者的症状是正常老化现象。同时，由于诊断一般由三级综合医院神经内科记忆门诊的临床专业医生做出的，出于对医生的信任，他们也认可医生对患者的诊断，即认为患者出现的认知损害相关症状是由于疾病所致。这种表面上看似相互矛盾的观点恰恰表明患者家属极度缺乏老年认知损害相关知识。有研究表明阿尔茨海默病患者的直系亲属获取阿尔茨海默病相关信息主要是通过配偶、朋友、阅读、患者组织及大众媒体，而通过医疗服务提供者获取疾病相关信息的可能性较小，说明医疗卫生机构在这方面的健康教育工作急需加强。

关于欧洲人口的研究表明，中老年人认知症患病风险降低，研究者们推测，这些变化是由于人们接受教育水平提高、对疾病早期知识素养提高、全民血管危险因素减少、早期进行预防控制认知障碍风险的多种因素降低了患病率。由于地域的差异带来的文化背景、经济状况、医疗体制差异及人群的受教育程度、工作性质、性别、社会地位等不同，都有可能影响知识素养。开展社区健康教育是应对认知症的有效途径，通过社区健康教育引起社会对认知症患者及其家庭的关注和社会支持，可以增加居民预防疾病的知识，可以培训家属照护认知症患者的技能。公众接受健康教育后，会更加理解认知症患者的客观情况，提高自身健康和慢性病等危险因素的管理能力。有调查发现，绝大多数社区老年人希望通过电视、广播、报纸、网络等媒体途径（81.32%）及社区健康讲座（78.02%）的方式，获取与认知症预防方法（96.70%）、早期症状（80.22%）、病因及危险因素（71.43%）、治疗方法（65.38%）等方面的信息。该结果提示，认知症公众教育仍需进一步深化，应从细节上入手，满足公众对认知症知识的信息需求。一方面，进一步通过电视、报纸、网络等媒体途径向公众传输认知症相关的正确信息；另一方面，社区卫生服务中心可通过专家健康讲座的形式，有计划地向社区老年人及其子女传授认知症早期症状、预防方法等方面的信息。随着认知症老年人数量的增加及媒体对认知症的宣传，公众对认知症的了解越来越多，与此同时，他们对于认知症疾病知识的需求也越来越强烈。有研究使用治疗知情同意能力量表调查了 MCI 和早期认知症患者在医疗决策能力方面的理解情况，并检测他们理解和使用健康相关数字信息的能力。研究表明，即使是轻度认知功能损伤也会降低患者的理解能力，很可能与基本认知领域的损害有关，包括执行功能和计算能力。所以，在进行健康知识宣教时务必要考虑到尽可能降低对认知能力要求，采取各种方式促进 MCI 患者对健康知识的掌握。

（二）老年认知障碍的健康信念

公众对认知障碍仍存在有较强的病耻感，尤其对于“痴呆”的名词较为抗拒。因此给公众早期筛查、寻求专业医疗帮助方面带来一定的阻碍。在发达国家对阿尔茨海默病的病耻感较低，约为 3%，而在我国相关数据表明，公众对“痴呆”病耻感高达 41.21%，由此看出，我国老年人尚未对认知障碍疾病形成正确的认识和积极面对的态度。将患者的症状和表现看作人体自然衰老现象可能会有助于避免社区居民对罹患老年认知损害等相关疾病患者的歧视，但也可能导致老年认知损害患者的诊断和治疗延迟。在北京、西安、上海、成都四个城市对确诊的患者家属的调查显示，在没有带患者就医的人群中，高达 72%的受访者认为患者的认知功能下降相关症状和表现是人体的自然老化现象，另有 20%是由于认知症没有临床有效的治疗方法。这与国内外关于华人老年认知损害患者家属的调查结果相似。

有研究表明不愿意参与进行认知功能筛查人群的阿尔茨海默病相关知识知晓率低，对阿尔茨海默病及时就诊态度消极，认知症耻感强烈，且更倾向于不健康的行为生活方式，认知障碍素养均显著性低于愿意参与筛查者。同时，和愿意参与筛查者相比，这部分人群倾向于认为老年认知症不是疾病，是自然衰老现象，对阿尔茨海默病患者的友善程度较低。这种对阿尔茨海默病病因的看法，对阿尔茨海默病的强烈耻感和对阿尔茨海默病患者的不友善态度反映了不愿意参与筛查者的矛盾心理：一方面将阿尔茨海默病归因于自然衰老可以缓解其内心对将来自己可能罹患阿尔茨海默病的焦虑；另一方面对阿尔茨海默病的强烈病耻感和对阿尔茨海默病患者的不友善态度反映了他们可能是社区对阿尔茨海默病患者歧视和偏见的主要人群，提示消除社区对阿尔茨海默病患者歧视和偏见应重点关注这部分人群。

“老年期痴呆”这一中文疾病名称带有一定的歧视。多数受访者从传统文化层面上来理解“老年期痴呆”这一中文疾病名称，而不是从该疾病名称的神经病学症候学或病因学角度来理解其生物医学含义。中国传统文化中“痴”表示傻、无知、精神失常、疯癫等；“呆”表示傻、愚蠢，不灵活等；“痴呆”表示愚蠢的、精神失常等贬义，而老年期痴呆的字面意思是指老年人愚蠢、精神失常等。广泛的研究表明，“老年期痴呆”这一中文疾病名称明显增加了老年认知损害患者家属家庭照料者的抑郁情绪。尽管并不是所有的 MCI 患者都会转归为阿尔茨海默病或其他类型的认知症，但缺乏必要的相关知识和信息可能导致社区居民将 MCI 与“老年期痴呆”等同的错误观念，MCI 患者家属对“老年期痴呆”这一中文疾病名称的反感反映了他们对患者疾病转归结果的担忧。基于“老年期痴呆”可能导致对患者的歧视和偏见及诊断、治疗延迟的共识，香港卫生署等决定从 2010 年 10 月 29 日起统一采用“脑退化症”取代“老年期痴呆”这一中文疾病名称，以此消除公众对痴呆的误解及成见，避免患者因为害怕受歧视而延误治疗。本书也使用“认知症”一词来替代“痴呆”表述。此外，由于阿尔茨海默病患者（特别是中晚期阿尔茨海默病）的情绪和行为变化与精神病患者的相关精神行为症状较相似，一般人很难区分，且中国传统上对精神病患者存在一定的歧视和偏见，阿尔茨海默病相关知识的低知晓率还可能造成对阿尔茨海默病患者歧视和偏见的主要原因。因此，提高受教育程度低者和低收入群体阿尔茨海默病相关知识知晓率对于消除社区对阿尔茨海默病患者的歧视和偏见、提高老年认知损害相关疾病早期诊断、早期治疗都具有十分重要的意义。

（三）老年认知障碍的健康行为

运用认知功能评估量表进行筛查仍然是社区老年人早期发现认知功能障碍的主要方式。受教育程度是影响老年人筛查参与意愿的因素之一，受教育程度越高，老年人愿意参与筛查的可能性越大。通常，受教育程度越高，获取健康知识的渠道越多，学习和掌握的健康及疾病知识能力更强。受教育程度较高者往往更关注自身健康，对待疾病的态度更客观、积极，疾病预防意识相对较强，相对更容易接受疾病早期发现、早期诊断、早期治疗等观点，这也是受教育程度高者参与 MCI 筛查意愿较强的主要原因。国外有研究显示受教育程度高的阿尔茨海默病患者在正电子发射断层扫描（PET）扫描确诊后，进行相关的心理教育干预后，较易于建立有利于认知功能的健康生活方式，譬如更多进行体育锻炼，采取健康饮食等。

在社会环境中讨论相关话题，如早期阿尔茨海默病检测的积极和消极影响，可以使个体对心理健康产生积极影响，并可能在个人和社会环境的互动中产生更合理的意见。研究结果表明，看护者的作用非常重要，他们积极参与这一筛查和预防过程，可以积极促进 MCI 患者对健康信息的认知处理，从而促进患者对阿尔茨海默病风险信息的理解，从而产生健康行为。和绝大多数发展中国家一样，在我国，共同居住的配偶是阿尔茨海默病及其他类型患者的主要照护者。目前我国城市长期照护体系尚处在起步阶段，大多数养老机构尚不具备接纳患有老年认知损害相关疾病老年人的能力。养老院在中国的数量十分有限，且认知症是很多养老院常见的入住排除标准。家庭照护是阿尔茨海默病及其他类型认知症老年人的主要选择。因此，增设特别针对老年认知损害人群的社会养老机构或改善现有的社会养老机构条件使其具备接受罹患老年认知损害人群的能力，可能对减轻 MCI 患者家属对未来照料的担忧有帮助。

作为城市卫生服务网络的网底，社区卫生服务中心的医务人员在对社区人群进行老年认知损害相关健康教育、健康促进方面具有无可比拟的优势，但他们大多缺乏认知障碍相关知识。不仅如此，有研究显示临床一线的三级综合医院医护人员中，“总体了解”阿尔茨海默病的医护人员占 63.2%（其中，医生占 70.2%，护士占 58.7%）；“清楚”具体诊断标准的医护人员占 55.7%（其中，医生占 70.2%，护士占 46.7%）；“清楚”阿尔茨海默病预防知识的医护人员仅占 39.0%（其中，医生占 42.9%，护士占 36.6%）。这使得三级综合医院的记忆门诊成为极少数MCI患者及其家属获取认知症相关知识和信息的主要途径。

小链接　**老年不良情绪与认知障碍有何关系？**

据研究，65 岁以上的老年人若与 30 岁健康个体对比，前者的脑重量为后者的 56%，脑血流量为 80%，最大工作速率为 70%。此外，在心、肾、呼吸与代谢功能上也有着明显的下降。可见，随着年龄增长，人的精神功能自然趋于缓慢和欠灵活机敏。近年来老年期抑郁在老年人中发病率明显上升，这与老年人的社会心理因素及环境因素密切有关。老年抑郁会加速认知功能的下降，导致更严重的认知障碍，在 MCI 及认知症的发病和病程进展上也发挥着重要作用。老年抑郁是MCI及进展为认知症的重要危险因素。也有研究认为老年抑郁是认知症的前驱症状。一项长达 28 年的随访研究发现，晚年而非中年时期出现的抑郁症状与认知风险增加有关，研究者认为老年抑郁是认知症的临床前阶段特征。此外，老年抑郁并不单纯是一个抑郁的问题，它往往会伴随很多其他的问题，特别是慢性病问题，二者之间的交互作用使得抑郁对认知功能的损害更加复杂。相比于无抑郁老年人，抑郁老年人更易患血管性疾病、糖尿病等慢性病。研究发现血管性疾病不仅与老年抑郁患者较慢的信息加工速度有关，与抑郁症相关的认知症风险在脑血管病患者中尤其明显。而糖尿病与老年抑郁的共病会对认知功能下降带来更大的负面影响。二者的共病不仅加速认知功能的下降，还显著增加了 MCI 和阿尔茨海默病风险。老年抑郁也会进一步影响个体的睡眠质量。而老年抑郁症状和睡眠抱怨的交互作用会引发更差的认知表现，使得个体在言语流畅性、抑制控制和工作记忆能力上表现更差。

老年人在精神卫生保健上，应重视以下几点。①防止老年期心因性疾病的发生：要改善退休老年人的福利待遇，提高其物质生活水平，协调其家庭生活，丰富文化生活内容，并减少精神紧张。对已发生心因性疾患者，应充分地重视环境调整与精神治疗。②防止老年性谵妄：在伴发躯体性疾病的同时，高龄患者易产生老年性谵妄。故应积极早期防止躯体疾病，注意患者对使用的任何药物的耐受情况。当解除了躯体疾病或营养、代谢失调之后，老年性谵妄是可望恢复常态的。③注意改善脑功能状态，防止一些缺血性脑病导致的精神异常。要防止脑动脉硬化的发展，加强脑血循环。必要时可以进行预防性治疗措施，如服用降血脂、减轻血管脆性、促进小动脉扩张的药物等。④开展老年精神卫生的宣传与咨询，普及医疗卫生常识，增强老年人的适应能力，以早期发现，及时诊治，减少老年人的心理障碍和精神疾病。

三、对老年认知功能障碍与医养结合的启示

2019 年发布的《健康中国行动（2019—2030 年）》将“65 岁及以上人群老年期痴呆患病率增速下降”确定为老年健康促进行动的行动目标之一。国家卫生健康委员会办公厅印发的《探索老年痴呆防治特色服务工作方案》确定了试点地区到 2022 年的工作目标，包括公众对老年期痴呆防治知识的知晓率提高到 80%，建立健全老年期痴呆防治服务网络，

建立健全患者自我管理、家庭管理、社区管理、医院管理相结合的预防干预模式，社区（村）老年人认知功能筛查率达 80%。同时，工作方案还明确提出，各级医疗机构、老龄办、养老机构、医养结合机构工作人员要结合患者及高危人群特点，制作防治宣教材料，使公众免费获得相关科普知识及服务资源信息。MCI 是一个短持续、高风险、不稳定的阶段，此阶段为老年认知症的防治提供了一个最佳的“干预窗口期”。既往对老年认知障碍的归因研究多集中在 MCI 阶段或老年认知症阶段，且多聚焦于遗传学、人口学及生活行为因素的探索。近年来的研究证实，慢性病是 MCI 发生的主要危险因素之一，而且会加速 MCI 向老年认知症的转化进程。鉴于老年认知症与慢性病之间存在关联，且慢性病管理目前已有一定的实操经验，因此，应当在做好老年人慢性病管理的基础上，实施老年认知障碍的早期、综合及全程管理，不断提高老年人认知障碍健康素养，延缓 MCI 向老年认知症的进展。降低认知障碍发病率主要与人们接受教育水平提高、控制高危因素，提高社会福利及建立健康的生活方式有关。因此，需从最基本的保健素养开始，逐步提高人们的健康素养。

（一）社区情境下的老年认知障碍健康管理

目前，慢病管理已被纳入我国基本公共卫生服务项目，社区层面高血压、糖尿病、脑卒中等疾病的健康管理工作开展较早且较为系统规范。然而，目前社区老年认知障碍患者仍缺乏医疗活动的有效介入，对此可将慢性病管理与老年认知障碍健康管理相结合，发挥协同效应。

老年认知损害相关知识和信息的极度缺乏是造成社区人群对阿尔茨海默病病因的错误认知、诊断和治疗延迟的主要原因之一。由于目前尚无阻止 MCI 向阿尔茨海默病或其他类型认知症转归的临床有效方法，且证据表明，健康的行为生活方式有助于减少老年人罹患认知症的风险，因此，尽快对城市社区卫生服务中心医护人员开展老年认知损害相关疾病知识培训，并以社区卫生服务中心为平台在老年人群中开展认知症相关健康教育、健康促进，是城市社区认知症早期预防、早期干预的关键。需要公众充分知晓认知障碍的危险因素，包括高龄、女性、VaD、遗传因素和炎症、精神创伤等；保护因素有受教育水平高、积极运动、适当的体力劳动、个人性格开朗、家庭和睦、积极社交等。通过改变或影响个体已有的认知思维模式使个体主动采取各种有利于认知功能发展的各种行为措施。可以针对不同阶段的认知障碍（轻度、中度、重度），进行个性化指导和团体教育，组织开展认知能力训练和体育锻炼活动，强化老年人心理与社会支持。在进行健康教育时，要充分考虑老年人的认知功能，促进其理解和掌握。老年人保持健康和做出健康相关的决定依赖于广泛的认知能力，如积极处理信息、记忆，在各种环境下运用已学到的知识维护和促进健康。因此，减少老年人的认知负担，尤其对于 MCI 患者，在复杂的医疗或生活环境中采取系统、有针对性的干预措施，才可真正促进老年人对健康信息的理解和掌握，降低对老年人认知能力的需求，如可以借助图文并茂的书面或网络视频等手段传递健康知识，学习环境结束后允许老年人根据自身需要进行温习，而不依赖于回忆和推理。

此外，老年认知障碍患者的健康管理在形式上应体现层级性：一方面，以社区卫生服务中心为枢纽，对社区老年人进行认知障碍的筛查，对认知障碍患者进行建档、健康教育、干预等综合、规范的管理；另一方面，将专科医院作为社区卫生服务中心的指导机构和上级机构，社区卫生服务中心医生根据初步筛查结果将疑似老年认知障碍患者转至上级医院进行明确诊断，上级医院明确诊断和干预方案后，再次将患者转至社区进行日常的健康管理。

（二）临床情境下的老年认知障碍健康管理

医疗专业人员在面对 MCI 患者时，在沟通过程中存在着独特的复杂性，因为这些患者在处理和记忆抽象及复杂的风险信息方面有困难。患者的健康素养在认知能力持续下降中逐渐受到影响。为了满足认知症风险人群的不同需求，显然需要灵活应对患者对更基本或更详细信息的偏好，可借助图片等方式，简洁明了地传达医疗或健康信息，解释疾病的转归，以及如何预防或减缓疾病进展。例如，老年人需要经常服用控制慢性病药物时，医务人员可以简单直接地说明用药方法，而不需要患者“做数学”，将“一天两次，每次两片”的表达改为如“早上两片，晚上两片”，这种简单的改变降低了对患者的认知要求，已被证实可以提高患者的药物依从性。

临床上常见的慢性病管理策略包括药物管理、环境安排、饮食管理、睡眠管理、安全管理和心理护理等。相对而言，临床上缺乏对认知障碍症状的关注和对老年认知障碍患者的有效管理策略。老年认知障碍患者常表现有思维迟钝、行动缓慢、思绪混乱等不良症状，如果护理不及时或护理不到位很可能出现跌倒、坠床、伤人或者自伤等高危行为。临床医护人员应提高警惕，及时准确评估患者的认知功能，尤其是对于高龄、并发症多、病情变化复杂的患者，要提高对跌倒、坠床等风险事故的警惕。可借鉴其他疾病管理策略，采取以下健康管理策略：其一，基于循证指南《中国痴呆与认知障碍诊治指南》构建临床评估和干预方案，并对医护人员进行规范化培训，保证干预手段的有效性及规范性；其二，设置专属警示标识，并针对患者跌倒、走失、伤人或者自伤等意外情况建立应急预案及处理程序，保证事故处理的及时性及科学性。

总之，健康素养是认知和社会技能的重要体现，如何能够看懂处方、就诊、转诊、计算服药剂量、理解医学术语、比较不同的医疗保险计划、在多媒体中获取和筛选与健康相关的信息、维持良好的认知功能与高健康素养呈正相关。认知障碍早期筛查和干预是提高认知障碍健康素养的重要方法。通过早期社区、记忆门诊等医疗养老机构的认知障碍筛查与干预，控制危险因素，提高基本的认知障碍健康素养。对于认知症高危人群，如有认知症家族史、SCD、MCI、受教育程度低者等，对他们进行有针对性的认知症相关健康教育与健康促进，提高其认知症相关知识知晓率，促其转变态度、采取健康行为生活方式，不仅是营造对认知症患者友好的社区人文环境的关键，同时也是认知症早期预防、早期干预的关键。我国的认知障碍健康素养的提高非一朝一夕之功，而是一项长期而艰巨的任务，需要国内健康教育机构、医疗卫生行业的共同努力，推动其向更深更广的领域发展壮大，其中对健康素养的有效统一、定时开展监测和评估是维持整个过程持久良性循环的有力保证。通过对公众素养的提高，使其充分了解认知障碍健康素养内涵和意义，从而在个人、社会及环境中发挥更大的作用。

案例分析讨论 4-4

1. 《忘不了餐厅》作为一个面向社会大众的综艺节目，用纪录片+娱乐的手法，可以改善公众对阿尔茨海默病的了解和接受度，容易产生同理心和共鸣，不管是对认知障碍患者还是非认知障碍患者都有着重要的积极影响。

2. 提升老年人认知障碍健康素养水平是一项长期而艰巨的任务，需要社区、国内健康教育机构、医疗卫生行业等各方的共同努力。

（薛　谨）

第五章　社区老年人健康素养与老年衰弱

学习要求：

识记： 了解衰弱的多种评估方法及不同衰弱评估工具的预测性能，简述衰弱老年人健康素养现状。

理解： 理解不同衰弱评估方法的区别和用法，说明健康素养对衰弱老年人的影响。

运用： 能够根据老年人的实际情况选择合适的衰弱评估工具进行衰弱评价。

第一节　老年衰弱的评估方法

案例 5-1　　**衰弱概况**

联合国经济和社会事务部发布了《2017 年世界人口老龄化报告》，文件中数据显示全球 60 岁及以上人口占总人口的 12.70%，预计到 2050 年，全球 60 岁及以上人口将会占总人口的 21.30%，即每 10 人中将会有 2 名老年人。

随着老年人口的增多，衰弱作为重要的老年综合征，受到越来越多的重视。目前临床上有多种测评工具来筛查衰弱，如衰弱表型、衰弱指数、FRAIL 量表、蒂尔堡衰弱评估量表等，不同的测评工具受众人群有所区别。调查显示 85 岁以上的老年人群中有 1/4 患有衰弱，最近的荟萃分析也表明约有 1/6 的社区老年人患有衰弱。在日本社区，老年人衰弱的患病率为 7.4%，65～69 岁、70～74 岁、75～79 岁、80～84 岁社区老年人的衰弱患病率分别为 1.9%、3.8%、10.0%、20.4%、35.1%。然而，衰弱不仅仅与年龄有关，即使在中年，经济贫困的人、患有多种疾病的人发生衰弱和处于衰弱前期的风险也更高。

一篇纳入 31 个文献的荟萃分析研究了衰弱对于不良健康事件发生的预测价值，与正常人群相比衰弱增加了 1.8～2.3 倍的死亡风险、1.6～2.0 倍的日常生活能力丧失风险、1.5～2.6 倍的躯体活动受限风险、1.2～1.8 倍的跌倒和骨折风险。研究证实衰弱是一个动态过程，一篇刊登在《柳叶刀》的文献表明，衰弱有逆转的可能，特别是在衰弱的早期阶段。

问题： 1. 通过以上文字，你认为反映出了什么问题？

2. 你认为需要如何解决这些问题？

一、评估衰弱的意义

随着老年人口的不断增长，衰弱对老年人的影响得到了越来越多的重视。衰弱是指老年人因生理储备下降而出现抗应激能力减退的非特异性状态，涉及多个系统的生理学变化。导致衰弱的病因有很多，包括生理功能衰退和（或）与衰老、炎症、肌肉减少症、多药治疗、内分泌失调、营养不良、社会孤立和贫困相关的疾病。

我国衰弱的患病率平均为 9.90%，即 10 个老年人中就有 1 名存在衰弱。衰弱患病率随年龄的增长而上升，女性高于男性，农村高于城市。衰弱常作为老年合并症之一与慢性病共同存在，在我国老年冠心病患者中，衰弱的患病率高达 13.15%～43.80%。流行病学研究表明，稳定型心绞痛、急性冠脉综合征合并衰弱患者病死率是非衰弱患者的 2 倍。衰弱不仅使老年人身体活动能力、生活质量及自我护理能力降低，同时增加跌倒、骨折、感染、自杀、致残率、死亡率等的风险。因此，及时鉴别出老年人是否处于衰弱状态并给予恰当的干预措施，以此减少或推迟由衰弱引起的不良后果，显得尤为重要。欧盟老年医学学会也强调要将识别衰弱纳入临床工作常规中，以更好地关注老年患者的生存预后、判断并发症发生风险及减少医疗资源支出。对于年龄在 70 岁及以上的老年人，或在近一年非自愿体重减轻超过 5%的人群，应定期筛查衰弱。值得注意的是，不应通过老年患者外观主观识别衰弱。不同的临床判断、评估的可重复性及衰弱表现的异质性存在很大差异。虽有研究发现，初步临床印象可以预测患者预后，但对外观进行目视检查仅能识别严重的衰弱。

二、衰弱的评估工具

（一）衰弱表型

弗里德衰弱表型（Fried frailty phenotype，FFP）是由弗里德（Fried）等在 2001 年提出的，以衰弱循环理论为基础，将衰弱看作多系统生理功能下降的非特异性状态，随之出现一系列的生物学症状，其主要核心病理基础为肌肉减少症。他认为因年龄增加、疾病等因素，老年人的肌肉减少，其肌力和活动能力随之减弱，继而导致营养不良，而营养不良又会加重肌肉减少症，这种恶性循环最终使老年人发生衰弱，该理论主要侧重于生理性衰弱。

衰弱表型是在生物模型基础上建立的一种客观测试和主观自我报告结合的衰弱评估工具，是最为经典且当下应用较为普遍的评估方法，如表 5-1 所示，检测项目共有 5 个。①体重：过去 1 年内，意外体重下降大于 4.54kg 或大于体重的 5%。②4m 步行时间：测量行走 4m 所需要的时间，根据身高和性别的判断标准来确定步速是否缓慢。③握力：使用握力计测量握力，告知患者用优势手测量手部力量两次，取其最大值，并根据性别和体重指数的判断标准确定握力是否变弱。④体力活动：使用国际体力活动量表（表 5-2）计算一周内的运动量，当男性、女性运动量分别低于 383kcal、270kcal 时代表活动量低。⑤疲乏：询问患者“过去一周内是否感觉做每一件事都需要经过努力，这种现象发生几次”“过去一周内是否不能向前行走，这种现象发生几次”，以上两个条目出自流调用抑郁自评量表，若两者中有一项超过 3 天则为疲劳。在衰弱表型的 5 个条目中满足 1～2 条为衰弱前期，满足 3 条及以上则为衰弱期。

该量表被广泛应用于多个国家和不同的人群当中，但由于量表中的握力、步速的评估耗时比较长，同时研究者经过培训且需要携带专业测量工具（握力计、秒表），因此，老年人无法进行自我评测，在大规模的人群筛查中使用较为困难，推荐应用于在养老机构或者住院的老年人。

表 5-1　衰弱表型

检测项目	男性	女性
体重	过去一年中，意外的体重下降＞10 磅（1 磅=0.454kg）或＞5.0%体重	
4m 步行时间	“身高≤173cm 者”≥7s	“身高≤159cm 者”≥7s
	“身高＞173cm 者”≥6s	“身高＞159cm 者”≥6s
握力	“BMI≤24 者”≤29kg	“BMI≤23 者”≤17kg
	“BMI 24.1～26 者”≤30kg	“BMI 23.1～26 者”≤17.3kg
	“BMI 26.1～28 者”≤30kg	“BMI 26.1～29 者”≤18kg
	“BMI＞28 者”≤32kg	“BMI＞29 者”≤21kg
体力活动	＜383kcal/周	＜270kcal/周
疲乏	CES-D 的任一问题得分为 2～3 分 您过去一周内，以下现象发生几次？ 1. 我感觉做每一件事都需要经过努力 2. 我不能向前行走 0 分：＜1d。1 分：1～2d。2 分：3～4d。3 分：＞4d	

注：CES-D：流行病学调查用抑郁自评量表

表 5-2　国际体力活动量表

条目	内容
1	最近 7 天内，您有几天做了剧烈的体育活动，像是提重物、挖掘、有氧运动或是快速骑车？ （1）每周　天　　（2）无相关体育活动______跳到问题 3
2	在这其中 1 天您通常会花多少时间在剧烈的体育活动上？ （1）每天　小时　分钟　　（2）不知道或不确定
3	最近 7 天内，您有几天做了适度的体育活动，如提轻的物品、以平常的速度骑车或打双人网球？请不要包括走路。 （1）每周　天　　（2）无适度体育活动______跳到问题 5
4	在这其中 1 天您通常会花多少时间在适度的体育活动上？ （1）每天　小时　分钟　　（2）不知道或不确定
5	最近 7 天内，您有几天是步行，且一次步行至少 10min？ （1）每周　天　　（2）没有步行______跳到问题 7
6	在这其中 1 天您通常花多少时间在步行上？ （1）每天　小时　分钟　　（2）不知道或不确定
7	最近 7 天内，工作日您有多久时间是坐着的？ （1）每天　小时　分钟　　（2）不知道或不确定

注：请您回顾一下过去 7 天的体力情况，包括日常工作、日常生活、日常交通、运动锻炼及休闲运动的情况。考虑一下过去 7 天内您所从事的体力活动的情况（重体力活动是指那些需要花费大力气完成，呼吸较平常明显增强的活动，中度体力活动是指那些花费中等力气完成，呼吸较平常稍微增强的活动）

（二）FRAIL 量表

FRAIL 量表（表 5-3）是由国际营养与老年协会专家组专家于 2008 年基于生物模型、功能模型和累积缺陷模型提出的衰弱评估工具。它包括 2 个生物因素、1 个缺陷积累因素和 2 个功能因素。①疲劳：在过去 4 个星期，你是否经常感觉疲惫？②低抵抗力：若没有中途休息或在助行用品协助下爬上 10 级楼梯，你是否感到有困难？③低移动能力：若在没有助行用品的协助下步行 500～600m 路程（不停步行 5min），你是否感到有困难？④体重下降：在过去 1 个月内，你的体重是否减轻了 5%或 5%以上？⑤患多种疾病：你是否患有 5 种或 5 种以上的疾病？FRAIL 量表前 4 个条目出自衰弱表型，第 5 个条目出自衰弱指数。回答“是”计 1 分，回答“否”计 0 分。当得分为 0 分、1～2 分、3～5 分，分别代表健康状态、衰弱前期、衰弱期。

表 5-3 FRAIL 量表

检测项目	内容
疲劳	在过去 4 个星期，你是否经常感觉疲惫（疲乏无力）？
低抵抗力	若没有中途休息或在助行用品协助下爬上 10 级楼梯，你是否感到有困难？
低移动能力	若在没有助行用品的协助下步行 500～600m 路程（不停步行 5min），你是否感到有困难？
体重下降	在过去一个月内，你的体重有没有减轻了 5%或 5%以上？
患多种疾病	你是否患有 5 种或 5 种以上的疾病？ （如心脏病、高血压、脑卒中、帕金森病、糖尿病、慢性肺病、哮喘、关节炎、骨质疏松、消化性溃疡、白内障、骨折、肿瘤等）

FRAIL 量表的使用方法除了可以通过与患者面对面访谈的形式进行外，还可以通过电话或邮件的形式进行，它是临床医生和非医务人员的一种高效衰弱筛查工具。FRAIL 量表已用于不同人群，包括中国香港的社区老年人，澳大利亚、墨西哥、美国和韩国的人群。在国内，有研究者将 FRAIL 量表汉化，应用在 1235 名中国城市社区老年人中，以观测其心理测量特性，包括收敛效度、标准效度、内部一致性和重测信度，同时使用弗里德衰弱表型作为参考标准。研究结果显示汉化后的 FRAIL 量表具有可接受的效度和信度，显示出较好的衰弱诊断的准确性，曲线下面积为 0.91，可适用于中国社区老年人。西班牙的一项研究也运用 FRAIL 量表对 621 名 60 岁以上的老年人进行横断面的观察研究，结果发现与处于衰弱前期的老年人相比，处于衰弱期的老年人收入较低、女性较多、年龄较大且合并症数量多。

（三）临床衰弱量表

临床衰弱量表（clinical frailty scale，CFS）是由加拿大学者罗克伍德（Rockwood）在 2005 年提出的，它选择了一些简单的临床参数，如 ADL、IADL，依靠检查者的主观判断将老年人的健康状况分成 7 个等级：非常健康（可进行日常的规律运动且精力充沛，同龄人中健康状况最佳）、健康（尽管受试者没有活动性疾病，但健康程度稍弱于非常健康）、维持健康（受试者出现需要进行临床治疗的疾病，但病情控制良好）、脆弱易损伤（受试者尽管没有明显的功能依赖，但常有躯体活动变慢等主诉或有疾病症状）、轻度衰弱（IADL 部分受损，但 BADL 正常）、中度衰弱（IADL 和 BADL 均有受损）、严重衰弱（BADL 严重受损）。为了对认知症老年人的衰弱情况进行评估，在原版的基础上又添加 2 级，形成临床衰弱量表修订版（CFS-09）。9 个级别分别为非常健康、健康、维持健康、脆弱易损伤、轻度衰弱、中度衰弱、严重衰弱、非常严重的衰弱和终末期（表 5-4）。等级 1～3 被归类为健康期，等级 4 为衰弱前期，等级 5 及以上被认为衰弱期。

该量表能够较为准确地识别老年患者的身体状况，已被广泛用于社区、养老机构、重症监护病房和急诊科，以评估老年人的整体健康或衰弱水平。

表 5-4 临床衰弱量表

衰弱分级	具体测量
非常健康（等级 1）	身体强壮、积极活跃、精力充沛、充满活力，定期进行体育锻炼，处于所在年龄段最健康的状态
健康（等级 2）	无明显的疾病症状，但不如等级 1 健康
维持健康（等级 3）	存在的健康缺陷能被控制，除常规行走外无定期的体育锻炼
脆弱易损伤（等级 4）	日常生活不需他人帮助，但身体的某些症状会限制日常活动。常见的主诉为白天“行动缓慢”和感到疲乏
轻度衰弱（等级 5）	明显的动作缓慢，IADL 需要帮助（如去银行，乘公交车、干重的家务活、用药）。轻度衰弱会进一步削弱患者独自在外购物、行走、备餐及干家务活的能力
中度衰弱（等级 6）	所有的室外活动均需要帮助，在室内上下楼梯，洗澡需要帮助，可能穿衣服也会需要（一定限度的）辅助
严重衰弱（等级 7）	个人生活完全不能自理。但身体状态较稳定，一段时间内不会有死亡的危险
非常严重的衰弱（等级 8）	生活完全不能自理，接近生命终点，已不能从任何疾病中恢复
终末期（等级 9）	接近生命终点，生存期＜6 个月的垂危患者，除此之外无明显衰弱迹象

（四）FRAIL-NH 量表

FRAIL-NH 量表是参考 FRAIL 量表开发的专门适用于养老机构老年人的衰弱评估量表，我国学者赵梦将 FRAIL-NH 量表汉化后得到了适合我国养老机构老年人衰弱评估的工具。FRAIL-NH 量表包括衰弱表型和衰弱指数的核心要素，是供养老院老年人使用的特定衰弱评估工具。该量表无须进行体格检查，操作简单，几乎不需要培训，只需几分钟即可完成。该量表由 7 个易于理解的自我评测条目组成，包括疲乏、转移、步行、失禁、体重下降、营养摄入、穿衣（表 5-5）。每个条目的得分为 0、1、2 分，满分为 14 分，量表分数越高，提示衰弱程度越严重。该量表的编制者认为若量表得分≥7 分，则可认定为衰弱，但这一截断值可能会低估疗养院里实际的衰弱患病人群。在我国长沙进行的调查结果显示，以衰弱指数为参考标准，FRAIL-NH 量表的最佳截断值为 2。

表 5-5 FRAIL-NH 量表

项目	0 分	1 分	2 分
疲乏	不存在	存在	PHQ-9≥10
转移	独立转移	部分帮助	依赖
步行	独立完成	借助辅助装置	依赖，不能行走
失禁	无	尿失禁（每周＞1 次）	大便失禁（每周 21 次）
体重下降	无	过去 3 个月内下降＞5%	过去 6 个月内下降≥10%
营养摄入	普通饮食	软食/半流质/流质饮食	管饲饮食
穿衣	独立穿衣	部分帮助	依赖

注：若老年人同时符合两条标准，则得 2 分。例如，老年人同时患有尿失禁和大便失禁，则该项记为 2 分。这一规则也适用于“疲乏”和“体重下降”两个条目

衰弱在入住疗养院的老年人中非常普遍，早期识别疗养院中的衰弱个体可以帮助老年人及时采取适当的干预措施，以预防或延迟进一步的残疾并降低医疗保健的成本。关于如何选择可行、简单和准确的衰弱测量工具一直存在争议，几十年来，已经开发了许多关于衰弱的

评估方法。衰弱表型和衰弱指数是使用最为广泛的测量工具，然而这两样评估工具在对入住疗养院的老年人进行评估时都有局限性。衰弱表型中握力和步态速度的测量不仅耗时，而且还可能增加跌倒或者受伤的风险，因为有相当大比例入住疗养院的老年人功能受损。衰弱指数复杂且耗时，一些养老院没有时间和能力完成评估和记录。其他衰弱量表（如埃德蒙顿衰弱量表、临床衰弱量表）是为社区居民和（或）住院人群开发的，并不适用于疗养院的居民。出于体力和安全的考虑，中国很多养老院都限制了老年人独自外出。因此，一些评估项目（如您可以独立购物）并不适用。FRAIL-NH 克服了衰弱表型和衰弱指数对疗养院人群的局限性，是一种简单易行的专门针对疗养院居民的衰弱工具，已在不同人群和国家中得到验证。

（五）衰弱指数

衰弱指数（frailty index，FI）是罗克伍德（Rockwood）和米特尼茨基（Mitnitski）提出的，它以生物学因果理论为基础，将衰弱视为与健康相关而不是年龄相关的动态状态，它是健康缺陷的累积，包括了疾病、身体残疾、症状体征和实验室指标等多个维度，通过判断被调查者在某个时刻健康缺陷条目占总评价条目的比例来评估被调查老年人的自身状况。衰弱指数将多个维度的指标融合，不仅仅局限于评估老年人的躯体身体衰弱，能够更加确切、综合体现被调查者的总体情况，因此被推荐用于评估老年人的整体健康状况。

衰弱指数的条目可以通过遵循洛克伍德等提出的衰弱构建程序自由构建，包括 30～92 个条目，主要包括生活（如沐浴、穿衣、如厕），心理（如孤独、抑郁），生理（如肌力、步速），既往史（如认知功能障碍、癌症、糖尿病）等方面。条目需至少满足 30 条，以确保衰弱指数对不良健康结局的预测效能。条目得分为 0、1 分，存在缺陷得“1 分”，没有缺陷记“0 分”。得分越高，代表老年人健康缺陷的累积越多，衰弱的情况越严重（表 5-6）。衰弱指数得分计算方法为存在健康缺陷的项目除以总条目，如当总条目为 60 个，存在健康缺陷项目 15 个，那么该老年人的衰弱指数为 0.25。研究证实衰弱指数的上限约为 0.67。

衰弱指数缺陷条目覆盖范围较广，包括身体功能、疾病、认知和社会心理因素等，制订和实施衰弱的干预措施可以集中在这些领域。与弗里德衰弱表型一样，衰弱指数经常应用于亚太地区。衰弱指数还可提示老年人的生理年龄，估算死亡风险，并预测残疾、入住疗养院、机体功能下降、手术风险和住院治疗。我国一篇使用衰弱指数对农村老年人进行评估的横断面研究结果显示，在 3048 名老年人群中，衰弱的发生率为 15.8%，女性、受教育程度低、月收入低、不喝酒、表现出自我忽视的老年人在 60～76 岁的年龄段更容易衰弱，女性、不吸烟、不喝酒、社会支持低下、表现出自我忽视的老年人在≥77 岁的年龄组更容易出现衰弱。

虽然衰弱指数可以全方位评估老年人的身体状况，且计算方式简单，但衰弱指数中涵盖了包括失能、多病共存等健康缺陷，无法区分衰弱、失能及共患病。由于衰弱指数的构建尚未一致，其健康变量的数量、内容及衰弱指数的截断值因研究者的不同而有所区别，导致研究结果的可比性较差。同时评估的过程耗时耗力，因此在临床的应用受到限制。

表 5-6　衰弱指数

健康缺陷项目	健康缺陷项目	健康缺陷项目
日常生活活动改变	四肢运动缓慢	穿衣困难
理发困难	洗澡困难	独自外出困难

续表

健康缺陷项目	健康缺陷项目	健康缺陷项目
做饭困难	吮吸困难	如厕困难
站立困难	跌倒	情绪问题
认知障碍	认知障碍病史	认知障碍家族史
记忆力减退	短期记忆障碍	长期记忆障碍
尿失禁	脑卒中史	晕厥或一过性黑矇
脑血管疾病	充血性心力衰竭	心律不齐
心脏问题	高血压	心肌梗死
抑郁症病史	忧郁（临床印象）	外周血管搏动减弱
感到悲伤或沮丧	精神功能改变	偏执症
谵妄	感到疲乏	头痛
出现掌颏反射	坐立不安	睡眠减少
运动功能受损	肌肉骨骼问题	肌肉体积减小
局限性癫痫发作	全身性癫痫发作	静止性震颤
四肢肌肉紧张	平衡受损	四肢协调障碍
意向性震颤	姿势性震颤	躯体协调障碍
帕金森病史	步态不规则	出现噘嘴反射
头颈部问题	颈部肌肉紧张	面部肌肉紧张
腹部疾病	直肠病变	胃肠问题
肺部疾病	呼吸系统疾病	退行性疾病史
乳腺疾病	糖尿病史	甲状腺疾病史
甲状腺疾病	皮肤疾病	恶性疾病
其他疾病史		

当遇到有语言沟通障碍的老年人，或者老年人精力不足，无法配合调查，衰弱指数将无法进行评估，为了解决这一问题，加拿大学者犹大·戈尔茨坦（Judah Goldstein）于2014年研制了基于照护者的老年患者综合评估的衰弱指数问卷，该量表可由老年人的照护者完成填写，我国学者将其汉化并应用后发现该量表具有良好的信效度，能够用于我国老年人衰弱的筛查。汉化后的量表包含了 42 个条目：①高血压出现并发症；②心脏病引起不适症状；③脑卒中及其后遗症；④关节疼痛或受限影响活动；⑤帕金森病影响日常生活；⑥存在口腔疾病影响正常功能；⑦肺或呼吸系统的疾病；⑧存在胃部疾病；⑨存在肾脏疾病影响日常生活；⑩糖尿病；⑪存在足部疾病影响正常功能；⑫存在皮肤疾病影响正常生活；⑬近期骨折；⑭跌倒史；⑮睡眠问题；⑯抑郁；⑰焦虑；⑱容易疲惫；⑲记忆力有问题；⑳交流有问题；㉑存在听力问题影响正常功能；㉒非生理原因导致的食欲下降；㉓平衡问题；㉔头昏/头晕；㉕辅助行走（帮助或者陪同）；㉖扶住家具、墙等防摔倒；㉗从座位独自站起有困难；㉘行走有困难；㉙肠道相关问题；㉚膀胱相关问题；㉛吃饭有困难；㉜沐浴有困难；㉝穿衣有困难；㉞近期有大手术（6个月）；㉟购物有困难；㊱洗漱有困难；㊲煮饭有困难；㊳管理钱财有困难；㊴自行服用药物有困难；㊵健康状况；㊶体重下降（6个月超过 10 磅≈9 斤）；㊷虚弱。计分方法同衰弱指数，当得分在<0.3、0.3～0.5、>0.5时，分别代表轻度衰弱、中度衰弱、重度衰弱。

（六）蒂尔堡衰弱指标

蒂尔堡衰弱指标（Tilburg frailty indicator，TFI）由荷兰的护理学家戈本斯（Gobbens）等在 2010 年基于整合式模型开发研制。该模型认为衰弱是一种随着时间动态演变的过程，结合躯体功能、心理健康和社会状况三个方面，提出衰弱是老年人在某一个或多个功能方面的损伤。WHO 推荐用这种整合式的方法来照顾衰弱的老年人。若仅关注个人的躯体衰弱可能会影响护理质量、降低体弱多病的老年人的生活质量。研究表明，针对衰弱的多维评估可以更有效地为衰弱老年人规划和实施护理措施，同时制订有效的预防计划。

蒂尔堡衰弱指标包含两个部分，A 部分是 10 个衰弱的决定因素，包括性别、年龄、婚姻状况、受教育程度、收入、种族、生活方式、生活事件、多种疾病和生活环境；B 部分共包含 3 个维度（躯体衰弱、心理衰弱和社会衰弱）15 个条目。躯体衰弱包括身体不健康、不明原因的体重减轻、行走困难、难以保持平衡、听力差、视力差、手部力量不足和身体疲倦；心理衰弱包括记忆问题、情绪低落、紧张或焦虑、无法应对问题；社会衰弱包括独居、缺乏社会关系、缺乏社会支持。该量表采用 0、1 计分法，得分范围为 0～15 分，当得分超过 4 分时即为衰弱，分数越高则代表衰弱越严重。此量表条目精简，无须身体测量，方便被评估者填写，适用于大规模人口调查，具有简单省时的优点。汉化后的该量表内部一致性信度良好（克朗巴哈系数为 0.71）、重测信度强，可以在我国老年人群中使用（表 5-7）。

表 5-7 蒂尔堡衰弱指标（B 部分）

维度	条目	
躯体衰弱	1. 您觉得自己身体健康吗?	口 1. 是 口 2. 否
	2. 最近您的体重是否有突然、明显地减轻? （“明显减轻”指最近半年内体重减少≥6kg，或是最近 1 个月内体重减少≥3kg）	口 1. 是 口 2. 否
	3. 您是否由于行走困难在日常生活中存有困难?	口 1. 是 口 2. 否
	4. 您是否由于难以保持身体平衡在日常生活有困难?	口 1. 是 口 2. 否
	5. 您是否由于听力不好在日常生活存有困难?	口 1. 是 口 2. 否
	6. 您是否由于视力不好在日常生活存有困难?	口 1. 是 口 2. 否
	7. 您是否由于手上无力在日常生活存有困难?	口 1. 是 口 2. 否
	8. 您是否由于身体疲劳在日常生活存有困难?	口 1. 是 口 2. 否
心理衰弱	9. 您记忆力差吗?	口 1. 是 口 2. 有时 口 3. 否
	10. 最近一个月您情绪低落吗?	口 1. 是 口 2. 有时 口 3. 否
	11. 最近一个月您紧张或焦虑吗?	口 1. 是 口 2. 有时 口 3. 否
	12. 您善于处理问题吗?	口 1. 是 口 2. 否
社会衰弱	13. 您是否独居?	口 1. 是 口 2. 否
	14. 您是否怀念有亲友陪伴的日子?	口 1. 是 口 2. 有时 口 3. 否
	15. 您能否从别人那里得到足够的支持?	口 1. 是 口 2. 否

注：总分为 15 个条目计分之和，分值范围为 0～15 分。第 1、12、15 题，选择 1 计 0 分，选择 2 计 1 分；第 2～8 题、第 13 题，选择 2 计 0 分，选择 1 计 1 分；第 9 题选择 2、3 计 0 分，选择 1 计 1 分；第 10、11、14 题选择 1、2 计 1 分，选择 3 计 0 分

蒂尔堡衰弱指标是一个简便、综合的自评量表，更符合生物-心理-社会医学模式的转变，可用于衰弱筛查。它被翻译成多种语言，包括中文、巴西葡萄牙语、丹麦语、意大利

语、葡萄牙语、波兰语、德语、西班牙语和土耳其语等。与衰弱指数相比，蒂尔堡衰弱指标规避了多病共存和残疾对评估衰弱的影响，评估耗时短，计分容易，适用于初级保健机构中老年人的衰弱筛查。此外，Gilardi 等的叙述性综述将蒂尔堡衰弱指标确定为公共卫生研究中的最佳衰弱筛查工具，因为它是所选工具（包括衰弱表型、衰弱老年人调查、衰弱指数和 SHARE 衰弱指数）中唯一同时具有 3 个优点的评价工具，优点包括多维度、快速且方便使用、准确预测发生不良结局（残疾、医疗保健花费增多、生活质量低下、死亡）的风险。研究者应用蒂尔堡衰弱指标进行调查后发现急诊患者、需要辅助生活设施的居民和老年病门诊患者衰弱的发生率高于居住在社区的老年人群。蒂尔堡衰弱指标的平均分因被调查者居住的国家或地区而有所不同。

（七）格罗宁根衰弱指标

格罗宁根衰弱指标（Groningen frailty indicator，GFI）是由斯蒂夫林克（Steverink）等学者在荷兰格罗宁根大学设计的涵盖个体多个功能领域的标准化问卷。该量表由 4 个维度 15 个条目组成（表 5-8）。4 个维度分别是身体功能方面、认知方面、社交方面、心理方面，量表各条目均采用“是”或“否”二分类计分法，量表总分为 0～15 分，分数越高表示老年人的衰弱程度越严重，当得分≥4 分时即可视为衰弱。

表 5-8　格罗宁根衰弱指标

维度	条目		
身体功能方面	1. 没有其他人帮助你是否能独立完成购物或打麻将、打牌	□1. 是	□2. 否
	2. 没有其他人帮助你是否能独立完成室外散步（在家附近或去邻居家）	□1. 是	□2. 否
	3. 没有其他人帮助你是否能独立完成穿、脱衣服	□1. 是	□2. 否
	4. 没有其他人帮助你是否能独立完成如厕	□1. 是	□2. 否
	5. 假如总分是 10 分，你给自己的身体素质打分是否≥7 分	□1. 是	□2. 否
	6. 你的日常生活是否因为视力下降受到影响	□1. 是	□2. 否
	7. 你是否由于听力减退影响到日常生活	□1. 是	□2. 否
	8. 在过去 6 个月里，你是否没有刻意减肥却体重急剧下降?（1 个月体重下降 6 斤或 2 个月下降 12 斤）	□1. 是	□2. 否
	9. 你是否服用 4 种以上不同类型的药物	□1. 是	□2. 否
认知方面	10. 你是否抱怨过自己的记性差	□1. 是	□2. 否
社交方面	11. 你与家人相处时，你是否认为自己是他们中的一员	□1. 是	□2. 否
	12. 有没有人关心你	□1. 是	□2. 否
	13. 是否有人在你需要帮助的时候帮助你	□1. 是	□2. 否
心理方面	14. 过去 4 周，你是否感到沮丧或情绪低落	□1. 是	□2. 否
	15. 过去 4 周，你是否感到平静而放松	□1. 是	□2. 否

注：身体功能方面，使用辅助器械也视为是独立的，如拐杖、助行器或轮椅

格罗宁根衰弱指标的得分因社会人口学特征（如年龄、性别、教育、多病）的差异而不同，女性、高龄、受教育程度低、独居、多病共存的老年人得分较高，可能的原因在于随着年龄的增长和疾病数量的增加，个体的生理储备能力下降，更容易因较小的应激而导致衰弱。和男性相比，女性的雄激素水平偏低，可能导致肌肉质量不足和肌肉力量降低，进而出现衰弱。较低的教育水平限制了老年人获得健康信息和服务的机会，而独居则减少

了他们的社会参与。

无论是卫生专业人员还是非专业人士，使用格罗宁根衰弱指标评估衰弱都很方便，它不仅可以用于面对面的访谈，还可以通过邮件或电话进行评估，在基于人群的研究中，使用该量表将更为实用。研究表明，不同语言版本的格罗宁根衰弱指标，具有良好的心理测量特性。使用格罗宁根衰弱指标确认衰弱，可以独立预测不良健康结果，如残疾、住院和死亡率。

（八）衰弱综合评估工具

衰弱综合评估工具（comprehensive frailty assessment instrument，CFAI）由比利时根特大学 de Witte 等开发，该量表属于自评问卷，主要用于居住在社区的老年人，可供卫生专业人员、老年人本身或其照护者使用。该量表由身体、心理、社会、环境 4 个维度、23 个条目构成，其中心情、情感两部分属于心理维度，社会关系和社会支持两部分属于社会维度（表 5-9）。得分范围为 20～97 分，当得分为 20 分时代表健康，得分为 97 分时代表非常衰弱，分数越高代表衰弱越严重。

表 5-9　衰弱综合评估工具

维度	条目		得分
身体评估	你的健康状况是否限制了下面的活动 如果限制了，是多长时间	1. 比如拎购物包这样活动量低的活动 2. 爬山或上楼 3. 弯腰或提举物品 4. 散步	没有限制=1 分 ≤3 个月=2 分 ＞3 个月=3 分
心情评估	回想一下过去几个星期，下面哪种程度你比较赞同	1. 感到不高兴或压抑 2. 觉得丧失自信 3. 应对问题能力下降 4. 总觉得有压力 5. 觉得自己没有价值	一点也没有=1 分 少于平时=2 分 多于平时=3 分 远多于平时=4 分
情感评估	下面哪种程度你比较赞同	1. 感到空虚 2. 希望有人陪伴 3. 经常感到被排斥	极不同意=1 分 不同意=2 分 不知道=3 分 同意=4 分 非常同意=5 分
社会关系评估	下面哪种程度你比较赞同	1. 我遇到困难时有足够可以依靠的人 2. 我有很多可以完全信任的人 3. 我有很多关系密切的朋友	非常同意=1 分 同意=2 分 不知道=3 分 不同意=4 分 极不同意=5 分
社会支持评估	假如有一段时间你不能从事家务活动，可以向谁去求助（多选）	1. ①配偶；②儿子；③儿媳 2. ①女儿；②女婿；③子孙 3. ①兄妹；②亲戚；③邻居；④朋友	总分 0～10 分，每缺失一个项目计 1 分
环境评估	下面描述哪项的程度符合你的房屋情况？	1. 房屋条件差或保养不好 2. 房屋环境不是很舒适 3. 取暖困难 4. 住得不舒服 5. 不喜欢我居住的社区	非常不符合=1 分 有点不符合=2 分 不知道=3 分 有点符合=4 分 完全符合=5 分

国内学者王坤采用布里斯林（Brislin）翻译模型汉化了该量表，并表示该量表适合在我国社区老年人中使用。和其他衰弱评估量表相比，衰弱综合评估工具首次将环境评估纳入老年衰弱的评估当中。现有的多种衰弱评价方法大多数以生物学的指标为重点，部分评价工具还纳入了心理和社会指标以完善衰弱的筛查。然而，在老年人老龄化的过程中，他们的住房条件和环境也将影响他们的健康状态，因此劣质住房、居住环境等问题不应被忽略。

（九）埃德蒙顿衰弱量表

埃德蒙顿衰弱量表（Edmonton frail scale，EFS）由罗尔夫森（Rolfson）等编制，是为未经老年医学专业培训的非专业人员开发的多维度衰弱评估量表。该量表共包含 9 个维度（认知能力、一般健康状态、功能独立性、社会支持、药物使用、营养、情绪、控制力、功能表现）、11 个条目（表 5-10）。此量表的范围为 0～17 分，分数越高意味着衰弱程度越高。

表 5-10　埃德蒙顿衰弱量表

维度	条目	得分
认知能力	请将这个已经画好的圆想象成一个钟面，并用手指出 10：10 所在的位置	没有错误=0 分 有些错误=1 分 完全错误=2 分
一般健康状态	过去 1 年里，你曾经去过几次医院	0 次=0 分 1～2 次=1 分 ≥3 次=2 分
	你认为在过去 1 年里你的健康状况怎么样	身体很好=0 分 身体一般=1 分 身体很差=2 分
功能独立性	下列活动中，有几项你需要别人的帮助（做饭、购物、开车、打电话、打扫屋子、洗衣、理财、服药）	0～1 项=0 分 2～4 项=1 分 5～8 项=2 分
社会支持	当你需要帮助时，你所能依靠的人，他愿意并且能够满足您的需求吗	一直=0 分 有时候=1 分 从不=2 分
药物使用	你是否经常服用 5 种或更多种处方药	否=0 分 是=1 分
	是否有时忘记服用处方药	
营养	近来体质量是否下降，衣服是否变得宽松	
情绪	你是否经常感觉悲哀或沮丧	
控制力	你有过控制不住小便的问题吗	没有=0 分；有=1 分
功能表现	我希望您能够坐在椅子上，背部及手臂放松。然后，当我说“开始”的时候，立即站起来，以自然放松的步伐走向地上附有标记的地方（大概 3m 远），随后回到椅子处坐下	0～10s=0 分 11～20s=1 分 ＞20s（在患者不情愿或是寻求帮助情况下）=2 分

我国学者葛晓红对该量表进行汉化，并在住院老年患者中验证，结果显示中文版埃德蒙顿衰弱量表的克朗巴哈系数为 0.599，重测信度为 0.822，提示该量表信效度良好，能够在我国住院人群里很好应用。有研究者对 192 名因股骨颈骨折入院的患者进行调查，使用

埃德蒙顿衰弱量表评估衰弱，在术后4周和1年进行随访，结果发现衰弱评分高的患者发生伤口感染的机会更大，他们的死亡率也更高。一项研究分析了衰弱和脑容量及弛豫特征的关系，埃德蒙顿衰弱量表得分≥8分的受试者被分到衰弱组，结果显示埃德蒙顿衰弱量表得分与脑容量和弛豫特征有很强的相关性，这些关联揭示了衰弱可能的潜在病理生理学特征，如脑容量、脑组织微观结构的完整性和组织组成的变化。在美国，进行手术的患者中有50%以上的人群年龄在65岁以上，而这些老年患者中衰弱的患病率在10%～37%。衰弱的患者更容易受到手术导致的生理压力，并在术后很长一段时间内出现不良健康结局。在临床外科中，衰弱已成为公认的术后不良预后的预测指标，如增加发生并发症的风险、延长住院时间等。由于新冠肺炎的大流行，医院加强了术前关于术后出院计划的讨论。有研究通过术前筛查患者的衰弱状态来判断衰弱是否可以预测术后独立性丧失。衰弱使用埃德蒙顿衰弱量表进行评价，当得分≥6分被视为衰弱。部分条目的评分与表5-10有所差异。例如，认知能力的评估：患者时钟绘制失败或自我报告忘记服药。营养：自我报告衣服感觉松垮。研究结果显示术后独立性丧失的患者衰弱评分较高，衰弱是术后独立性丧失的危险因素。综上，埃德蒙顿衰弱量表是一种有效且可靠的评估衰弱的工具，且使用者无须任何专门的培训，可以在各个环境下使用。

（十）骨质疏松性骨折研究指数

骨质疏松性骨折研究（the study of osteoporotic fracture，SOF）指数是由恩斯鲁德（Ensrud）等于2007年研发的衰弱测评工具，与衰弱表型相比，它的操作更为简单，一共3个条目：①过去一年中体重下降超过5%？②连续5次、不用手臂是否可以从椅子上站起来？③是否感觉精力充沛？如果被询问的老年人符合其中的1个条目，那么属于衰弱前期，满足2个及以上条目属于衰弱期。该量表条目少，且判断方法简单，可适合大规模的衰弱筛查。但由于其中涉及从椅子上站立，部分老年人正处于疾病的急性期，无法完成，因此该量表可能不适用于急诊科或处于疾病急性期的患者。

此量表在国外应用较为普遍，能够较好地预测不良健康结果，如骨折、跌倒、残疾、死亡等。由于在心脏手术中衰弱的研究很少，因此国外有学者想要探求衰弱表型和骨质疏松性骨折研究指数在经冠状动脉旁路移植术和瓣膜手术患者中的应用效果，以确定一种简单而准确的衰弱筛查工具。在167位老年患者中，衰弱表型检测出了47名衰弱的患者，骨质疏松性骨折研究指数检测出了15位衰弱患者，两个量表间的一致性不高。被骨质疏松性骨折研究指数检测出的衰弱患者患有糖尿病和严重慢性肺病的比率较高、健康状况较差，更有可能出现通气时间延长、发生肺炎、延长在重症监护病房的时间，同时30天内再入院率较高，表明只有3个问题的骨质疏松性骨折研究指数评估简单方便，可以更好地识别衰弱患者。一项前瞻性队列研究在香港社区招募了4000名65岁以上的中国老年人，其中有一半为男性，运用衰弱表型、FRAIL量表、骨质疏松性骨折研究指数评估衰弱，以识别有跌倒风险的老年男性和女性。结果发现跌倒史预测男性和女性的反复跌倒优于所有衰弱指标，在调整跌倒史后，只有FRAIL量表和骨质疏松性骨折研究指数仍然是女性跌倒的重要预测因子，提示骨质疏松性骨折研究指数可以预测老年女性的跌倒。目前骨质疏松性骨折研究指数在中国（不包含港澳台）应用较少，其预测效果仍需进一步检验。

（十一）起立-行走试验

起立-行走试验（timed up-and-go test，TUGT）包括站立、行走、转身和坐下 4 个动作，是评价下肢肌力和老年人的步行能力的常用方法，可以直观反映老年人身体灵活性和功能活动性，能够预测跌伤、住院、死亡等，具有良好的重测信度与效度。衰弱与跌倒密切相关，两者为老年人晚年残疾的主要原因。65 岁以上的老年人大约有 1/3 每年至少跌倒一次。几项研究表明，疗养院内 40%的跌倒与从坐姿到站姿的姿势变化有关。起立-行走试验是评估老年人跌倒风险的常用工具。具体操作方法：先请老年人坐在带有扶手的椅子上，高度以老年人的髋关节、膝关节及踝关节保持在 90° 为宜。在靠近椅子 3m 的地面上用亮色笔或贴纸做出记号，然后请老年人听到口令后以自己最快的速度从椅子上起立，尽全力用最快的步速走到做记号的地方，最后原路返回，坐在之前的椅子上。研究人员需记录从口令开始到老年人坐回椅子上的时间，单位为"秒"（s），共请老年人做 3 遍，研究人员取平均值。若耗时＞20s，代表患者出现了移动障碍。若老年人独立步行困难，也可使用助行器辅助行走。

早期识别衰弱对促进老年患者的健康结局具有重要意义，评估衰弱可提供有效的预后信息，帮助医务人员更好地了解患者治疗的风险和益处。衰弱的评估方法有很多，但是在临床中部分评估受到时间和资源的限制，一项横断面研究以衰弱表型为参考标准，分析握力、步速、起立-行走试验和五次重复坐立测试在筛查衰弱时的准确性。结果显示步速的曲线下面积为 0.89（95%置信区间：0.81～0.98）、敏感性为 75%、特异性为 93%，起立-行走试验的曲线下面积为 0.90（95%置信区间：0.80～0.99）、敏感性为 89%、特异性为 85%，诊断准确性最高，提示起立-行走试验适用于老年患者进行衰弱的筛查。

（十二）简易机体功能评估

简易机体功能评估（short physical performance battery，SPPB）由美国学者古拉尔尼克（Guralnik）等在 1994 年研制，测量内容包括三姿平衡测试（并脚站立、前脚脚后跟内侧紧贴后脚脚趾站立、双足前后并联站立），步行测试（4m 距离），椅上坐-站测试（表 5-11）。三姿平衡测试要求被检查者的上身能够活动，但是双脚却不能活动，被检查者需要保持 10s 的平衡。步行测试是指被检查者按照正常步速走 4m 的距离，走 2 次，取耗时短的成绩算分。椅上坐-站测试是指被检查者坐在高度为 45cm 的椅子上，双手抱于胸前，尽快完成 5 次起立和坐下，记录所花费的时间并计分。总得分为 12 分，当得分在 0～6 分、7～9 分、10～12 分时，分别代表肌肉功能很差、肌肉功能稍差及肌肉功能良好。

表 5-11　简易机体功能评估

项目	判断标准
三姿平衡测试	
并脚站立	＞10s 得 1 分；≤10s 得 0 分
前脚的脚后跟内侧紧贴后脚的脚趾站立	＞1s 得 1 分；≤10s 得 0 分
双足前后并联站立	＞10s 得 2 分；3～10s 得 1 分；＜3s 得 0 分
步行测试	≤4.81s 得 4 分；4.82～6.20s 得 3 分；6.21～8.70s 得 2 分；＞8.70s 得 1 分；不能完成得 0 分
椅上坐-站测试	≤11.19s 得 4 分；11.20～13.69s 得 3 分；13.70～16.69s 得 2 分；＞16.69s 得 1 分；＞60s 或不能完成得 0 分

小链接　　　　**什么是认知衰弱？如何评估认知衰弱？**

1. 认知衰弱的定义　认知衰弱是指机体同时存在认知功能障碍和躯体衰弱，排除阿尔茨海默病或其他类型认知症。年龄、文化程度、慢性病、营养及体质指数、功能状况等是发生认知衰弱的危险因素。认知衰弱在特定情况下具有可逆性，研究表明认知衰弱的老年人更容易发生不良健康结局，如果能及时识别同时尽快给予干预措施，可以有效使老年人从认知衰弱期转变为认知衰弱前期或健康状态，避免出现不良事件。

2. 认知衰弱的评估　认知衰弱的评估包括 2 个部分：衰弱的评估和认知的评估。

衰弱的评估常用工具为衰弱表型、FRAIL 量表。

认知功能的评估常用临床痴呆评分、简易精神状态检查量表、蒙特利尔认知评估量表、主观认知下降问卷、认知功能快速筛查量表等。

三、不同衰弱评估工具的预测性能

（一）不同衰弱评估工具筛查衰弱

国内一项研究纳入 462 名在宁夏某三甲医院住院的老年患者，以衰弱指数为参考标准，以衰弱表型、FRAIL 量表筛查住院老年人衰弱风险能力，结果显示使用衰弱指数、衰弱表型、FRAIL 量表判断的衰弱患病率分别为 30.5%、34.2%和 25.1%，衰弱指数和衰弱表型、FRAIL 量表的 *Kappa* 值分别为 0.511、0.479（均 $P<0.01$），衰弱表型和 FRAIL 量表的曲线下面积为 0.823 和 0.853，差异无统计学意义，提示衰弱表型和 FRAIL 量表评估老年住院患者衰弱风险的能力均为中等；FRAIL 量表的衰弱风险预测效能更好，且使用容易、节约时间，更适用于临床工作环境中。

另有一项在 1625 名社区高龄（≥75 岁）老年人中展开调查，人群中使用衰弱表型、FRAIL 量表和埃德蒙顿衰弱量表评估衰弱的发生率分别为 24.9%、9.2%、28.2%。衰弱表型和 FRAIL 量表、衰弱表型和埃德蒙顿衰弱量表、FRAIL 量表和埃德蒙顿衰弱量表间的 *Kappa* 值分别为 0.371、0.491、0.301（$P<0.001$）。以日常生活能力为参考标准，衰弱表型、FRAIL 量表和埃德蒙顿衰弱量表的曲线下面积为 0.748、0.736、0.787。结果表明衰弱表型、FRAIL 量表和埃德蒙顿衰弱量表对社区高龄老年人的衰弱评估结果有所不同，埃德蒙顿衰弱量表更适合筛查社区高龄老年人的衰弱，衰弱表型比 FRAIL 量表更适合筛查社区高龄老年人的身体衰弱。

（二）预测住院患者的预后

一项前瞻性队列研究纳入了 210 名因急性病入住老年医学科的患者，他们的平均年龄为（89.4±4.6）岁，其中女性占 69.5%。研究者通过衰弱指数、FRAIL 量表、蒂尔堡衰弱指标和临床衰弱量表来评估患者的衰弱状态。以衰弱指数为参考标准，分析衰弱与疾病预后的关系。研究发现，使用衰弱指数、FRAIL 量表、蒂尔堡衰弱指标和临床衰弱量表评估患者衰弱的发生率为 87.1%、50%、80%、81%，受试者工作特征曲线的面积为 0.81～0.91，这几种评估方法无明显差异。所有衰弱指标都不能区分衰弱和非衰弱住院老年人的功能下降和入住养老机构。FRAIL 量表可以预测院内死亡率以及住院时间的延长，临床衰弱量表可以预测院内死亡率。提示 FRAIL 量表和临床衰弱量表都是简单的衰弱筛查工具，可以识别出发生不良健康结局风险最高的老年人。

有学者在中低收入国家进行了前瞻性队列研究，比较 3 种衰弱测评工具（衰弱表型、FRAIL 量表、骨质疏松性骨折研究指数）在预测患有急性病或慢性失代偿疾病的老年人 1 年后发生不良结局方面的能力。研究共纳入了 534 名入住老年日间医院的老年患者，平均年龄为（79.6±8.4）岁，63%为女性。第一年每月进行电话随访以检测以下结果：残疾、住院、跌倒和死亡。结果发现这部分人群衰弱的患病率为 37%（使用 FRAIL 量表）至 51%（使用衰弱量表）。随访 1 年后，33%的患者出现了残疾，40%的患者又再次住院，44%的老年人发生了跌倒，16%的人群死亡。衰弱表型、FRAIL 量表、骨质疏松性骨折研究指数在预测不良结果方面表现出相似的能力。这 3 种评估工具使用并不复杂，操作时间较短，不涉及贵重检测仪器，因此适合在中低收入国家的临床中使用。

（三）预测患者术后的不良健康结局

自 2009 年以来，大量研究的证据表明，术前的衰弱状态可使术后死亡或出现并发症的概率增加 2 倍以上，患者发生谵妄、出现新的残疾的概率增加，同时增加医疗资源使用量。衰弱在预测老年患者术后不良结果中发挥了重要作用，许多指南建议在术前常规评估衰弱状态，这些指南来自多学科和国际学会，如美国外科医师学会、美国老年病学会老年外科患者指南的最佳术前评估、英国麻醉师协会、爱尔兰围手术期老年护理指南和围手术期评估和质量改进协会的衰弱围手术期管理指南。然而，迄今为止，有证据表明，在大多数情况下，衰弱评估并没有作为常规术前评估的一部分。术前常规评估衰弱存在多种障碍，可能的原因包括医务人员在衰弱评估方面缺乏共识，临床医生不太可能采用需要花费大量时间或资源的评估工具。

为了探究不同衰弱工具之间的预测效能，有研究者对曾经前瞻性术前评估患者衰弱状态的研究进行了系统回顾和荟萃分析。研究者的目标是评估和比较被较多文献研究过的衰弱评估工具预测术后健康结果的能力，同时综合关于这些评估工具可行性的现有数据。检索的数据库包括 Medline、荷兰《医学文摘》数据库、Cochrane 图书馆及 CINAHL 数据库。研究发现使用最普遍的是衰弱表型或其修改版，其次是临床衰弱量表、物理测量数据（步态、步速、握力、简易机体功能评估等）、日常活动能力评估、衰弱指数、埃德蒙顿衰弱量表、机体功能或残疾的测量。与死亡率和不良出院最相关的是临床衰弱量表（优势比为 4.89。95%置信区间为 1.83～13.05。优势比为 6.31，95%置信区间为 4.00～9.94），并发症与埃德蒙顿衰弱量表相关（优势比为 2.93；95%置信区间为 1.52～5.65），谵妄与衰弱表型相关（优势比为 3.79；95%置信区间为 1.75～8.22）。在临床上，由于临床衰弱量表方便评估、无须任何评估用的设备、对病室环境几乎无任何要求、管理起来更快、评估时间短（只需 44s，而衰弱表型需要 5～20min），因此，临床衰弱量表在临床应用的可行性最高。临床工作者在选择衰弱评估工具时应考虑预测的准确性和使用的可行性。在准确性和可行性方面的有力证据都支持使用临床衰弱量表，而衰弱表型可能需要使用者在高准确性和低可行性之间，根据患者的实际情况进行选择。

另外一篇纳入 645 名年龄≥65 岁的择期非心脏手术患者的多中心前瞻性队列研究的结

论同样与这篇荟萃分析的结果一致，通过术前评估衰弱可以准确预测老年人的术后健康结局，相比衰弱表型和衰弱指数，更推荐在术前使用临床衰弱量表进行衰弱的评估。

案例分析讨论 5-1

1. 全球老龄化程度日益严峻，由于老年人机体功能下降，衰弱成为今年的热点研究问题，它可以造成不良的健康结局，严重影响老年人的身心健康和生活质量。

2. 衰弱虽然给老年人带来了很多影响，但它是可变化的，只要能及时筛查并给予合适的干预措施就能延缓或逆转它的进程。因此需要社区工作人员和医务人员使用合适的测评工具来及时评估老年人衰弱情况，建立健全健康档案，给予正确的指导，及时随访，以延缓衰弱的发生发展。

（侯　苹　薛　谨）

第二节　衰弱老年人健康素养现状

案例 5-2　**习近平总书记的“健康中国”政策**

2019 年 7 月，国务院印发《国务院关于实施健康中国行动的意见》，成立健康中国行动推进委员会，出台《健康中国行动组织实施和考核方案》。人民健康是民族昌盛和国家富强的重要标志，习近平同志在十九大报告中提出要完善国民健康政策，为人民群众提供全方位全周期健康服务。

当前，我国已全面建成小康社会，健康中国已上升为国家战略，而提升全民健康素养是实施健康中国战略的基础。“没有全民健康，就没有全面小康”，提升全民健康素养是全面实现小康社会和中华民族伟大复兴的重要发展目标与内容。WHO 公布了影响健康的公式：健康=60%生活方式+15%遗传因素+10%社会因素+8%医疗因素+7%气候因素，可见健康素养和健康的生活方式对个人健康的重要性。随着互联网、物联网、人工智能……的发展，科技改变了我们的生活和工作，运用新技术提升健康素养成为新时代使命。

问题：1. 什么是全生命周期？

2. 你认为如何通过新技术加强健康传播宣传？

一、老年人的健康素养

为了满足日常生活，老年人需要积极收集各种信息，同时分析这些信息的可靠性和正确度，以促使自身的健康水平达到良好的状态。和年轻人相比，老年人患慢性病如糖尿病、心血管疾病等的风险更高，更为迫切地需要获取相关健康信息。健康素养（health literacy，HL）对老年人尤为重要，它代表着个人的认知与社会能力，它能对个体获取、理解、运用基本健康信息和卫生保健服务产生影响，具备这一能力能够使个人做出正确的健康决策，来促进和维护自身健康。据报道，低水平的健康素养与较差的健康结局相关，包括医疗保健服务使用不足、慢性病（如糖尿病、高血压、哮喘、艾滋病）管理不善、高住院率和死亡率等。缺乏健康素养的老年人对疾病的理解不足，容易误解或错误执行处方上的内容，常发生用药不当，没有或较少进行定期的健康体检，不重视疫苗的接种。此外，缺乏健康素养的人较少自主地收集新的知识，难以理解医务人员的医疗建议，因此其健康状况较差。

（一）国内老年人健康素养现状

研究者在 2008 年使用《中国居民健康素养调查问卷》对我国 60～69 岁社区老年人群采用分层随机抽样进行健康素养的调查。分层随机抽样的具体实施方法为在各省份选择 6 个调查区（县），其中城市和农村各占 3 个名额，在每个被选中的样本区（县）中选择 2 个街道或乡镇，各样本街道或乡镇中选择 1 个居委会或建制村，每居委会或建制村中抽取相应户家庭，各户常住老年人口皆进行调查。这项研究共纳入了我国 31 个省份及新疆生产建设兵团的 9586 名老年人，其中农村老年人占总人数的 46.15%。如果被测试者做对其中≥80%的题目，则说明其具备健康素养。结果显示，有 6.96%的老年人具备健康素养，这一比例远低于 15～59 岁的人群，我国东部和中部地区老年人口的健康素养高于西部地区，农村老年人的健康素养与城市老年人的健康素养差距较大（农村为 1.67%，城市为 11.49%）。在中国居民健康素养调查问卷各维度中，具有基本知识和理念及基本技能的老年人数比例较高（14.89%及 14.6%），而拥有健康生活方式和技能者较低（8.76%）。在 5 类素养中慢性病预防素养和基本医疗素养最低，分别为 5.75%和 6.20%。性别、教育水平、家庭月收入、从事体力劳动、家庭人口数等与老年居民的健康素养相关。作为医务人员，需大力普及慢性病防治的相关知识，通过老年人经常接触信息的途径（电视、报纸）进行知识的宣传，在制作宣传手册时需要放大字体，充分照顾老年人的阅读体验。大力弘扬孝文化，倡导子女与老年人同住或经常看望老年人。教会老年人或其照护者体温、血压、血糖的测量方法及包扎、心肺复苏等急救技术以应对突发情况。

（二）国外老年人健康素养现状

不仅是在发展中国家，发达国家的老年人健康素养同样低下。有研究表明在美国有超过半数的老年人健康素养及健康信息素养低下，65 岁及以上的老年人识字和健康素养技能有限，其健康信息主要依靠医务人员提供而获得，较少通过互联网的检索以掌握相关健康咨询。同样的情况也发生在韩国，有 62%的韩国人的健康素养及健康信息素养低下，该国家的老年人也习惯通过医生和护理工作者来获得健康相关咨询。在英国，有学者调查了 7857 名老年人的功能性健康素养，结果发现有 1/3 的人群在面对阅读和理解基本的健康信息时出现困难。一项德国的研究共纳入了 1107 名年龄在 55～91 岁的社区居民，使用的调查工具为欧洲健康素养调查量表（European health literacy survey，HLS-EU）的简版，该量表由来自不同欧洲国家的专家联合开发制定以衡量人群的健康素养情况。结果显示有 4%的老年人健康素养不足，23%的人群健康素养低下，50%的老年人健康素养足够，23%的人群健康素养非常好。健康素养与教育水平、家庭收入和自我认知的社会地位正相关。有国外学者提出在纵向研究中，健康素养通常被视为一种静态特征，然而这可能会使老年人高估或者低估自己管理自身健康的能力。

有系统评价发现低健康素养与住院率和急诊使用率的增加及难以遵医嘱服用药物有关，在老年人群中，低健康素养与较差的整体健康状况和较高的死亡率有关。健康素养高的人通常参加更多的日常体育活动。积极地学习以促进健康可以显著提高社区老年人的综合健康素养和功能。积极的学习方式会增强人群的健康素养，继而会增加参加体育锻炼的数量和饮食种类，从而改善身体的表现。

二、老年人健康素养与疾病的关系

健康素养是冠心病患者护理中的关键组成部分，在冠心病患者中，低健康素养的患病率为 14.30%～49.60%。低健康素养的冠心病患者更多来自年龄较大的男性、患有心血管疾病的合并症人群、受教育程度及社会经济地位较低的人群。荷兰的研究也同样表明低健康素养在冠心病患者中普遍存在，且与不良风险密切相关。一项关于健康素养对 238 名接受经皮冠状动脉介入治疗的冠心病患者出院 6 个月后生活质量影响的文献显示，健康素养是生活质量的最强预测因子，足够的健康素养是患者经皮冠状动脉介入治疗术后生活质量改善的一个促进因素。国内目前已有针对冠心病患者编制的健康素养量表，该量表信效度良好，通过该量表对住院患者进行测试，结果发现我国冠心病住院患者健康素养水平较低，高健康素养对降低直接医疗成本有积极帮助。现阶段，对老年冠心病患者健康素养的研究还处于初始阶段，需要大量的研究。冠心病复发和死亡的风险颇高，二级预防包括健康的生活方式和最佳的药物治疗，可以减少相应风险。提高健康素养，促进健康行为、提高治疗依从性，有利于冠心病患者的预后。

三、衰弱老年人的健康素养

一项横断面的研究纳入了 603 名年龄≥65 岁的老年人，其中有 307 名是女性，平均年龄为（70.9±5.82）岁。研究者使用中文版欧洲健康素养调查问卷评估健康素养，使用衰弱表型评估是否存在衰弱。研究结果显示处在健康期的老年人中，健康素养充足及优秀的人群占比为 44.3%，而这一比例在衰弱前期和衰弱期分别为 43.6%和 38.9%，无论年龄、性别、社会经济地位和教育水平如何，健康素养都与衰弱前期及衰弱期相关。足够的健康素养是衰弱前期和衰弱期的保护因素。日本的一项研究招募了 517 名居住在社区的老年人，平均年龄为（73.2±6.3）岁。通过衰弱表型将老年人分成衰弱组（衰弱前期及衰弱期）和非衰弱组，使用健康素养量表评估参与者的健康素养，结果显示，在非衰弱组中，拥有较高健康素养的人群占比为 75.0%，而在衰弱组中，健康素养充足的人群占比为 62.3%，多元回归分析显示高健康素养与非衰弱相关。这一结果表明，健康素养在保持社区老年人的良好健康状况方面发挥重要作用。

健康素养可以影响步速。步速不仅会随着年龄的增长而降低，还会影响日常活动和生活质量。有研究调查了 34 485 名 65 岁及以上社区居民的步速和预期寿命，平均随访时间为 12 年，发现步速与存活率相关；步速每增加 0.1m/s，死亡风险就会下降大约 10%。另有研究发现较慢的步速与住院等风险有关。步速也被确定为慢性呼吸系统和心血管疾病残疾程度的临床指标。步速还被发现与认知功能和注意力相关。在衰弱表型中，步速也是其中的一项评价指标。男性若身高≤173cm，4m 步行时间≥7s，或者身高＞173cm，4m 步行时间≥6s，则提示步速慢。女性若身高≤159cm，4m 步行时间≥7s，或者身高＞159cm，4m 步行时间≥6s，则提示步速慢。一项研究试图分析步速和健康素养的关系，它纳入了

240 名社区老年人，其中有 52 名男性，平均年龄为（73.8±6.0）岁，当步速≥1.3m/s，视为步速正常，若步速＜1.3m/s，视为步速偏慢。结果发现步速与健康素养正相关，步速快的人群，健康素养得分高。

目前针对衰弱和健康素养的研究主要集中于社区居民，尽管评估健康素养和衰弱的工具及分组方法有所不同，导致社区衰弱老年人高健康素养的发生率在 38.9%～62.3%，但可以发现处在健康期老年群体高健康素养的发生率超过衰弱期的老年人。

小链接　　什么是电子健康素养？电子健康素养和健康素养的异同之处有哪些？老年人电子健康素养的现存问题有哪些？

1. 电子健康素养　指个体在电子资源中检索、理解和评价健康信息，并利用这些信息解决健康问题的能力。

2. 电子健康素养和健康素养的异同之处　电子健康素养和健康素养的定义虽然不同，但相关联，因为两者都强调个人收集、评估和利用健康信息的能力；然而，与健康素养不同的是，电子健康素养侧重于通过电子媒体获取和应用在线健康信息的能力。相比之下，应特别重视电子健康素养，虽然并非每个人都具有高水平的健康素养，但他们仍然可以通过互联网搜索、获取和利用健康信息，使他们能够根据这些信息采取相关的健康行为。

3. 老年人电子健康素养的现存问题　欠缺高效获取健康信息的能力、正确分析和判断健康信息的能力不足、缺少使用数字媒介参与健康管理的动力。

案例分析讨论 5-2

1. 全生命周期指“从胎儿到生命的终点”，即人的生命从生殖细胞的结合开始一直到生命的最后终止，包括孕育期、成长期、成熟期、衰老期直至死亡的整个过程。按照不同的目的和方法，全生命周期可以划分为不同的生命阶段。

2.充分发挥新技术对健康传播宣传的优势。一方面，运用好传统传播宣传方式，如讲座、健康咨询、报刊书籍、手机短信、电视广播、户外实体广告、发放宣传资料等；另一方面，以数字技术为基础，以网络为载体，将健康知识制作成视频，互动共享。广泛构建现代技术健康传播平台和载体，如微信公众号或者各种健康类 APP。

（侯　苹）

第三节　健康素养对衰弱老年人的影响

案例 5-3　　实施积极应对人口老龄化国家战略

“十四五”时期是我国全面建成小康社会、实现第一个百年奋斗目标之后，乘势而上开启全面建设社会主义现代化国家新征程、向第二个百年奋斗目标进军的第一个五年。“十四五”规划和 2035 年远景目标纲要明确提出，实施积极应对人口老龄化国家战略，以“一老一小”为重点完善人口服务体系，发展普惠托育和基本养老服务体系。

当前人口老龄化形势严峻，发展迅速，“积极老龄化”成为应对人口老年化的可选途径。积极老龄化的目的在于使所有进入老年的人，包括那些虚弱、残疾和需要照护的人，都能提高健康的预期寿命和生活质量，实现“六个老有”。人口老龄化不只是“老年人的事”，中国社会科学院数量经济与技术经济研究所研究员李军说，人口老龄化会降低国民储蓄率、减弱经济增长潜力，同时对应着劳动力稀缺性提高，劳动成本增加，对经济运行产生复杂的影响，关乎每个人的现在和未来。全国老龄办党组成员、中国老龄协会副会长吴玉韶认为，把积极应对人口老龄化上升为与科教兴国、乡村振兴、健康中国等并列的最高层级的国家战略，使之成为党和国家的中心工作之一，这是党中央科学研判我国人口老龄化新态势、深刻分析我国经济社会发展新形势、审时度势做出的重大战略部署，具有里程碑、划时代意义。

问题： 1. 什么是积极老龄化？

2. “六个老有”具体指哪些？

一、健康素养对衰弱的影响

老年人健康素养越高，衰弱水平越低。对老年人实施健康素养的教育和干预计划是预防及降低衰弱发生风险的有效策略。系统研究表明，提高健康素养可以促进老年人的健康行为改变，如有更好的饮食质量、增加体育活动、戒烟。积极的学习计划可有效促进更健康的生活方式，从而提高健康素养，改善衰弱。

（一）在血液透析患者中的研究

国内学者研究了在血液透析患者中健康素养对衰弱的影响。通过便利抽样法选取了168 名三甲医院血液净化中心的患者，通过衰弱表型来判断是否发生衰弱，使用血液透析患者健康素养问卷以评估其健康素养，该量表共有 3 个维度（互动性健康素养、批判性健康素养、功能性健康素养）、26 个条目，当得分≥20 分提示患者的健康素养程度良好，如果得分低于 20 分则提示患者的健康素养低下。在这些人群中，有 66.1%的患者处在衰弱前期，有 33.9%的人群处于衰弱期，这些患者的健康素养得分为（20.58±2.85）分。结果显示血液透析患者的健康素养及其 3 个维度与衰弱呈负相关关系。

功能性健康素养包括基本素养以及基本健康知识。有调查表明，与患其他疾病的患者相比，慢性肾脏疾病患者出现衰弱的概率是他们的 2 倍。营养的摄入及体育训练是关乎慢性肾脏疾病患者是否发生衰弱的关键，而血液透析患者对透析的基本知识、动静脉瘘的护理注意事项、饮食的要领和生命体征的监测及相关知识的理解把握度是功能性健康素养的主要内容，而这些内容的掌握度将直接影响患者的健康状态，进而左右衰弱的发生发展。互动性健康素养包含了互动及沟通素养，有研究表明抑郁是衰弱的独立影响因素，抑郁等级越高，衰弱状况越严重。患有抑郁的人通常不愿与人敞开心扉，当出现疼痛或身体异样时，不会向周围人倾诉或对医务工作者求助，因此更容易加重衰弱状况。因此当面对患者时，护理工作者要主动关心其心理状态，建立良好的护患关系，向患者普及疾病健康知识，提升他们的治疗依从性。评判性健康素养需要患者对健康行为做出正确的判断，与此同时提升血液透析知识的掌握程度。作为护理工作者需要重点关注对患者评判性思维的培养和训练，提高其对疾病的认识，当其掌握的血液透析知识越多时，对疾病的自我护理也将越到位，有助于后期的治疗，稳定健康状况，进而改善衰弱状态。

（二）在骨质疏松患者中的研究

骨质疏松症是由于多种原因导致的骨密度和骨质量下降，骨微结构破坏，造成骨脆性增加，从而容易发生骨折的全身性骨病，常见于中老年女性。有研究者调查了 191 例老年骨质疏松患者衰弱的现状及与健康素养的关系，衰弱使用衰弱综合评估量表进行筛查，该量表包括了身体衰弱、心理衰弱、社会衰弱和环境衰弱，得分越高提示衰弱越严重。患者的健康素养使用健康素养调查表进行评估，该量表包括 3 个维度：基本保健、疾病预防与控制、安全与急救，共 98 个条目，得分范围为 0～196 分，分数越高代表疾病保健能力越强。结果显示，样本人群的健康素养得分为（94.23±14.81）分，与满分 196 分有较大分差，提示老年骨质疏松患者的健康素养不足。患者的衰弱得分为（52.76±16.14）分，衰弱水平相对较高，相关分析的结果显示衰弱得分与健康素养得分呈负相关关系，患者的健康素养水平越高，其衰弱程度越低。

基本保健素养是个人在日常生活里的健康卫生习惯、健康状态检测等方面的基础保健能力。而骨质疏松是老年人的常见病、慢性病，老年人的自我护理能力与卫生习惯对疾病的发生发展至关重要，合理的运动和使用药物有利于降低病程进展速度。当患者的基本保健素养越高，其执行医嘱的能力更强，依从性越高，会坚持体育锻炼，延缓骨质疏松的进展，促进疾病的康复，进而降低其衰弱程度。疾病防控素养即预防疾病发生及在疾病诊治期间自我管理和医疗合作能力。骨质疏松是慢性病，因此疾病的治疗主要是医院门诊联合家庭康复，医务工作者能够干预的程度较低，主要依靠患者自身，患者疾病管理能力的强弱对于本人的康复效果有着较强的影响。患者的疾病防控素养越好，其治疗配合度也就越高，促进疾病的康复，改善健康状态，减少衰弱的影响程度。安全与急救素养是个人在危急情境下的病情应对和急救能力。多项研究显示骨质疏松的患者更有可能发生跌倒、骨折等紧急情况，严重者还会出现残疾和死亡。如果安全与急救素养越高，那么个体识别及应对不良事件的能力就越高，越能提前做好预防措施，在第一时间进行自我急救，同时配合医疗工作者以更快处理损伤，进而降低不良事件的发生率，减少衰弱的发生，提高生活质量。基于此，医疗相关人员需关注患者的健康素养及它对患者健康的影响，提高患者的健康管理能力，降低衰弱水平。

（三）在高血压和糖尿病患者中的研究

随着年龄的增长，衰弱是老年人面临的最紧迫的挑战之一。衰弱会增加不良健康结果的风险，包括跌倒、残疾、住院、生活质量差，最终导致死亡。在我国，高血压和糖尿病分别影响至少 57%和 26.5%的老年人群。老年高血压患者衰弱的患病率为 80%，老年糖尿病患者衰弱的发生率是没有这些疾病的老年患者的 3～5 倍。在我国老年人中，糖尿病常与高血压共存。此外，有研究表明，与患有高血压和糖尿病的非衰弱老年人相比，患有高血压和糖尿病的衰弱老年人的身体功能、精神状态及预后更差，死亡率也更高。因此，在人口快速老龄化的背景下，需重点关注患有高血压和糖尿病的老年人群。有研究探求了我国社区中居住的高血压和糖尿病老年人的衰弱状态及社会支持、健康素养、抑郁和虚弱之间的潜在机制。结果显示，42.4%的参与者患有衰弱。社会支持与衰弱呈直接负相关，抑郁与衰弱呈直接正相关，而社会支持与抑郁症没有直接关系。健康素养与社会支持呈正相关，与抑郁症呈负相关，健康素养通过社会支持和抑郁的中介作用与衰弱有间接的负相关。健康素养较低的人通常会因为羞耻而向家人、朋友和医疗保健提供者隐瞒他们的健康问题，从而导致他们被孤立或认为可用的支持较少。因此，应考虑采取提供社会支持和提高健康素养的措施，同时减轻抑郁症，以延缓衰弱的发生。

（四）在冠心病患者中的研究

冠心病是常见的心血管疾病，病程长且易反复发作，具有高患病率、高致残率及高死亡率的特点，严重危害生命健康。根据美国心脏学会估算，每 40s 就会有一名美国人发生心肌梗死。我国心血管病患病率仍处于上升阶段，冠心病人数达 1100 万。

在冠心病患者中衰弱的发生率较高，是预测冠心病患者死亡或心肌再梗死独立且重要的预测因子。健康素养是冠心病患者护理中的关键组成部分，在冠心病患者中，低健康素养的患病率为 14.30%～49.60%，平均 30.50%。

有研究分析了在老年冠心病患者中健康素养和衰弱的关系，通过冠心病患者健康素养调查表评估健康素养，通过蒂尔堡衰弱指标评估衰弱，研究结果表明，在衰弱和非衰弱老年冠心病患者中，冠心病健康素养总得分及各个维度得分存在显著差异，冠心病健康素养分级存在显著差异。老年冠心病不伴衰弱的患者其健康素养得分比伴有衰弱的患者高，衰弱患者中低健康素养所占比例（60.9%）高于非衰弱的老年人群（46.1%）。

低健康素养的患者对自身健康的重视度不足、缺乏相关健康技能，当出现疲劳乏力时不会及时自我调整或选择就医。由于缺乏健康素养，患者面对疾病时容易出现紧张或焦虑的情绪，更希望有亲人和友人陪伴在身边。健康素养与衰弱关系密切。老年人获取健康知识的途径主要包括电视或广播、互联网、卫生技术人员、家庭和朋友、书籍或报纸杂志、宣传册、教育项目。健康知识不足的患者理解治疗和用药的相关知识较为困难，无法有效配合治疗，更容易导致身体状况的下降，继而发生衰弱。这提示在对患者进行健康知识教育时，应使用简单易懂的方式方法，以提高患者的治疗依从性。良好的健康态度是个体寻求健康的动力，积极的健康态度可以提高老年冠心病患者应对疾病的信心，使其有强烈的康复意愿并采取实际行动去治疗疾病，从而降低发生衰弱的概率。健康行为是人们为维持和促进身心健康而进行的活动，包括戒烟、戒酒、合理饮食、规律运动。健康行为较少的老年冠心病患者通常不会定期复诊或遵医嘱接受治疗，他们不常采取积极主动的措施治疗疾病以促进健康，更容易引起衰弱。因此，需要对老年冠心病患者健康素养进行干预，从而改善和提高各衰弱维度，提升冠心病患者健康水平。

小链接　　**什么是健康信息素养？如何评估健康信息素养？**

1. 健康信息素养的定义　指认识到健康信息需求；鉴别可能的健康信息来源并使用它们检索相关信息；评估健康信息的质量及其在特定环境下的可用性；分析、理解和使用信息做出好的健康决策的一系列能力。

2. 评估健康信息素养的方法　快速预测成人医学素养测评工具（DAVIS 编制）、成人功能性健康信息素养测评工具（BAKER 编制）、成人快速甄别健康信息素养测评工具（CHEW 编制）、最新关键信息测评工具（WEISS 编制）、健康信息素养活动量表（Rudd 编制）、健康信息素养自评量表（王辅之编制）。

健康素养与患者的健康状况密切相关，具备高健康素养的患者往往有更好的健康结果，因为这类人群可以进行较好的医患互动、充分理解治疗方法和用药、能够加强自我护理。相反，由于缺乏慢性病健康知识、用药依从性低、预防保健不充分，健康素养低的患者更容易出现不良事件，表明健康素养教育和干预计划可以成为预防和降低虚弱风险的有效策略。事实上，系统研究表明，提高健康素养可以促进随后的健康行为改变，如更好的饮食质量、增加体育活动和戒烟。最近一项针对健康素养较低的老年人的干预研究发现，积极的学习计划可有效促进更健康的生活方式（即适度到剧烈的体育活动和饮食多样化），因此，可以对衰弱的人群进行健康素养的干预以改善衰弱现状。

健康素养显著影响老年人的医疗服务利用率及其是否出现不良健康结局。低健康素养的人群血压控制率、乳房影像筛查率及流感疫苗接种率低，医疗费用支出多。健康素养与衰弱密切相关，健康素养越好，发生衰弱的危险越低。今后的研究需重点关注对老年人的健康素养干预，以减少或延缓其发生衰弱的概率。

案例分析讨论 5-3

1. 积极老龄化是指人到老年时，为了提高生活质量，使健康、参与和保障的机会尽可能发挥最大效应的过程。

2. 实现“六个老有”是老龄工作的目标，“六个老有”，是对老年人生活需求的高度概括，即“老有所养、老有所医、老有所教、老有所为、老有所学、老有所乐”。

（侯　苹）

第六章　老年肌少症的医养结合护理

学习要求：

识记： 了解肌少症的概念、病因及发病机制、流行特点，并描述肌少症的干预措施。

理解： 理解肌少症对老年人的影响、肌少症与营养不良的关系、老年肌少症在医养结合中的重要影响。

运用： 能够在工作场景中识别可能存在肌少症的老年人，并熟悉肌少症筛查及评估流程，对肌少症患者提出合理的干预措施。

第一节　肌少症的病因及发病机制

案例 6-1　　肌少症患病率及疾病相关经济负担

随着全球人口老龄化，与衰老相关的慢性病问题日益凸显。肌少症（sarcopenia）是一种与年龄相关的肌肉质量和功能丧失现象，越来越受到关注。据推测全球目前约有5000万人罹患肌少症，预计至2050年患病人数将高达5亿。近年来，中国人群肌少症的流行病学调查显示，社区老年人肌少症的患病率为8.9%～38.8%，男性患病率高于女性，且随着增龄性肌少症的患病率显著增加，80岁及以上老年人肌少症患病率可高达67.1%。

肌少症与骨质疏松症、衰弱及认知衰退等其他综合征交织在一起，引起躯体功能障碍，增加老年人跌倒、失能和死亡风险，严重损害老年人的生活质量和健康，给医疗系统及社会造成沉重的负担。肌少症与老年人的身体残疾有关。在个人层面，残疾导致生活质量下降；在社会层面，它导致医疗支出增加。在老年人中，身体残疾与养老院安置、家庭健康护理和住院治疗及医疗支出的风险增加有关。早在2000年美国一项关于肌少症患病率及其对医疗支出的影响的横断面分析显示，因肌少症导致的直接医疗费用估计为185亿美元（男性108亿美元，女性77亿美元），约占当年医疗支出总额的1.5%，而肌少症患病率降低10%则可使美国每年节省11亿美元（按2000年费率调整）的医疗费用。

问题： 1. 以上数据反映了肌少症的哪些特点？

2. 你认为控制肌少症的意义何在？

3. 如何有效控制肌少症的危害？

一、肌少症的概念

（一）肌少症的定义

肌少症是一种增龄相关性、进行性累及全身性骨骼肌的疾病，是一种在老年人群中发病率较高的疾病。目前欧洲老年肌少症工作组（European Working Group on Sarcopenia in Older People，EWGSOP）2 及亚洲肌少症工作组（Asian Working Group for Sarcopenia，AWGS）

分别于 2018 年（EWGSOP 2）及 2019 年（AWGS 2019）修订了肌少症的定义，即同时存在肌肉质量减少及肌肉力量下降伴或不伴躯体功能的下降。

（二）肌少症概念的演变

肌少症自 1989 年 Irwin Rosenberg 提出后，这一定义几经演变，最初认为肌少症是在增龄过程中出现的骨骼肌纤维质量减少、力量下降及结缔组织和脂肪增多等改变，但一直缺乏统一的定义和诊断等共识。直到 2010 年 EWGSOP 发布了第一个在全世界范围内使用的肌少症的定义，将肌少症界定为以骨骼肌质量和力量的进行性及全身性丧失为特征的临床综合征，可能会导致身体残疾、生活质量差和死亡等不良后果，推荐以低肌肉质量加上低肌肉力量或躯体功能下降中的一项诊断肌少症。

随着对肌少症认识的逐步加深，诊断方法的不断更新，临床试验及基础实验成果的不断积累，2018 年初，EWGSOP 2 再次召开会议对肌少症的定义和诊断进行修订。强调了以下几个方面的更新。①肌少症虽为增龄且与衰老相关性疾病，但其发展可能始于生命早期，除增龄因素外还有许多促进因素，这些认识对预防疾病的发生和延迟疾病发展具有重要的指导意义。②强调了肌肉功能的重要性，认为对预测疾病不良后果方面肌肉功能比肌肉质量更重要，躯体功能不良可预测不良后果的发生，确定肌少症的严重程度。③认为肌少症在临床实践中诊断和治疗均存在严重不足。综上，EWGSOP 2 的肌少症诊断标准以肌肉力量取代肌肉质量成为肌少症诊断的主要参数；仅检测到肌肉力量下降诊断为可能肌少症，低肌肉力量合并肌肉质量下降诊断为肌少症，同时合并躯体功能下降则诊断为严重肌少症。

AWGS 沿用 EWGSOP 定义。然而，亚洲人相对于西方人在体型、体成分组成、生活方式和体力活动方面存在差异，结合本地区特点分别于 2014 年及 2019 年制定了适合亚洲人群的诊断流程和诊断截断值。AWGS 2019 决定不遵循最近的趋势认为所有肌肉萎缩即为肌少症，并沿用最初的定义即“与年龄有关的肌肉质量及肌肉力量的损失和（或）躯体功能的下降”，且不涉及共病。认为缺乏诊断仪器的基层医疗机构，早期识别肌少症或其风险人群，进而早期干预更为重要，提出了针对社区的诊断流程，并推荐对社区医疗机构发现的“可能肌少症”居民进行生活方式干预和相关健康教育。这些共识意见的修订对肌少症诊断、干预关口前移具有重要意义。

我国对于肌少症的认识起步较晚，目前主要是知识普及和研究阶段，随着肌少症在各个领域研究的深入，越来越多的学者和临床实践者认识到肌少症对社区、养老机构及住院老年人的不利影响，及其对不良后果发生的促进作用。随着老龄化进程的加剧，肌少症评估作为 CGA 的内容之一越来越受到重视，也成为老年病研究热点之一。中华医学会老年医学分会也于 2017 年颁布《肌肉衰减综合征中国专家共识（草案）》，从肌少症的定义、发病机制、临床表现、常用评估方法、诊断标准及流程、干预等方面给出了共识意见。但目前尚无基于国人的诊断截断值。

二、肌少症的流行病学

从生理学角度来看，40 岁以后即可以观察到进行性和全身性的肌肉质量损失，70 岁之前，以每 10 年 8%的比率损失，到 70 岁后则每 10 年肌肉质量损失比率高达 15%～25%。

同样，腿部力量在 70 岁之前，每 10 年下降 10%～15%，到了 70 岁以后，每 10 年下降幅度会增加到 25%～40%。

由于检测方法、诊断标准及研究人群的差异，不同文献中报道的肌少症患病率各不相同。对使用 AWGS 2014 诊断标准的亚洲国家流行病学研究的回顾发现，肌肉减少症的患病率在 5.5%～25.7%。使用 AWGS 2019 诊断标准，新加坡 60 岁以上老年人肌少症患病率为 32.2%，其中男性为 33.7%，女性为 30.9%。日本 65 岁以上老年人肌少症患病率男性为 11.5%，女性为 16.7%。使用 EWGSOP 2 肌少症诊断标准，一项纳入 11 253 名全年龄段社区居民的肌少症研究中，肌少症患病率为 8.6%。不同生活场景肌少症患病率的研究显示，肌少症患病率社区居住老年男性为 11%，老年女性为 9%；护理院居住老年男性为 51%，老年女性为 31%；住院老年男性为 23%，老年女性为 24%。同样，在我国肌少症患病率社区居住老年人男性为 12.9%，女性为 11.29%。养老院居住老年人肌少症患病率男性为 26.3%，女性为 33.7%；住院老年人肌少症患病率男性为 29.7%，女性为 23.0%。Pang BWJ 等对同一人群使用 AWGS 2014、AWGS 2019 和 EWGSOP 2 诊断标准，发现 AWGS 2019 标准因诊断所使用参考值不同而检出更多的肌少症患者。这对肌少症的早发现、早预防、早诊断、早治疗起到积极作用。但这些参考值是否适合中国人群，值得进一步研究。

三、肌少症的病因

在众多已报道肌少症的危险因素中，年龄增大可能是最重要的因素，AWGS 2019 报告中指出，男性肌少症患病率较女性高。肌少症的发生涉及社会、环境、遗传等多方面的促进因素，如家庭状况、生活方式、缺乏体育活动、营养不良和牙齿状况及疾病等均与肌少症发生相关。积极寻找潜在发病原因，特别是可逆性原因，并提供恰当的个体化干预方案，是肌少症防治的重点。常见的引起肌少症的病因如下。

（一）营养摄入不足

1. 蛋白质摄入量降低 健康的成年人大部分时间内保持骨骼肌质量的恒定，这表明机体内存在强大的平衡机制。肌肉蛋白代谢处于动态平衡状态，分解代谢刺激（即禁食、应激）和合成代谢刺激（即进食、肌肉收缩）之间的良好平衡使得肌肉质量保持恒定。膳食摄入蛋白质通过氨基酸的流入促使肌肉蛋白质合成（MPS）的增加，抵消了两餐之间肌肉蛋白质分解产生的氨基酸流出。随着年龄的增长，尤其是在 60 岁以后，出现明显蛋白质稳态失调。

衰老与食物摄入的逐渐减少有关，这容易导致能量、蛋白质营养不良。许多因素，包括神经生理学（如厌食症）、心理（如抑郁症）、社会（如孤独感）和身体变化（如口腔问题）可能会引起食物摄入的减少和食物偏好的变化，增加对甜食、低蛋白食物的偏好。导致老年人很难实现真正的营养补充，即保证每日能量和（或）蛋白质足量摄入。此外，老年人利用膳食氨基酸增加肌肉蛋白质的能力降低，这可能是由于肌肉纤维的特殊问题，跨膜氨基酸转运减少和（或）蛋白质合成利用减少。这种下降也可能是由于全身氨基酸周转的改变，使得肌肉组织可利用的外源氨基酸减少，从而导致合成蛋白质的底物减少，以及肌肉对内源性激素反应和（或）肌肉对进餐后激素刺激的反应改变所致。

2. 低能量摄入　能量是人体营养研究的基础，人体的一切活动都与能量代谢分不开。正常生理状态下，人体能量摄入与消耗保持动态平衡，由于食物供应、生理状态、身体活动和生活环境的变化，能量摄入可发生较大变化。能量摄入量随着年龄的增加呈现逐渐下降的趋势。健康老年人的饮食能量摄入普遍较低。老年人视力差也会限制购买、准备、食用食物的能力。同样，牙齿健康、味觉、嗅觉和饥饿感的降低与衰老有关，也会降低进食的欲望。老年人也更有可能服用影响食物摄入的药物，伴有消化问题，包括胃萎缩、慢性便秘和（或）吸收不良，这些都会对食欲和营养吸收产生不良影响。能量摄入不足通过改变Akt依赖的信号通路导致肌原纤维体积减小并减少蛋白质的合成，并通过上调p38信号通路来增强骨骼肌中的胶原积累，导致骨骼肌间质增生，进而损害骨骼肌力量。此外，即使有适当的氨基酸供应，能量摄入减少可导致蛋白质合成减少，尤其是2型糖尿病患者，低能量摄入比低蛋白质摄入更容易发生肌少症。充足的能量摄入与肌细胞减少指数呈负相关。

3. 微量营养素缺乏　随着成年人年龄的增长，维生素 B_6、锌、镁和钙越来越不足。尤其是老年人必需营养素摄入量普遍较低，微量营养素摄入量随之降低，从而造成了严重后果。

研究发现每日钙摄入量与肌少症之间存在高度负相关，该相关性独立于年龄、性别、BMI、总能量摄入、维生素D状态、生活方式因素（饮酒、吸烟、定期锻炼）和职业等状态。钙稳态的改变与衰老过程中的骨骼肌无力有关，钙信号的改变可能在调节分化肌纤维的肌肉收缩力中起作用，维生素D和钙摄入量在脂肪和肌肉质量中具有重要作用，调节脂肪在骨骼肌的累积，减少骨骼肌的萎缩。而维生素D直接影响肌肉功能的各个方面，包括肌原纤维蛋白降解和线粒体中钙传递受损。有报道认为老年人维生素D缺乏会导致继发性甲状旁腺功能亢进，低维生素D和高甲状旁腺激素水平并存是老年人肌力丧失的决定因素。

ω-3脂肪酸的摄入对维持肌肉质量很重要，研究表明饮食中 ω-3脂肪酸摄入减少与老年2型糖尿病患者的肌少症有关，认为 ω-3脂肪酸可以通过干扰花生四烯酸代谢来减少炎症并保留骨骼肌质量。研究表明补充 ω-3脂肪酸（如二十碳五烯酸和二十二碳六烯酸）8周可刺激肌肉蛋白质合成，可预防和治疗老年人肌少症。此外，ω-3脂肪酸还可能影响神经组织膜的组成，从而对神经系统功能产生有利影响，对进行力量训练的人添加 ω-3脂肪酸可在神经肌肉系统（如肌力和躯体功能）方面表现出更大的改善。

4. 吸收不良和其他胃肠道疾病　衰老或与年龄相关的疾病，如味觉和嗅觉的改变、咀嚼效率降低、胃排空延迟、自发性胃食管反流、胃和胰腺外分泌下降等均可导致食物摄入量的减少。营养素、氨基酸通过肠道吸收入血，消化和吸收是重要的限制因素。例如，氨基酸的吸收，饮食中的氨基酸必须先通过内脏组织（肠道、肝脏等），然后才能释放到体循环中并供周围组织使用。只有一部分摄入的氨基酸最终可用于外周组织，特别是肌肉。吸收不良和胃肠道疾病均可导致营养素缺乏、营养不良进而引起肌少症的发生。

其他胃肠道疾病如炎症性肠病（IBD）患者的肌少症发病率高，主要与胃肠道不适症状而进食减少，能量摄入不足；肠道处于慢性炎症状态，上皮的完整性受损，导致有效吸收面积减少及营养素转运功能受损；长期肠道慢性炎症使肠道菌群发生改变，蠕动增加，不利于营养素在肠道内的吸收等诸多因素有关。

肝硬化患者中肌少症患病率为40%～70%。肝硬化患者肝细胞坏死释放的细胞因子，肝硬化门体分流导致高氨血症和内毒素血症，以及肝病的潜在病因等均可导致合成代谢抵抗，在这种状态下包括营养素和体力活动在内的生理合成代谢刺激不会引起预期的蛋白质合成增加及蛋白质水解减少的状态。肝硬化患者的蛋白质合成减少和自噬蛋白水解增加均是引起肌少症的重要原因。此外，肝硬化患者中潜在的肝-肌轴及其相关代谢产物可导致肌肉减少，包括高氨血症、内毒素血症和内分泌异常，以及睾丸激素水平下降和胰岛素抵抗等。失代偿性肝硬化情况下，尤其是合并败血症和感染期间，内毒素血症引起的肌肉蛋白质水解增加和蛋白质合成减少导致肌少症发生。

5. 厌食症　厌食症是指食欲减退和（或）食物摄入减少。厌食症是老年综合征之一，它是一种多因素疾病，与多种不良健康结果相关。研究表明，厌食症在老年人中非常普遍，分别影响超过25%和30%的老年男性和女性。厌食症导致老年人蛋白质、能量、微量元素等的缺乏，进而导致肌少症的发生。厌食症是肌少症的独立危险因素，也与严重肌少症存在相关性。

（二）生活方式影响

不良的生活习惯，包括酗酒、吸烟，老年人卧床、静止不动等，活动减少、久坐的生活方式，均是引起肌少症的重要原因。

吸烟是牙周炎和慢性阻塞性肺疾病的主要原因，这两种疾病都会引起吞咽困难，抑制味觉和咀嚼，并与肌肉萎缩和线粒体功能障碍的风险增加有关。吸烟可能导致身体不活动、热量摄入减少导致能量不足和全身炎症增加，这些都是抑制肌肉蛋白质合成速率的因素。长期过量饮酒可能导致肠道微生物群失调和自噬诱导的高氨血症，通过激活肌生长抑制素及胰岛素样生长因子-1（IGF-1）失活启动肌肉蛋白质分解的上调和肌肉蛋白质合成的下调，引起肌少症的发生。此外，吸烟和饮酒可能会导致骨骼肌中的异位脂肪积聚，骨骼肌脂肪浸润（肌脂肪变性）进而导致肌萎缩发生。

肌少症和身体活动能力下降独立相关。老年人卧床、静止不动，活动减少、久坐的生活方式，可因身体不活动、活动减少导致肌肉萎缩，这种肌萎缩是由于蛋白质合成和蛋白质降解的不平衡所致。长期肌肉不活动导致蛋白质合成减少，是由于转录活性降低、转录物降解增加和翻译机制组装减少导致蛋白质合成降低。

（三）疾病

常见引起肌少症的疾病有癌症、慢性心力衰竭、慢性阻塞性肺疾病（COPD）、代谢紊乱（尤其是糖尿病）、内分泌疾病（特别是雄激素缺乏）、神经系统疾病、肝肾疾病、骨关节疾病、骨质疏松症等。有研究证明肌少症的发生与心血管疾病代谢危险因素的数量显著相关，尤其是糖尿病、高血压和血脂异常。

1. 癌症相关性肌少症　癌症患者的骨骼肌质量丧失是明确的，也存在增龄相关性的肌少症，15%～50%的癌症患者患有肌少症。但应区别于癌症相关性恶病质，肌少症是一种肌肉疾病，其最显著特征是肌力下降；恶病质是肌肉和（或）脂肪消耗的综合征，在临床上以体重减轻为特征。换句话说，许多恶病质患者有肌少症，这意味着他们表现出肌肉和肌力的丧失，这是他们病情的一部分。然而，肌少症患者可能不符合恶病质的标准，因为他们缺乏相关的体重减轻，或者因为他们的肌肉变化不是由疾病引起的，而是生理性的。恶病质具有复杂的病理生理学，包括过度分解代谢、炎症、内分泌变化和神经系统改变，都不同于肌少症。炎症和细胞因子在恶病质中的作用似乎比在肌少症中更为明显。厌食、乏力、肌肉减少和贫血也参与恶病质的临床特征，并进一步降低生活质量及加速肌少症发生。

2. 常见老年慢性病 根据不同的测量方法，肌少症在慢性阻塞性肺疾病患者中的发病率在 15%～34%，在疾病早期约有 1/3 患者合并肌肉力量的下降，随着病情进展可合并肌肉质量下降，进一步恶化患者身体活动能力，并与患者住院死亡率直接相关，一项纳入 12 977 例因慢性阻塞性肺疾病急性加重而住院的患者的研究表明，7.4%的患者合并肌少表型，较非肌少表型患者死亡率明显升高。以低第三腰椎骨骼肌横截面积（L3 skeletal muscle mass，L3SMA）为诊断标准，在包括慢性阻塞性肺疾病及其他呼吸系统疾病合并呼吸衰竭需要呼吸机治疗的患者中超过 56%合并肌少症。慢性阻塞性肺疾病患者通气受阻，并逐渐出现运动耐量降低、营养不良、系统性炎症反应、慢性缺氧导致氧化应激、免疫功能减退、吸烟、药物、疾病急性加重反复住院治疗及肠道菌群等均可导致肌少症发生。

慢性心力衰竭（CHF）患者肌少症患病率为 10%～69%。研究表明，慢性心力衰竭合并肌少症的患者更常见于老龄、男性患者。合并肌少症的慢性心力衰竭患者死亡率明显升高。射血分数保留心力衰竭（heart failure with preserved ejection fraction，HFpEF）与射血分数降低心力衰竭（heart failure with reduced ejection fraction，HFrEF）两组中普遍观察到与年龄和疾病相关的肌力/体力丧失。两组间合并肌少症的患者死亡率无差别。HFrEF 患者的骨骼肌质量较低，但肌力和体力表现较高，导致两组间肌少症的患病率相似。慢性心力衰竭患者发生肌少症相关危险因素包括年龄、左室射血分数降低和 B 型钠尿肽（BNP）升高，发病机制主要与氧化应激、营养不足、脂肪和结缔组织浸润骨骼肌及促炎细胞因子增加等有关。此外，慢性心力衰竭患者多合并呼吸困难、疲劳和心悸等症状，当患者进行体力活动时，运动功能的恶化进一步限制了体力活动，促进肌少症的发生发展。

（四）医源性因素

1. 住院 住院是引起患者肌少症的重要原因之一，尤其重症患者，在住院 1 周内即可出现肌肉质量的明显下降。尤其是入住 ICU 患者可出现 ICU 相关性肌无力（ICUAW）。由严重疾病引起的 ICUAW 可由轴突神经病、原发性肌病或两者共同引起。潜在的病理生理机制包括微血管、电解质及代谢紊乱等综合作用，最终导致肌力丧失和（或）肌肉萎缩。大量研究也证明，与社区相比，住院患者、急性病后护理机构或护理院的患者更易发生肌少症。

2. 药物相关性肌少症 随年龄增长，老年人可出现肌量减少、肌力下降、肌功能减退的生理性或病理性改变，甚至出现衰弱综合征，服用他汀类药物后出现肌痛或肌病等不良反应，在应用他汀类药物的老年人中更易发生。Mallinson 等研究认为，服用他汀类药物后出现肌痛可能与老年人肌量减少、肌力下降（肌少症）、蛋白质转运、胰岛素敏感性及分子调控过程相关。

小链接 **何为肌少症性肥胖（sarcopenic obesity，SO）？**

老年肌少症并不只见于瘦体质的老年人，肥胖患者也可以合并肌少症，即 SO。SO 是肌少症的一个特殊类型。肥胖和肌少症这两个独立的疾病均可导致不良健康后果，当这两个疾病相结合，健康风险可能会协同放大。但目前上仍没有统一的临床诊断标准。根据诊断标准的不同，SO 患病率在 2.75%~20%。

SO 与高血压、高血糖、血脂紊乱、胰岛素抵抗等心血管风险因素及心血管疾病、代谢综合征等关系更为密切。累积证据表明，SO 与残疾、虚弱、心脏代谢疾病、居家养老、丧失独立性、生活质量受损和死亡风险增加有关。

但目前也有研究认为 SO 老年人中，相较于单纯性肌少症，肥胖可能对某些功能具有保护作用。因此，需要更多、更大规模的研究阐述肥胖在肌少症中的作用。

四、肌少症的发病机制

肌少症的发病机制并不完全清楚，可能包括遗传、神经肌肉完整性、蛋白质的合成与代谢、慢性低度炎症、细胞凋亡和线粒体失调、激素水平和敏感性的变化等多种机制的相互作用。

（一）遗传因素

研究表明，遗传因素在调节肌肉特征和肌少症表型中起着重要作用，Urzi F 等研究证明 *MTHFR*、*NRF2* 和 *ACTN3* 基因型与老年高加索成年人的肌少症风险相关，认为遗传风险评分可以作为肌少症更高风险的预测指标。

（二）神经肌肉的调节机制

随着年龄的增长，运动神经元也逐渐丢失，60 岁以上的成年人的这一数字可能会增加到 50%，这一过程伴随着运动单位的减少。运动单位为单个 α 运动神经元及其支配的肌纤维，是运动系统中的最终功能单位。运动单元的缺失，导致肌纤维失神经支配，在大多数情况下，肌纤维被附近存活的轴突重新支配，构成失神经支配-再支配循环。在这些循环中，轴突芽起源于轴突的无髓区域，以保存失神经纤维，并以这种方式试图保存肌肉质量和功能。在衰老的肌肉中，Ⅱ型肌纤维更容易受到去神经支配，由Ⅰ型运动单位重新支配。然而，当失神经发生率超过再神经化过程时，一部分失神经纤维可能无法成功地再神经化，导致老年人Ⅱ型肌纤维的特定萎缩及其随后的丢失。这可能是 55 岁以上成年人的肌力低于年轻人的原因，因为Ⅱ型肌纤维能够产生更高的最大力量水平。因此，未能对失神经纤维进行再神经支配可能是导致老年人肌萎缩的机制之一。

（三）骨骼肌蛋白质周转

骨骼肌质量在很大程度上受肌肉蛋白质周转的调节，其中包括肌肉蛋白质合成（MPS）和分解（MPB）。蛋白质周转率随着合成代谢（饮食蛋白质摄入、运动，以及在较小程度上激素刺激）和分解代谢刺激（由于禁食导致氨基酸和胰岛素浓度降低）而每天波动。膳食氨基酸（AA）是新发 MPS 的基础，而必需氨基酸，尤其是亮氨酸，作为有效的合成代谢信号，主要通过激活 mTORC1 促进翻译起始。在禁食、吸收后条件下，MPB 比率超过 MPS 比率，导致负的净肌肉蛋白质平衡。在健康的年轻人中，这种短暂的肌肉蛋白质损失通过摄入蛋白质后引起高氨基酸血症促进 MPS 的增加，以及高胰岛素血症引起的 MPB 的下降得到补偿。然而，衰老引起 MPS 对合成代谢刺激的反应变迟钝，称为“合成代谢抵抗”，这是一种可能导致肌肉损失的机制。

（四）慢性炎症

越来越多的证据表明，低度慢性炎症在神经肌肉系统的年龄相关变化中起着显著作用。促炎状态的增强是导致肌肉最大力量和功能储备不足的原因。巨噬细胞慢性激活导致促炎症性细胞因子的增加可引起脊髓运动神经元的缺失导致的肌肉纤维数量和尺寸降低，引起肌肉力量和功能下降，进而引起身体活动能力下降。

（五）线粒体功能障碍

虽然肌肉老化的原因是多因素的，但线粒体功能减退是衰老过程中与肌肉退化相关的常见现象，如线粒体生物发生减少，线粒体质量减少、分裂融合率异常及线粒体周转率下降。此外，线粒体 DNA 损伤增加，线粒体去极化和肿胀，氧化磷酸化和三羧酸循环活性降低，可引起 ATP 生成减少、钙稳态受损、细胞凋亡增加和活性氧（ROS）水平升高，从而导致年龄相关的肌肉功能障碍。

线粒体通常参与凋亡过程，线粒体功能障碍可能是细胞凋亡介导的细胞死亡的触发因素。肌少症与线粒体凋亡易感性增加及线粒体合成转录驱动力降低有关。

总之，年龄相关的肌少症与活性氧生成增加、线粒体凋亡易感性增加及线粒体合成转录驱动力降低等密切相关。

（六）激素水平和敏感性的变化

老年人胰岛素、生长激素、雌激素、雄激素等激素水平的下降，均可导致肌少症的发生。女性雌激素水平的下降可能与促炎性细胞因子如肿瘤坏死因子、白细胞介素（IL）-6等的升高有关，是导致肌少症的机制之一。胰岛素加速蛋白质合成的翻译过程，而老年人骨骼肌对胰岛素的蛋白合成促进作用产生抵抗，从而导致骨骼肌蛋白合成能力下降。生长激素通过 IGF-1 发挥作用，维生素 D 可能影响肌肉质量、功能，25-（OH）-D 水平与男性少肌性肥胖患病率呈负相关。

（七）肠道菌群

目前认为肠道菌群参与多种疾病的发生和发展。对肌少症与肠肌轴的关系目前尚不完全清楚，认为肠道微生物群可能导致肌肉减少，老年人肠道微生物群丰度下降；丁酸盐是维持肠道稳态的菌群代谢产物，老年人肠道缺乏产丁酸盐的有益菌种，而不产丁酸的致病菌种比例较高；肠道上皮紧密连接完整性丧失，导致肠道通透性增加，代谢率升高及内毒素血症等均可导致肌肉质量和力量不足。肠道菌群引起肌少症的机制也可能是影响了骨骼肌的合成代谢，以及肠源性低度炎症等。肠道菌群可作为肌少症干预靶点，有待进一步研究。

（八）其他

最近研究显示，前列腺素降解酶 15-PGDH 酶活性升高导致的 PGE_2 水平下降，是衰老骨骼肌萎缩的机制之一，下调小鼠骨骼肌 15-PGDH 酶活性，恢复 PGE_2 水平可改善骨骼肌萎缩，认为 15-PGDH 可能为改善肌少症的潜在作用靶点。骨骼肌的生长和再生伴随着各种营养素的精确调节，如氨基酸、矿物质等。微量矿物质作为营养成分，在骨骼肌的生理功能和能量代谢中起重要作用。铁是必需的微量矿物质，是维持骨骼肌正常生理功能（如肌肉细胞分化、骨骼肌生长和肌红蛋白生物合成等）所必需的。衰老骨骼肌 Tfr1-Slc39a14 的功能转化可促进骨骼肌铁离子吸收、蓄积并诱发骨骼肌铁死亡的发生。该研究发现可为骨骼肌衰老的早期预防和干预提供新的靶点和干预方案。

案例分析讨论 6-1

1. 肌少症的患病率随着年龄的增长而急剧增加，45 岁之前是稳定的，50 岁以后开始逐渐增加，女性发病率高于男性，也有研究中报道男性发病率高于女性。

2. 肌少症可增加老年人跌倒、功能衰退、衰弱、生活质量受损，入院及入住养老机构风险，并直接增加死亡率；加重老年人医疗支出负担，肌肉减少症的存在增加了住院的风险并增加住院期间的护理成本，造成个人、家庭及社会的沉重负担。

3. 早期识别肌少症，是预防、减少和延迟其发展的重要手段；实施初级医疗保健和教育干预措施，是减少老年人和其家人及社会负担的重要手段。

（梁兰玉）

第二节 肌少症对老年人的影响

案例 6-2　　突然跌倒的李大爷

李大爷今年 76 岁，患有冠心病，高血压，平时也不喜欢运动，最喜欢做的事情就是去棋牌室打麻将，在棋牌室里一坐就是半天。自从新冠疫情暴发后，李大爷的活动量更少了，1 天也走不了几步路，健康手环提示每天的步数就 400～600 步，李大爷的体力开始下降，体重莫名其妙就少了 3kg，睡眠也不好，总觉得乏力，一点家务活也不想干，对啥事也提不起兴趣来，记性也渐渐地变差了，总是丢三落四。1 个月前李大爷早起下床时，一不小心跌了一跤，家人送到骨科就诊，X 线检查发现左侧股骨颈骨折，进行了手术治疗。术后李大爷卧床制动的期间如厕、洗澡等活动均不能自理，李大爷的儿女不得不帮他找了一个保姆照顾他的生活，其后李大爷又发生了坠积性肺炎、压疮、尿潴留等一系列问题，反复奔波于医院的各个科室，李大爷的生活质量明显下降，人也变得悲观起来。

问题： 1. 结合上述病例谈一谈李大爷跌倒的相关因素有哪些？

2. 如何对肌少症和老年衰弱进行干预？

肌少症不仅对老年人身体状况造成影响，导致跌倒、功能衰退、衰弱、生活质量受损、入院风险及入住养老机构风险增加，并直接增加死亡率；而且增加了老年人医疗支出负担，肌少症的存在增加了住院的风险并增加住院期间的护理成本。肌少症使＜65 岁患者的住院费用增加 58.5%，65 岁以上患者的住院费用增加 34%，入院时存在肌少症的老年住院患者住院费用远高于没有肌少症的患者，造成老年人个人、家庭及社会的沉重负担。

一、肌少症与衰弱

肌少症为进行性的、广泛性的骨骼肌质量下降和骨骼肌功能减退，是导致机体功能和生活质量下降甚至死亡的综合征。衰弱综合征是由于老年人多重生理系统功能衰退累计缺陷叠加过程，造成身体恢复及储备能力降低、抵抗压力源的能力下降，以及维持体内稳态能力改变等，导致老年人经历外界较小刺激即可出现一系列临床不良事件的发生。

肌少症和衰弱均是衰老相关临床综合征，神经和肌肉系统在维持老年人功能中的发挥巨大作用。肌肉质量的丧失可能会降低个体的独立性，当这个过程变成慢性过程时，可能会导致衰弱。随着老龄化程度的不断加深，肌少症和衰弱的发病率不断增加。在普通人群中，存在肌少症的人群衰弱发生率是非肌少症人群的 2 倍。而衰弱是身体功能的衰退，导致健康受损、体重减轻、日常生活不能自理、反复住院和死亡。肌少症通常被认为是身体衰弱的一个组成部分，且衰弱表型的定义标准与肌少症之间有相当大的重叠。欧洲肌少症工作组将严重的肌少症定义为衰弱前期。也有其他研究将肌少症定义为衰弱前驱综合征或者是衰弱的一个组成部分，因其与衰弱在老年人群中的高度普遍性、与不良健康事件的高度相关性、潜在的可逆性等方面存在共性。而且两者都被认为是老年人高发病率、残疾和死亡的强预测因子。

二、肌少症与跌倒

根据 WHO 的数据，每年有将近 64.6 万次致死性跌倒事件发生。在世界范围内，跌倒是仅次于交通事故的第二大非故意伤害死亡的原因，是 65 岁以上人群死亡及受伤的主要原因。跌倒是我国伤害死亡的第四位原因，更是 65 岁以上老年人首位伤害死因。根据 WHO 公布的数据显示，每年有 28%～35%的 65 岁以上老年人至少发生一次跌倒，70 岁以上老年人则为 32%～42%，在 80 岁以上老年人中则高达 80%，这表明年龄与跌倒呈正相关。跌倒是老年医学中最重要的问题之一，与身体残疾、功能受损、日常生活活动依赖、住院、发病率增加和死亡率有关。跌倒亦是导致老年人失能的重要原因。老年人跌倒有许多易感因素，这些因素包括年龄、视觉及听觉障碍、对跌倒的恐惧、认知障碍、活动能力和步态等。

其中，肌少症是一个潜在的可改变的危险因素，近年来引起了越来越多的关注，肌肉功能下降预示着致残过程的开始，因其增加跌倒及跌倒相关致残发生率，影响平衡、步态、下肢本体感觉和执行日常生活任务的总体能力，而且肌肉质量和力量的丧失可能被视为跌倒的相关危险因素。一项纳入 13 101 例年龄≥65 岁老年人的研究显示，肌少症和跌倒相关损伤发生率分别为 13.5%和 4.9%；而有肌少症老年人和非肌少症老年人的跌倒相关损伤发生率分别为 7.9%和 4.3%。

肌少症可能会损害老年人的平衡，这也是跌倒的一个重要风险因素。有研究表明，双侧握力（HGS）及伸腿力量（LEP）的不对称性下降，尤其是握力不对称差异越大的老年人，越容易发生跌倒、髋部骨折、严重骨质疏松性骨折和非骨质疏松性骨折，且与反复发生跌倒相关。低 HGS 已被证明与未来跌倒和相关骨折有关，功能不对称性更能预测跌倒和跌倒相关骨折后躯体功能恢复能力。

三、肌少症与骨质疏松

老年人常同时出现肌少症合并骨质疏松，这是两种与衰老相关的慢性肌肉骨骼疾病的共存，但并非两种疾病简单的叠加，也被报道为一种“危险二重唱”，最近对 168 682 名英国生物库参与者关于肌少症与偶发性骨质疏松症的前瞻性研究发现，肌少症前期与男性发生骨质疏松症的风险增高相关，而肌少症与女性发生骨质疏松症的风险增高相关。也有研究显示，肌少症的发生可能使骨质疏松症的风险增加 5 倍，而肌肉质量和力量的减少与髋部和脊柱骨密度下降有关。肌少症与骨质疏松往往出现协同作用，产生一系列的不良影响。表现为身体活动能力下降，肌肉力量和活动能力下降，跌倒次数增多，产生对跌倒的恐惧，加重肌肉骨骼组织的损失，同时增加衰弱综合征、骨折和死亡的发生率。

肌少症与骨质疏松往往出现协同作用，因此研究二者共存的具体机制，可以对疾病的预防和干预有重要作用。脂肪浸润是老年人骨骼和肌肉的共同特征；此外，骨质疏松症和肌少症共同的发病机制包括遗传、发育和内分泌调节因素，维生素 D 缺乏，慢性低度炎症等。

肌肉和骨骼之间“对话”（crosstalk）主要通过骨骼和肌肉细胞向循环中分泌多种因子，如细胞因子、肌细胞因子和骨细胞因子，以影响局部及远处器官和细胞的生物和病理活动。肌细胞因子是运动后肌肉纤维表达和释放的可溶性分子，调节局部和远处细胞和器官的生物和病理活动。它们主要由多肽组成，如生长因子、细胞因子和一些小的有机酸。循环中的各种肌细胞因子通过肌肉器官串扰共同维持体内平衡。例如，运动诱导的鸢尾素（irisin）可促进产热和增加骨量。肌肉在基础水平上不断释放鸢尾素，并在运动过程中增强，动物实验证实，年轻雄性小鼠每周注射一次低剂量重组鸢尾素，持续 4 周，可增加皮质骨量，刺激成骨细胞骨形成。在衰老过程中，运动能力的降低和肌肉的丧失可能会降低鸢尾素蛋白的表达。鸢尾素水平与年龄呈负相关，可能是由年龄相关的肌肉损失引起的。鸢尾素水平与骨矿物质状态呈正相关，而低鸢尾素水平与髋部骨折风险增加相关，进一步证实与年龄相关的肌肉和骨骼减少可能是由鸢尾素水平降低引起的，但详细的作用机制仍有待阐明。

骨骼肌作为运动器官和糖原储存器官，是骨钙素（OCN）的重要靶组织。OCN 可以改善肌肉利用葡萄糖和脂肪酸的能力，缺乏 OCN 的小鼠表现出运动能力受损而给予外源性 OCN 可挽救老年小鼠的运动能力。此外，OCN 可以刺激骨骼肌释放 IL-6，同时 IL-6 和 OCN 形成一个前馈轴，以增强对运动的适应性。

抗阻运动、营养支持、补充维生素 D 和钙剂是控制肌少症和骨质疏松发展的重要措施。

四、肌少症与认知功能障碍

越来越多的研究证明，肌少症与认知障碍之间存在显著相关性。肌少症主要被认为是认知障碍的危险因素，在一项前瞻性研究中，肌少症被证明是居住在社区的日本老年人认知能力下降的独立预测因子。但也可以认为肌少症是早期认知障碍过程的一种表现，且肌少症与认知障碍的是双向关联的，互为因果。

认知功能减退引起肌少症：认知障碍最早可能会导致身体活动不足，进而引起肌肉质量和力量下降，最终演变为身体功能下降。另外，运动神经元的减少会导致运动单位丧失，转化为肌肉萎缩和消瘦。步态速度作为评估肌少症的重要参数，步态起始及步态控制是一个复杂的大脑过程，涉及运动、知觉和认知过程的整合，包括记忆、注意力和执行功能，较小的前额叶区域通过较慢的信息处理速度而导致步速降低。

肌少症引起认知功能减退：患有肌少症的老年人认知能力下降的风险增加。研究证明肌少症与语言流利性较差相关，而低肌力与所有认知测试者的较差表现相关。存在肌少症的老年人，认知功能测评简易智力状况检查法（MMSE）评分及词语流畅性测验（VF）评分均较低。在衰老过程中，许多生物体面临着细胞内稳态的衰退组织。骨骼肌分泌多种肌细胞因子，与多种组织的适应性变化有因果关系，包括增强神经系统的神经发生和提高认知功能。其中脑源性神经营养因子（BDNF）是神经营养蛋白生长因子家族的成员之一，其主要作用是支持有丝分裂后神经元的存活及新神经元和突触的生长与分化，从而促进神经生长及重塑，减少神经退行性疾病的发生。同样地，IGF-1 是调节神经可塑性进而影响认知能力的重要因子。检测发现体内 BDNF 及 IGF-1 浓度随肌肉活动量增大而增加，由肌少症引起的身体活动不足可能导致 BDNF 和 IGF-1 的分泌降低，进而导致未来的认知能力下降。

五、肌少症与生活质量

肌少症使老年人生活质量下降，丧失独立性或者需要长期护理，我国肌少症相关研究尚处于起步阶段。在一项针对社区老年人居住、生活或辅助设施的研究中，研究人员发现，步速下降和起立时间增加或动作不能完成是日常生活活动中残疾的潜在驱动因素。且该残疾可导致这些老年人的生活质量降低和医疗成本增加。从经济学角度考虑，肌少症会增加老年人的住院风险及医疗保健费用的支出。患有肌少症的老年人住院期间护理成本远高于无肌少症的老年人。此外，由于老年人的生理改变，跌倒后也会更容易出现合并症及功能康复延迟，这也将进一步导致相关功能失调和增加再次跌倒的概率。肌少症患者可能因频繁跌倒、增加骨折的风险、自理能力下降、营养摄入减少及缺少身体活动造成老年人抑郁、生活不便、残疾和功能损害，同时，与抑郁有关的症状如虚弱、食欲缺乏、活动减少，可能导致肌少症发生发展。并且肌少症增加心脏病、呼吸系统疾病患者再入院发生率，使住院时间延长，并增加住院死亡率。

综上所述，肌少症促进衰老的进程，对老年人的身体状况、精神及心理均产生不良影响，增加入院率、死亡率，加重个人及社会经济负担。因此，早发现、早干预是减少疾病负担最有效的措施。

案例分析讨论 6-2

1. 跌倒的相关因素如下。①内在的因素：包括生理因素（步态稳定性下降和平衡功能受损、视力、视觉分辨率、视觉的空间/深度感及视敏度下降、四肢力量的下降等），病理因素（神经系统疾病如帕金森病、阿尔茨海默病、癫痫、心血管系统疾病、直立性低血压、糖尿病等），药物因素（服用镇静、催眠及抗惊厥类药物、化疗药、抗组胺类药、降糖药及任何影响平衡的药物），以及心理因素（抑郁、焦虑、情绪不佳及害怕跌倒的心理状态）。②外在的因素：包括周围环境的变化、无序和老年人对环境的适应性较差、路面不平、上下台阶、搬置物品、运动不当、老年人独居等。

2. 首先，要针对危险因素进行干预，对患者进行健康教育，改变不良生活方式，指导健康饮食，鼓励适当运动、戒烟限酒、体重控制，控制和防治生物学的、社会经济的和环境的应激源。其次，针对衰弱、肌少症、营养不良老年人进行运动干预、力量和平衡训练可以成功地增加肌肉力量和功能，使老年人运动功能得到改善。再次，需重视营养干预，主要是强调足够的蛋白质和充足的能量摄取。最后，相关药物的治疗，如维生素 D、激素的补充等。

（刘　涵　雍家成）

第三节　肌少症评估与干预措施

案例 6-3　　**王阿姨生病了吗？**

王阿姨今年 66 岁，退休前她是一名公务员，身体一直很健康，没有任何慢性病。可自从离开工作岗位后，她觉得自己失去了生活的重心。尽管每天从早忙到晚，接送孩子、洗衣做饭忙家务，活动量已经很大了，但还是觉得体力一点点下降，总感到乏力，生活质量大不如前。最近，她一直闷在家里，人没力气、没精神，晚上睡眠质量也不好，体重下降了 8 斤，难得出门一趟还走路不稳，摔了一跤。因为担心她的身体情况，家人带着她到医院做了全套体检，肿瘤、内分泌代谢等所有指标都正常，从体检结论来看，王阿姨可以称得上是一位“健康”的老年人。不过，王阿姨很不满意这个体检结论，她觉得自己肯定是有病的，就是未查出来而已。王阿姨是否有病？我们身边一些 80 岁的老年人，虽罹患了高血压、糖尿病等慢性病，但是有些人一样可以去游泳、打高尔夫球，而另外一些人只能在家中被照护。这些年龄相同、疾病相似的老年人，为什么会有截然不同的临床表现呢？

问题： 1. 以上病例反映了哪些问题？
2. 你认为老年人的健康判定有哪些标准？
3. 你认为该提高老年人哪些活动能力？

一、肌少症诊断

由于各个国家老年人群机体存在差异，肌少症评估方法及诊断的截断值不同，目前使用较广泛的肌少症诊断标准有针对欧洲老年人的 EWGSOP2 和针对亚洲老年人的 AWGS 2019。

（一）肌少症分期

2018 年的欧洲肌少症指南 EWGSOP2 使用低肌肉力量作为肌少症诊断的主要参数，提出肌力是目前肌肉功能最可靠的衡量标准，并继续对肌少症进行分期。仅存在低肌肉力量，诊断为“可能肌少症”；同时存在低肌肉力量及低肌肉数量/质量，确诊为“肌少症”；若同时存在低肌肉力量、低肌肉数量/质量及低躯体功能时则诊断为“严重肌少症”。

AWGS2019 制定肌少症诊断流程和相关测量方法，并且更强调躯体功能是否受到影响。将肌少症也分为 3 期，即“可能肌少症”定义为肌肉力量低下和（或）躯体功能下降；“肌少症”定义为肌肉质量和肌肉力量低下，但无躯体功能下降；当肌肉质量、肌肉力量及躯体功能均低下时则称为“严重肌少症”。

（二）欧洲诊断标准

1. 肌少症筛查　2010 年 EWGSOP 第一版指南制定时并没有关注到肌少症的筛查，数年后 EWGSOP2 总结了工作经验，在之前指南基础上提出肌少症的诊断流程为发现-评估-确诊-严重程度分级（find-assess-confirm-severity，F-A-C-S），强调通过早期有效干预来预防、延迟、治疗甚至逆转肌肉减少。

在临床实践中，当患者自诉有跌倒、感觉虚弱、行走速度缓慢、从椅子上站起来困难或体重减轻/肌肉萎缩等肌肉减少的症状或体征时，EWGSOP2 建议使用 SARC-F 问卷或 Ishii 测试对患者进行肌少症初步筛查。SARC-F 是一种廉价且方便的方法，常用于社区医疗保健和其他临床环境筛查肌少症风险。Ishii 筛查测试也是一种简便测试，使用基于 3 个变量（年龄、握力和小腿围）的方程式得出的分数来估计肌少症概率，推荐男性≥105 分、女性≥120 分作为筛查肌少症的截断值。由于 SARC-F 对严重肌少症患者的敏感性和特异性较高，EWGSOP2 提出还可以将 SARC-F 评分和小腿围（calf circumference，CC）测量相关联，在 SARC-F 评分的基础上，对 CC 进行评分，得到 SARC-CalF 评分，当评分≥11 分为可疑肌少症患者，评分＜11 分为正常。

2. 肌少症参数测量

（1）肌肉力量：握力测试是既简单又便宜的测试肌肉力量的方法，是手臂和腿部力量测量的可靠替代方法，多项研究证明握力低是老年患者预后不良（如住院时间延长、功能限制增加、与健康相关的生活和死亡）的有力预测因素。由于低握力是活动能力差的临床标志，并且比低肌肉质量更能预测临床结果，EWGSOP2 建议在综合医院和社区医疗保健中常规使用校准的手持式测力计测试握力，当无法测量抓握力时（如手部残疾或有关节炎症时），可使用等距扭矩方法来测量下肢力量。

腿部肌力往往更能反映老年人的平衡能力及对身体的控制能力，在 EWGSOP2 发布的欧洲肌少症指南中，椅立测试被用作腿部肌肉（股四头肌群）力量的反映。椅立测试要求患者在不使用手臂的情况下从坐姿站起来 5 次所需的时间，当总时间超过 15s 或不能独立完成 5 次起坐测试则认为该老年人可能存在肌少症，而定时椅立测试是计算患者在 30s 内可以起身和坐在椅子上的次数。因椅立试验反映的是老年人下肢力量和耐受能力，因此该试验是一种有效且简便的肌力测量方法。

（2）肌肉质量：肌肉数量或质量的测量可以通过多种技术进行估计，肌肉数量可以用全身骨骼肌质量（SMM）、附肢骨骼肌质量（ASM）或特定肌肉群或身体部位的肌肉横截面积来描述。目前应用最广泛、认可程度较高且有明确诊断截断值的方法是双能 X 射线吸收测定法（DXA）和生物阻抗分析法（BIA）。

1）DXA 能够无创测量肌肉数量（全身瘦肉组织质量或附肢骨骼肌质量），是目前研究和临床使用的检测方法。EWGSOP2 提出在量化肌肉质量时，SMM 或 ASM 的绝对水平可以通过不同方式根据体型进行调整，即使用身高平方（$ASM/height^2$）、体重（ASM/weight）

或体重指数（ASM/BMI），并对截断值做出明确规定。DXA 不仅可以区分脂肪、骨矿物质和瘦肉组织，且重复性高、辐射较小，主要缺点是该设备不便于携带，妨碍在大规模流行病学研究中的使用，测量值也会受到患者水合状态的影响。

2）BIA 是根据全身电导率，使用转换方程推导出肌肉质量的估计值。由于器械和参考人群不同，EWGSOP 2 建议使用交叉验证的 Sergi 方程进行测量标准化，但 Sergi 方程适用于欧洲人群，所以在临床上使用 BIA 测量肌肉质量时应考虑到老年人年龄、种族和其他差异。BIA 较 DXA 相比，价格实惠、广泛可用且便于携带，需注意的是测量值也会受到患者水合状态的影响。

3）磁共振成像（MRI）和计算机断层扫描（CT）：2010 年 EWGSOP 及 2018 年 EWGSOP 两版欧洲肌少症指南中均认为 MRI 和 CT 是非侵入性评估肌肉数量/质量的黄金标准。因为第三腰椎肌肉横截面积（L3SMI）与全身肌肉情况显著相关，使用 CT 或 MRI 测量第三腰椎方法已被用于检测低肌肉质量，Sheean 的研究发现，使用单个横断面 CT 切片对第三腰椎骨骼肌面积（SMA）进行量化，结果显示超过 56%的呼吸衰竭患者患有肌少症，并且与生存预后密切相关。然而，由于设备成本高、缺乏便携性及需要训练有素的人员才能使用这些设备，这些工具在初级保健中并不常用。对于 MRI 和 CT 诊断低肌肉质量的截断值尚未明确定义。通过 MRI 或 CT 测量大腿中部肌肉面积或腰大肌肌肉面积也是常用的测量肌肉质量的方法。

4）超声检查：超声不但可以区分肌肉组织和皮下脂肪，而且可以测量肌肉的厚度和横截面积，是一种安全无辐射且方便的技术。国外研究发现超声测量的股直肌直径、横截面积与 CT 测量的同一部位的肌肉直径和横截面积有很好的同质性，并且超声能够反映短时间内肌肉（如股四头肌）厚度和横截面积的变化。欧洲老年医学会（EuGMS）肌少症小组最近提出了超声在肌肉评估中的指南，建议测量指标包括测量肌肉厚度、横截面积、肌束长度、羽状角和回声。与 DXA、MRI 和 CT 相比，超声可以实时清晰地对骨骼肌成像，并能展现骨骼肌收缩运动时的结构变化，且有无辐射、价格低廉及便携等优势。在临床实践和社区医疗中的使用潜力巨大，未来会有更多的研究来验证其使用价值。

（3）躯体功能：躯体功能测试包括简易体能状况量表（SPPB）、正常步态体能测试、步行速度测试和起立-行走试验（TUGT）等。

1）SPPB 通过检查受试者双脚并拢站立、双脚半串联站立和双脚串联站立的能力、4m 步行及起立-行走计时测试来评估平衡、步态、力量和耐力。SPPB 是一种综合衡量身体表现的指标，能预测老年人的不良健康事件，如残疾、入院和死亡率，可用作研究和临床实践中躯体功能的衡量标准，在 EWGSOP2 指南中明确 SPPB≤8 分（最高分 12 分）表示躯体功能较差，需要进行肌少症的进一步确诊。

2）步行速度测试：步行速度是 SPPB 的一部分，也可单独测试，易于管理，不需要实验室设备，并且不限于特定的医疗保健学科，是一项安全可靠的测试被广泛使用，也被证明了是不良健康事件（严重的活动受限、死亡率）的预测指标。EWGSOP2 指出在 4m 步行测试中，将步行速度≤0.8m/s 作为诊断严重肌少症的截断值。

3）TUGT 是一项评估个体动态平衡的测试，要求受试者从椅子上站起来，走一小段距离，转身，返回并再次坐下，观察平衡功能并按 5 分制评分。TUGT 常用来筛查住院和社区中老年人的跌倒风险，它可以反映动态平衡，美国老年医学会和英国老年医学会推荐使用 TUGT 作为跌倒风险的常规筛查试验。

这些测试都可以在大多数临床环境中进行。就其使用方便性和预测肌肉减少症相关结果的能力而言，EWGSOP2 建议使用步行速度测试来评估躯体功能，SPPB 更常用于研究而不是临床评估。

3. 欧洲肌少症诊断截断值　EWGSOP2 在之前的研究基础上，针对欧洲人群明确了测量指标及相应的截断值用于指导诊断和治疗（表 6-1）。

表 6-1　EWGSOP 2 肌少症诊断截断值

临界值	男性	女性
握力	＜27kg	＜16kg
椅立测试	5 次＞15s	5 次＞15s
ASM	＜20kg	＜15kg
ASM/height^2	＜7.0kg/m^2	＜6.0kg/m^2
步速	＜0.8m/s	＜0.8m/s
SPPB	≤8 分	≤8 分
TUGT	≥20s	≥20s
4m 步行	未完成或≥6min	未完成或≥6min

（三）亚洲诊断标准

AWGS 2019 总结了并参考了 EWGSOP2 的指南制定的肌少症诊断流程（F-A-C-S）和相关测量方法，对 AWGS2014 指南的诊断条目规定了界值，明确了诊断流程。

1. 发现病例　由于亚洲不同国家老龄化程度不同，AWGS2019 在前期工作基础上根据不同医疗环境分为临床实践和基层医疗提出相应的筛查标准，认为早期进行肌少症筛查有利于促进健康、预防残疾、改善临床干预策略。

在临床实践中，患者存在以下情况的应进行肌少症的筛查：躯体功能下降或活动受限、非意愿性体重下降、抑郁情绪、认知受损、反复跌倒、营养不良，或存在慢性心力衰竭、慢性阻塞性肺病、糖尿病、慢性肾病等慢性病。

在社区基层医疗机构，或急慢性医疗机构在缺乏诊断仪器情况下，AWGS2019 建议使用小腿围（CC）或 SARC-F 或 SARC-CalF 问卷进行肌少症筛查。可通过以下方法初步筛查病例：①小腿围测定：男性＜34cm，女性＜33cm；或②SARC-F 量表≥4 分；或③SARC-CalF 量表≥11 分。此外 CC 的有效替代方法是“指环”（Yubi-wakka）测试，用双手的食指和拇指环绕非优势小腿最粗的部分；如果测量的小腿刚好适合或小于指环，老年人患肌少症的风险会增加。

2. 肌少症测量指标

（1）肌肉质量：AWGS2019 对于肌肉质量测定的影像学方法，与 EWGSOP2 推荐的 DXA、CT、MRI 和 BIA 相同，但 AWGS2019 建议使用 DXA 或多频 BIA（均经过高度调整）来测量肌肉减少症诊断中的肌肉质量，截断值：DXA 男性＜7.0kg/m^2，女性＜5.4kg/m^2；BIA 男性＜7.0kg/m^2，女性＜5.7kg/m^2。

（2）肌肉力量：握力仍是亚洲肌少症工作组所推荐的肌力测量指标。AWGS2019 在综合了亚洲多种研究结果后规范了握力测量时的标准姿势，即自主站立位时双手或惯用手肘部完全伸展或屈曲 90°（无法站立时取坐位），测量 2 次或 3 次，取最大值，男性＜28.0kg 和女性＜18.0kg 诊断为低肌力。

（3）躯体功能：更新后的 AWGS2019 建议根据 SPPB、6m 步行速度或 5 次椅立测试来评估体能。AWGS2019 建议使用自动计时以正常速度步行 6m 所需的时间，并取至少 2 次试验的平均结果作为记录速度。AWGS2019 将 6m 步行速度截断值从 AWGS2014 的 0.8m/s 增加＜1.0m/s，并且不推荐性别特异性截断值。在 SPPB 测试中，AWGS2019 建议＜9 分可诊断为躯体功能下降。此外，5 次椅立测试已被提议作为步行速度在肌少症诊断中的替代指标，用于诊断躯体功能下降。

3. 肌少症诊断标准　肌少症 AWGS2019 诊断标准及参考截断值详见表 6-2。

表 6-2　肌少症 AWGS2019 诊断标准及参考截断值

可能肌少症	肌少症	严重肌少症
（1）握力：男＜28kg；女＜18kg	（1）握力：男＜28kg；女＜18kg	（1）握力：男＜28kg；女＜18kg
（2）起立-行走试验（TUGT）≥12s	（2）DXA：男＜7.0kg/m^2；女＜5.4m/m^2	（2）DXA：男＜7.0kg/m^2；女＜5.4m/m^2
	BIA：男＜7.0kg/m^2；女＜5.7kg/m^2	BIA：男＜7.0kg/m^2；女＜5.7kg/m^2
	（3）6m 步速＜1.0m/s，或 TUGT≥12s，或 SPPB≤9	（3）6m 步速＜1.0m/s，或 TUGT≥12s，或 SPPB≤9
满足（1）或（2）	满足（1）+（2）或（3）	满足（1）+（2）+（3）

因为老年人群的特殊性，肌少症与多种慢性病的发生发展相互影响，共同存在。即使欧洲及亚洲肌少症工作组提供了诊断方法及诊断标准，但目前在临床上还尚未统一，并且没有更加简便、有效、精确的替代方法，这常常导致医护人员对于肌少症的判断失误。因此对于肌少症的诊断及鉴别，未来还需进行更多、更大规模的深入研究。

小链接　　**肌少症的鉴别诊断**

1. 恶病质在老年人中被认为是伴随严重消瘦的疾病状态，如癌症、充血性心肌病和终末期肾病。恶病质最近被定义为与潜在疾病相关的复杂代谢综合征，其特征是肌肉减少伴体重下降。恶病质通常与炎症、胰岛素抵抗、厌食和肌肉蛋白质分解增加有关。

2. 衰弱是一种老年综合征，由多个生理系统与年龄相关的累积衰退引起，体内平衡储备受损，机体承受压力的能力降低，从而增加对不良健康结果的脆弱性，包括跌倒、住院和死亡。衰弱的表型定义为满足以下 3 个或 3 个以上——意外体重减轻、疲惫、虚弱、步态缓慢和体力活动低。衰弱和肌少症重叠；大多数衰弱的老年人表现出肌少症。然而，衰弱的一般概念超出了身体因素，还包括心理和社会层面，包括认知状态、社会支持和其他环境因素。

3. 肌少症表型也与营养不良有关，无论营养不良状况是否源于低膳食摄入量（如饥饿、无法进食）、营养生物利用度降低（如腹泻、呕吐），还是高营养需求（如炎症性疾病，如癌症或器官衰竭伴恶病质）。最近有人提出低肌肉质量作为营养不良定义的一部分。在营养不良的情况下，通常会出现低脂肪量，而肌少症不一定是这种情况，同时营养支持治疗对于肌少症的逆转也是必不可少的关键步骤。

二、肌少症治疗

肌少症对老年人的影响是深远的。其巨大的损失是根据发病率、残疾、高昂的医疗保健费用和死亡率来衡量的。由于老年人肌少症的后果严重且会改变生活，因此预防或延缓肌少症的目标是在青少年时期最大限度地增加肌肉，在中年时期保持肌肉，在老年时期尽量减少损失。

（一）非药物治疗

肌少症的预防是研究活动的一个主要领域，观察性流行病学研究已经确定了重要的危险因素，如高龄、社会经济地位低，以及可改变的影响，包括低体力活动和不良饮食等。迄今为止，预防战略的重点是在以后的生活中改变这些危险因素（特别是增加体力活动水平）。

1. 运动 有氧、耐力、抗阻运动可以增加老年肌少症人群的肌肉质量和肌肉力量。有氧耐力运动可以增加运动的灵活性；抗阻运动对肌肉功能和结构同时起作用，是改善肌少症的一种非常有效的策略，它具有许多有益的效应。抗阻运动通过哺乳动物是由雷帕霉素复合物 1-p70 核糖体蛋白 S6 激酶（mTORC1-p70S6K1）途径刺激肌肉蛋白质合成，持续的抗阻训练，通过负荷收缩刺激该通路，并结合适当的蛋白质摄入，导致瘦体重增加。在一项对 65～75 岁的老年人进行的 16 周阻力训练（RT），可使肌肉质量增加 1.5kg，总力量增加了 60%，同样，腿部瘦体重增加了 3%，力量增加超过 40%，起坐试验的时间减少了 3%。当在抗阻运动的时段内摄入蛋白质时，蛋白质可以与抗阻运动协同作用，进一步增强肌肉蛋白质合成反应。在 RT（＞6 周）期间补充膳食蛋白质比单独 RT 更能增加瘦体重。使用低/中等强度和低负重运动的阻力训练可显著增加瘦体重、骨骼肌重量、骨骼肌重量指数、腿部力量和握力。

抗阻运动包括举重、拉伸器训练、仰卧起坐、弹力带训练等多种形式，考虑到安全性和灵活性，弹力带训练更适合在老年人群中推广。建议老年人每天进行中-高强度运动 40～60min，抗阻运动 20～30min，每周≥3 天。而对于活动不便的老年人，可选用全身肌肉电刺激法等物理方法进行肌肉辅助训练。

2. 营养干预 充足的蛋白质摄入被认为是健康老龄化的核心饮食元素，摄入足够的膳食蛋白质是维持肌肉蛋白质合成，维持肌肉功能的基本前提。除了总蛋白质摄入量外，研究表明，与植物蛋白质相比，动物蛋白质诱导更高的肌肉蛋白质合成刺激，更好地改善躯体功能。有研究表明，摄入更多植物蛋白质与更快的步行速度有关，并且在简易机体功能评估中得分更高。有人认为碱性富含钾和镁等矿物质的植物性饮食可能有利于维持老年人的肌肉质量和功能，有研究认为蛋白质摄入在预防与年龄相关的肌肉萎缩中的作用可能受蛋白质总摄入量的影响，蛋白质总摄入量与肌肉质量和功能呈线性剂量反应模式。因此，与年轻人相比最大限度地刺激肌肉蛋白质合成需要老年人摄入更多的蛋白质。

2021 年中国老年人肌少症诊疗专家共识指出，对于非肌少症的 60 岁及以上老年人建议每日摄入 1.0～1.2g/（kg · d）的蛋白质以预防肌少症的发生；对于明确诊断的肌少症患者建议每日蛋白质摄入量达到 1.2～1.5g/（kg · d）；而对合并严重营养不良的肌少症患者每日蛋白质则需要补充到 1.5g/（kg·d）以上；蛋白质摄入需平均分布于每日的 3～5 餐中，推荐富含亮氨酸的优质蛋白。推荐肌少症和可能肌少症的老年人进行营养筛查，若存在营养不良建议进行口服营养制剂（ONS）的补充。

支链氨基酸（尤其是亮氨酸）不仅是合成蛋白质的原料，还调节蛋白质合成。AWGS2014 建议使用富含亮氨酸的平衡必需氨基酸或平衡氨基酸补充剂（每天 6g 富含亮氨酸的必需氨基酸混合物），能有效锻炼肌力、增加肌肉质量和提高步速。乳清蛋白富含亮氨酸和谷氨酰胺，可快速消化，是最优质的蛋白质之一，具有促进肌肉蛋白质合成的能力；酪蛋白是一种含有磷钙的结合蛋白，在胃肠道中分解较慢，可使机体得到持续、缓慢的氨基酸供应，从而增加蛋白质的身体吸收和利用率。β-羟基-β-甲基丁酸（HMB）是亮氨酸的代谢产物，一般 HMB 的补充量是 3g/d，具有促进肌肉蛋白质分解、提高免疫功能和降低炎症反应等功能。国外临床研究证明，HMB 补充可以提高老年人肌肉质量，增加肌力，降低肌肉降解速度。

维生素 D 在骨骼和肌肉的稳定中发挥作用，其缺乏可导致老年人骨吸收增加及肌肉质量和力量减少。目前大量的研究证实，老年人群每天补充维生素 D 800～1000IU 可改善骨骼和肌肉强度，同时可以改善肌肉功能，降低跌倒和骨折的风险。

肌酸是一种含氮有机酸，多数存在于骨骼肌中，磷酸肌酸高能键断裂能为肌肉收缩提供能量。适当补充肌酸化合物，可增加肌力，减少剧烈活动后的细胞损伤和炎症反应。此外，肌酸还可能增加蛋白质的合成、增强磷酸肌酸和糖原的储备，以便在运动后快速地再合成 ATP 等。

已经证实单独的营养补充或运动干预对防治老年人肌少症有积极作用，但营养补充与运动相结合是维持肌肉功能的最佳选择。多项研究表明运动联合营养干预不仅能促进肌肉蛋白质的合成，还能激活肌卫星细胞，刺激其增殖、分化，最大程度延缓肌肉衰老。

（二）药物治疗

目前尚无特效药物被批准用于治疗肌少症。生长激素替代疗法主要通过调节线粒体代谢、增加氧化应激反应、维持蛋白质平衡起效。低剂量生长激素可能作为肌少症治疗的一个新选择。然而生长激素的治疗存在一定的不良反应，如腕管综合征、水肿、高血糖等，一定程度限制其临床应用。在血睾酮水平较低的男性中，睾酮对肌肉质量的影响大于对力量或功能的影响，试验表明睾酮对身体功能的益处有限，特别是对于那些步行速度慢的人，而且因其具有心血管不良反应而限制其应用。

有研究发现血管紧张素转换酶抑制剂（ACEI）能够通过增强血管内皮功能改善骨骼肌血流，推测其可以用来对抗肌肉减少，但目前 ACEI 类药物治疗肌少症仍存在很大争议，仍需要大样本试验探究。除 ACEI 类药物外，银杏叶提取物、他汀类药物、血管扩张剂等心血管药物也有益于肌肉减少的延缓，但上述药物用于治疗肌少症时，其安全性和不良反应有待于更多研究才能明确。

（三）中医疗法

已有临床试验证实补中益气汤、八珍汤等均可通过健脾和胃、气血双补的作用改善肌肉质量、肌肉功能。研究表明，电针能促进 IGF-1 表达，抑制肌生成抑制蛋白，促进骨骼肌的肌卫星细胞增生，从而修复失神经支配的骨骼肌，延缓骨骼肌萎缩的程度。八段锦、五禽戏、太极等均能改善关节活动度及骨质代谢情况，且导引锻炼动作柔和，降低跌倒风险及心血管、骨关节负荷，也是未来治疗肌少症的探索方向。

案例分析讨论 6-3

1. 肌肉减少是一种增龄相关性、进行性累及全身骨骼肌的疾病，在老年人群中发病率逐年增高。肌少症前期老年人身体生化指标虽然表现正常，但活动水平、精神状态及生活质量会受到影响。因此对于老年人无论胖瘦，都应该提高对肌肉质量及功能的重视程度。

2. WHO 对老年人健康的标准提出了多维评价，具体包括 5 个方面：精神健康、躯体健康、日常生活的能力、社会健康和经济状况。近年来，WHO 指出老年人健康最好的测量指标是功能，身体功能的适应能力。2013 年《中国健康老年人标准》提出健康老年人标准：①重要脏器的增龄性改变未导致功能异常，无重大疾病，相关高危因素控制在与其年龄相适应的达标范围内，具有一定的抗病能力；②认知功能基本正常，能适应环境，处事乐观积极，自我满意或自我评价好；③能恰当处理家庭和社会人际关系，积极参与家庭和社会活动；④日常生活活动正常，生活自理或基本自理；⑤营养状况良好，体重适中，保持良好生活方式。

3. 65 岁以上居家老年人，每年近有 1/3 的人群会发生跌倒，导致骨折、残疾、长时间卧床甚至死亡等不良事件发生率上升。因此为了减少上述事件的发生，提高老年人生活质量，需要采取合适的体育锻炼方法，提高平衡能力、心肺功能、下肢肌肉力量、柔韧度等活动能力。

（李　莉　杨君红）

第四节　肌少症与医养结合养老护理

案例 6-4　　**反复住院的张大爷**

张大爷，80 岁，体重指数（BMI）14.17kg/m²，因“急性失代偿性心力衰竭，肺部感染，双侧胸腔积液，营养不良，肌少症”在某三甲医院治疗 12 天后好转出院。这也是张大爷最近 3 个月内第二次因“急性失代偿性心力衰竭”入院。出院后转入所在社区医养机构。与住院期间相比，症状有所好转，心功能由Ⅳ级转为Ⅲ级，食欲也明显改善。但张大爷因活动后即气喘，因此懒言少动。牙齿松动，饮食以半流质为主。

问题： 1. 针对张大爷的情况，入住医养结合机构后需进行哪些方面的评估？

2. 针对张大爷，医养结合机构应给予怎样的干预措施？

3. 如何预防张大爷反复住院？

随着我国工业化、城镇化、人口老龄化进程不断加快，慢性病发病、患病和死亡人数不断增多，慢性病已成为严重威胁我国居民健康、影响国家经济社会发展的重大公共卫生问题。2018 年《中国国民健康与营养大数据报告》显示，20%国人患慢性病，慢性病死亡率占 86%，占疾病负担的 76%。对我国医疗保障和社会保障体系形成了巨大的挑战，影响了我国人口数量、质量和社会经济的可持续发展。我国慢性病人群主要死因为心脑血管疾病、癌症、慢性呼吸系统疾病、2 型糖尿病等。而吸烟酗酒、缺乏体育锻炼、失能、跌倒及巨大心理压力等不良饮食习惯和生活方式，都导致了慢性病的产生。

随着老龄化社会的持续加剧，高龄老年人、空巢老年人和慢性病及失能老年人的数量日益增加，实现老有所养、老有所依、老有所乐和老有所安已成为亟待解决的现实问题，传统的养老模式已经难以满足老年人的健康养老需求。为积极应对当前突出健康问题，必须关口前移，采取有效干预措施，努力使群众不生病、少生病，提高生活质量，延长健康寿命。党的十九大做出了实施健康中国战略的重大决策部署，特制定《健康中国行动（2019—2030 年）》，明确指出要“完善医养结合政策，推进医疗卫生与养老服务融合发展，推动发展中医药特色医养结合服务”。2021 年中共中央国务院关于加强新时代老龄工作的意见中，进一步指出深入推进医养结合。医养结合将医疗服务与养老服务相融合，发挥资源共享的优势，为老年人提供一体化养老服务，满足老年人群卫生服务需求。

一、在医养结合机构中识别干预肌少症的必要性

（一）肌少症与慢性病

1. 肌少症与心脑血管疾病

（1）慢性心力衰竭是各种心血管疾病的终末阶段，是引起继发性肌少症的病因之一，慢性心力衰竭患者的肌少症患病率比健康人高近 20%，在大多数慢性心力衰竭患者中，无论射血分数是否降低或保持，外周骨骼肌的丧失都发生在早期，这与体力活动的减少密切相关。慢性心力衰竭可通过多种病理生理机制促进肌少症的发展，包括营养不良、炎症、激素变化、氧化应激、自噬和凋亡。此外，慢性心力衰竭可加重与肌少症相关的不良后果，包括跌倒、骨质疏松、虚弱、恶病质、住院和死亡率。肌少症可降低心力衰竭患者的生活质量，肥胖和肌少症都会增加慢性心力衰竭患者舒张功能不全的风险。尤其是肥胖肌少症（OBSP）舒张功能更差，运动能力下降更明显。保持肌肉质量可能是预防舒张功能障碍的一种有效策略。肌少症和慢性心力衰竭相互影响，患有这两种综合征的患者承受着双重负担。

（2）肌少症是缺血性脑卒中的一个不良健康后果，卒中后肌少症定义为卒中后肌肉质量和功能的丧失。多项研究表明，超过半数的缺血性卒中患者合并肌少症。动物模型中，缺血性脑卒中动物出现严重的体重减轻包括肌肉和脂肪组织的损耗。卒中动物模型中病变对侧和同侧腿部的分解代谢信号及蛋白酶体活性较高。脑梗死严重程度仅与对侧腿的分解代谢活动相关，而与同侧腿无关。干预措施（高热量喂养等）未能防止蛋白质水解激活和肌肉萎缩。认为脑卒中后肌肉组织分解代谢途径被激活。进食障碍、交感神经过度激活或感染不能完全解释这种分解代谢激活。受损神经支配的靶肌肉的损耗与脑损伤的严重程度相关，表明存在卒中特异性肌少症。

卒中患者的认知功能障碍和肌少症多同时出现；肌少症的标志（步速慢、握力差和肌肉密度低）与认知功能某些领域的表现呈负相关，包括精神运动功能、视觉学习、注意力。这些发现与其他关于老龄化中肌少症和认知功能障碍之间联系的研究结果一致。缺血性卒中前合并肌少症是卒中后 3 个月神经功能评分的独立预测因子，证明了老年急性卒中患者卒中前肌少症筛查评估的重要性。

2. 肌少症与慢性呼吸系统疾病　慢性阻塞性肺疾病是呼吸系统常见的慢性病，其致残

率、病死率高，社会经济负担重，慢性阻塞性肺疾病是继发肌少症的又一重要病因。肌少症是慢性阻塞性肺疾病重要的肺外合并症，大量的研究表明，肌少症对加速疾病进展、恶化呼吸功能、疾病复发、再入院、短期及长期预后均有不良的影响。

接受抗纤维化治疗的特发性肺纤维化患者存在明显骨骼肌质量下降。这些患者大多死于慢性呼吸衰竭，骨骼肌质量对预后具有预测意义，这表明预防肌少症及保护肺功能对于治疗这些患者非常重要。间质性肺病（ILD）患者存在营养失衡（营养/热量摄入不足和代谢需求高）、合成代谢激素水平低下（如睾酮）、全身炎症、缺氧和低体力活动水平导致肌肉废弃，与慢性阻塞性肺疾病患者相比，糖皮质激素的作用可能在 ILD 患者骨骼肌功能障碍的发展中发挥重要作用。

3. 肌少症与 2 型糖尿病 2 型糖尿病（T2DM）是老年人的主要健康负担，影响到约 25%的 65 岁以上人群。老年 2 型糖尿病患者肌肉减少和身体残疾的风险更大。2 型糖尿病患者肌少症的患病率为 7%～29.3%。2 型糖尿病患者的骨骼肌质量及肌肉强度和功能均降低，尤其是下肢，2 型糖尿病患者发生肌少症的风险是非糖尿病患者的 3 倍。

衰老和胰岛素抵抗相关的蛋白质合成刺激受损，骨骼肌蛋白质周转的改变与 2 型糖尿病肌少症相关；2 型糖尿病患者身体不活动，久坐生活方式明显比同龄健康对照组多，这也是导致肌少症发生的重要原因；慢性高血糖促进晚期糖尿病患者骨骼肌中糖基化终产物（AGE）的积累，这与握力、腿部伸展力和步速的降低之间存在相关性；此外，糖尿病与某些炎症细胞因子的增加可能会导致肌肉力量和功能的降低。2 型糖尿病中肌少症的高患病率也与大血管或微血管并发症有关。特别是，糖尿病肾病会影响肌肉质量，糖尿病周围神经病变可能会削弱肌肉的力量，同时由于姿势平衡不稳定或视力受损，导致体力活动和表现下降。大血管并发症，即外周血管疾病，也可能导致肌肉缺血，以及肌肉强度、质量和性能降低。

肌少症可能与糖尿病视网膜病变、神经病变和足部疾病有关，进一步损害这些患者的生活质量，并增加社会和经济负担、认知障碍、步态障碍、抑郁和发病率，肌少症增加了糖尿病足截肢患者的死亡风险。

肌少症在癌症、慢性骨关节疾病及肝硬化等患者中均有较高的发生率，且与这些慢性病相互促进，导致不良临床结果，影响老年患者的生存、生活质量等。

（二）肌少症在社区及初级医疗机构的研究现状

1. 国外研究现状 肌少症作为老年慢性病中最具代表性的疾病之一，其在国际的概念及演变过程前文已有讲述，在此主要探讨其在国外社区及初级医疗机构中的相关研究和流行学发展。

根据国外相关研究，以 EWGSOP 修订的诊疗为标准，在欧洲某社区老年人群中，肌少症总患病率为 1%～29%，其中长期就诊于单一性质护理机构人数为 14%～33%，而就诊于急性医院护理机构人数为 10%。欧美国家 10%居住社区和 35%接受机构护理的欧洲老年人群蛋白质摄入水平低于维持肌肉完整性的最低摄入量 0.7g/（kg·d），提示了老年人蛋白质营养缺乏是肌少症的主要原因。在日本某社区筛选出 12 000 名有自理能力的老年人，并进行肌少症肌肉相关检测，以握力（男性为 27kg，女性为 17kg）和正常步态速度（男性为 1.16m/s，女性为 1.13m/s）为参考，得出肌少症患病率男性为 9.6%，女性为 12.7%，表明肌肉容积、肌力及运动功能强弱可直接影响肌少症的发生。此外国外多项研究通过比较社区人群中不同强度抗阻运动对肌肉功能的影响，结果显示有氧运动及抗阻训练可以降低肌少症患病风险。

2. 国内研究现状 我国对于肌少症的研究，目前处于一个快速上升阶段。但我国医院专科化明显，专科医生对于肌少症存在认识不足、诊断不足、干预不足。随着越来越多的研究证实，肌少症在各专科慢性病中对疾病进程及疾病负担存在不良影响，肌少症也越来越受到各级临床医护人员的重视。根据目前相关流行病学研究发现，我国肌少症在 65 岁以上健康老年人中的患病率为 10%，在 80 岁以上老年人中的患病率高达 30%。我国社区 60 岁以上老年人肌少症患病率为 12.82%。相关研究对国内某一地区进行统计发现，该地区社区居民肌少症患病率为 20%，疗养院患者肌少症患病率为 38%，住院患者肌少症患病率为 13%，表明肌少症发病率在老年人中较为普遍，且在社区及养老机构中占多数。国内一项研究显示社区老年男性的肌少症患病率为 9.4%，研究者认为与高龄、认知功能低下、蛋白质或维生素摄入不足有关。研究发现苏州市常住养老机构中的老年人肌少症患病率男性为 30.4%，其中女性为 27.9%，并提出随增龄递增，肌少症患者肌力及肌肉功能逐步下降。另一项研究中社区老年男性及女性肌少症患病率分别为 9.3%和 4.1%，提出可能与语言表达能力障碍有关。

因此，根据国内外肌少症社区相关研究，肌少症在社区老年人中患病率高，社区及初级机构卫生保健人员应重视对肌少症老年患者的筛查和评估，进行积极的早期干预治疗措施。

二、肌少症在医养结合机构的非药物干预措施

1. 营养干预

（1）补充支链氨基酸：氨基酸包括支链氨基酸，支链氨基酸包括亮氨酸、异亮氨酸、缬氨酸，且占有骨骼肌蛋白质中所有氨基酸的 14%～18%，是保持老年人骨骼肌健康的重要组成成分之一。支链氨基酸中的亮氨酸可以促进肌肉蛋白质合成，抑制肌肉蛋白质降解。有研究推荐老年人每日应摄入 1.0～1.5g/（kg · d）蛋白质，膳食中应摄入富含亮氨酸的必需氨基酸以促进蛋白质合成。研究发现，老年人长期进食富含亮氨酸的食物后，肌肉蛋白质的合成率明显增加。适量补充支链氨基酸能够促进肌纤维肥大，增强骨骼肌肌力，达到延缓和治疗肌少症的目的。

（2）补充维生素 D：一项前瞻性研究显示，低血清 25-（OH）-D 水平与肌肉质量和肌肉力量的下降相关，当血清 25-（OH）-D 的水平在 75～110nmol/L 可以维护骨骼和肌肉健康。此外，血液循环中 25-（OH）-D 水平和肌肉功能之间存在剂量-反应关系。美国相关健康和营养调查研究结果显示，在血清 25-（OH）-D 水平低于 20.0nmol/L 的老年受试者中，其肌肉功能水平显著降低。近 10 年的临床试验表明，补充维生素 D 可以显著提高老年人下肢肌肉的功能，降低跌倒、残疾等不良事件的风险。国际最新指南显示，肌少症患者补充足够剂量的维生素 D 对身心有益。其中，维生素 D 的补充形式可以是维生素 D_2 或维生素 D_3，使血清 25-（OH）-D＞100nmol/L 应作为一项辅助疗法，1 周内补充 50 000IU 剂量的维生素 D 是安全的剂量范围。我国最新的《中国老年患者营养支持治疗专家共识——肌肉减少症的营养支持》指南表明，将补充维生素 D 作为老年肌少症的辅助治疗方法，可减少跌倒和骨折的发生，维生素 D 补充剂量可为 700～1000IU/d。

（3）补充多不饱和脂肪酸：相关研究表明，多不饱和脂肪酸可通过与抗阻运动或其他营养物质联合作用，使老年人肌力和肌肉蛋白合成能力显著提高，延缓肌少症发生。中国营养学会老年营养分会专家公式推荐：老年人膳食脂肪的宏量营养素可接受范围为摄入能量的20%～30%，老年人 ω-3 多不饱和脂肪酸的适宜摄入量为总能量的0.6%。因此建议对于肌少症患者，在控制总脂肪及热量摄入前提下，应增加富含多不饱和脂肪酸的深海鱼油、海产品等食物摄入。

（4）补充微量元素及能量：微量元素是细胞完成各种代谢活动所必需的成分，相关研究表明，血浆中硒浓度降低是老年人骨骼肌质量和强度下降的独立相关因素，膳食硒摄入量与老年人握力成正相关。老年女性的硒摄入量与3m行走时间呈负相关。研究表明，锌能防止人体衰老和肌力下降，同时还有防止高血压、糖尿病、心脏病和肝病恶化的功能。众多研究表明铁参与人体内血红蛋白、肌红蛋白、细胞色素、细胞色素氧化酶、过氧化氢酶、过氧化物酶的合成，对营养、免疫、能量代谢、骨骼肌生长等方面有重要作用。最新研究提示，钙盐沉积是引起衰老的原因之一，而铁能阻止结缔组织和血管中钙盐沉积，使机体保持青春活力。综合上述，微量元素是防治肌少症疗程中必不可少的重要因素之一。

小链接　　热量限制（calorie restriction，CR）对肌少症患者的相关作用

肌少症是以进行性全身肌力减少、骨骼肌质量下降及生理功能减退为特征的老年综合征，是老年人躯体功能障碍、生活质量下降及死亡的重要危险因素。目前认为骨骼肌肌肉干细胞通过增殖、分化、修复老化等过程可延缓肌少症的发生。

较多研究表明，热量限制即减少正常饮食热量的30%～50%，是最经典有效的延缓肌肉萎缩及衰退的手段。热量限制从病理生理上可介导相关信号通路，使DNA修复能力增加、改善蛋白质稳态、减少线粒体氧化应激及损伤、减轻炎症反应、提高干细胞功能，改善肌肉组织胰岛素抵抗及心室重构，延缓包括心血管、肿瘤、神经退行性疾病、自身免疫反应、糖尿病甚至肌少症在内的诸多慢性退行性疾病。

目前关于热量限制是否能延缓肌少症发生发展的相关分子机制有待进一步研究，这为临床防治肌少症及衰老等疾病开拓了新的治疗手段及靶点。

2. 运动疗法

（1）抗阻或重量训练：大量研究显示，抗阻或重量训练是预防肌少症的有效的方法。有氧运动和抗阻训练均能减缓肌肉质量和肌肉力量的下降。有氧活动（游泳、跑步和行走、练拳）能改善心血管功能和活动耐量，增加肌纤维横断面积。相关研究指出有氧运动可使线粒体数量和酶的活性增加，肌肉蛋白质合成和肌肉质量提高，同时还可以减少体内脂肪，从而提高肌肉功能。更有学者提出，抗阻训练较有氧运动在治疗肌少症方面效果更佳。每周进行2～3次渐进式抗阻训练，能改善老年人的生理功能、步行速度、行走试验和平衡功能。在高强度抗阻训练组中，肌肉力量提升更明显。抗阻训练相对安全，即使在多种疾病并存的老年人中，也能减少跌倒风险，增加日常活动能力，减少功能下降和肢体残疾。但是，规律抗阻训练对于多数行动不便老年人执行起来相对困难，因此，这就需要相关人员的照料及陪护。

（2）有氧运动：有氧运动是指在人体氧气充分供应的情况下进行规律体育锻炼，主要是指大型的有节奏性和节拍的重复动作，较为常见的有游泳、骑行、瑜伽、打球、练拳等方式。有氧运动对人体的肌细胞内线粒体密度和肌细胞毛细血管密度都有着显著的提升，能够提升患者的心肺功能。既往国内外研究对肌肉力量和肌肉质量的涉及比较局限，经过后续有效的临床观察数据研究证实，有氧运动对肌力增加和对骨骼肌指数的改善方面有益，为治疗肌少症提供了新的思路和方向。

（3）有氧运动联合抗阻训练：针对肌少症患者进行联合运动训练的模式可有效改善疾病的发展。当前研究认为，有氧运动联合抗阻训练对肌少症的防治有着十分积极的意义，联合运动能够更为全面地锻炼患者的力量和耐力。通过对相关人员的研究可以发现，肌少症患者中联合运动与使用单一运动模式的研究证实，二者的治疗效率有一定差距，联合运动治疗能够使患者机体得到更为稳定的回升，从而提高患者的生活质量和自我生活的能力。进行有氧运动联合抗阻训练对接受雄激素抑制剂治疗的前列腺癌患者的肌量、肌力、身体活动和平衡能力具有明显的改善作用，为此，我们可推测出有氧运动和抗阻训练相合的治疗模式可能同样适用肌少症患者，且治疗效果优于单一运动的训练模式。

3. 多组分干预模式 多组分干预模式（multicomponent intervention）是目前发达国家社区护理干预的重要措施。多组分的运动干预模式，整合了与步行相关的力量、平衡和柔韧性及耐力训练旨在改善老年疗养院居民的身体功能、认知和心理健康。对因急性失代偿性心力衰竭住院老年患者，在住院期间或出院后应早期进行涵盖身体功能 4 个方面（力量、平衡、灵活性和耐力）的过渡性、个体化、渐进式康复干预。与常规治疗相比，涵盖身体功能多个方面的早期、过渡性、个体化、渐进式复健干预使患者身体功能有较大幅改善，改善心力衰竭相关性衰弱，虽然 6 个月再入院率两组间差异无统计学意义，但运动干预组死亡率有下降趋势。多组分过渡期护理干预措施证明可以减少 30 天再入院率。因此，针对高危患者进行过渡期多组分护理干预，运动康复干预，以及心理、社会层面干预可改善再入院率。

在全面推进医养结合养老模式的背景下，养老机构及社区康复护理服务需完成从简单的日常生活照料到“医疗卫生+养老服务”的转型和发展，为老年患者提供序贯性、全程可及的护理服务，运动、营养、心理、社会支持等多组分的综合干预护理服务。以肌少症为例，康复及护理人员需对肌少症老年患者进行相关评估、综合康复护理及干预措施，其中包括以下方面：随时观察老年患者伤残和康复情况，认真做好记录；采取各种康复护理措施，缩短老年人病期，防止肢体功能性障碍；针对老年人机体具体情况进行相关的强化训练；了解老年人心理及情绪上的波动并进行宽慰。康复护理是增加医养结合机构的内涵及质量控制建设的关键，是提高老年患者生活质量、改善躯体功能的重要保证，也是缓解老龄化背景下慢性病对个人、家庭、社会负担的根本措施。

4. 医养结合机构对老年人的身心支持 慢性病的老年患者，在身心方面均有严重的压力及负担，身体活动能力下降，焦虑、抑郁等，均是影响老年人幸福指数的重要原因。医养结合型老年科护理一改既往“一切以工作为中心”的护理模式，让患者在护理过程中不是被动地接受，而是通过关注患者的感受、情绪及情感需求，开展人性化、个性化的护理服务。主要表现如下。①心理疏导：在医养结合养老模式背景下，对于因疾病而诱发心理疾病的老年患者，医护人员应依据病情，开展专业的心理疏导，提供适当建议，使其保持良好的心态。②健康教育：定期开展肌少症及其他慢性病的教育讲座，加深患者对相关知识的了解，筛查疾病相关危险因素，免费为患者提供慢性病咨询和干预指导。③开展社区活动：社区及养老机构医疗人员应鼓励老年人多参加有益的活动，为其制订肌少症评估、计划和目标。④作息规律：指导肌少症老年患者平衡日常生活饮食，作息规律，积极参与社会活动，从而减缓肌少症的发生发展。⑤社会功能支持：心理学上的支持系统通常是指个人的“社会支持系统”，即个人在自己的社会关系网络中所能获得的、来自他人的物质和精神上的帮助和支援。社会服务机构承担着不同功能，在老年人的社会功能支持方面发挥越来越重要的作用。

总之，增加医养结合机构的服务内涵及质量控制建设，是提高老年患者生活质量、改善躯体功能及提升老年人晚年生活幸福感的重要保证，也是缓解老龄化背景下包括肌少症在内的慢性病对个人、家庭、社会负担的根本。

案例分析讨论 6-4

1. 针对张大爷的情况，应进行充分的 CGA 和护理评估。CGA 包括认知与情感评估，肌少症、衰弱评估，骨质疏松评估，营养和水合状态评估，社会支持功能评估，多重用药评估，尿失禁及跌倒风险评估等 CGA。护理评估包括生存质量评估、压疮评估、吞咽困难评估等。动态观察张大爷的体重增加情况及水合状态可早期发现心力衰竭水钠潴留情况。针对评估内容，提出针对性的护理计划及护理安全性评价。

2. 针对张大爷的情况，可给予多组分的干预模式。根据张大爷的评估内容，制订个性化的干预模式。张大爷存在明显的营养不良和肌少症，活动能力明显下降。首先针对张大爷需自身情况采取个体化、渐进式康复训练。康复重点在肌肉的力量、平衡、灵活性和耐力方面，根据张大爷的活动水平进行分级，采取相应的肌肉康复锻炼。张大爷长期服用半流质食物，存在营养不良，在日常膳食和锻炼的基础上，需要 1.2～1.5g/kg 蛋白质的补充，其中优质蛋白质比例最好占一半，将蛋白质的补充，平均分配到每日 3 餐，每天额外 2 次口服营养补充，每次摄入含有 15～20g 蛋白质的补充剂，提供额外每餐 200kcal 的能量，注意维生素 D 等微量元素的补充。

3. 张大爷属于再入院高危人群，对其进行多组分干预的过渡期护理模式，合理用药，定期评估并合理干预老年综合征及基础疾病，根据评估结果及时调整护理和治疗计划。

（单　清）

第七章　社区老年慢性病与医养结合护理研究

学习要求：

识记：了解老年慢性心力衰竭和抑郁的关系，老年抑郁患者的筛查方法、典型临床表现和特点，双心护理模式的定义。了解药物素养概念和照护者的概念及分类。

理解：理解老年抑郁发作常见类型及抑郁发作的鉴别诊断，针对该人群选择合适的治疗及护理措施。理解认知行为疗法和双心护理模式的内容，老年冠心病患者药物素养的影响因素及与药物依从性、衰弱的相关性，照护者健康素养与社会支持、照护能力和健康结局的关系。

运用：能够识别老年慢性心力衰竭合并抑郁的患者，运用认知行为疗法和双心护理措施进行干预。选择适合的药物素养评价体系进行人群药物素养评价，设计健康教育方案，提高老年人药物素养水平。应用照护者健康素养模型对照护者进行干预。

第一节　老年慢性心力衰竭合并抑郁的研究

案例 7-1　　如何进行双心护理？

患者，女，75 岁，丧偶。因“发作性胸闷憋喘 3 天”门诊拟“心力衰竭”收住入院。患者反复胸闷气喘十余年，3 天前活动后胸闷气喘症状加重，休息后症状可缓解，有时有咳嗽，无胸痛、出汗。入院时体温为 36.8℃，脉搏为 100 次/分，呼吸为 18 次/分，血压为 114/71mmHg。

患者健康状况一般，否认有高血压等病史，自诉近 3 个月来心情不好，想到疾病就开心不起来，对生活提不起兴趣，不想看电视，也很少看报纸，以前很喜欢听戏曲但现在也没兴趣了。怕与人交往，基本上很少和亲朋好友走动，自己的事情也不愿意告诉亲朋好友，还常常很想哭，感到身体乏力。经常失眠，后半夜会突然醒来，胡思乱想，觉得自己的病好不了了，常常是等天亮。有时还会感到做人没有意思，常常在想活着有何意义。曾经有过想死的念头，但因为觉得对不起家人，所以没有去做。

问题：1. 这位患者存在什么健康问题？

2. 针对该患者的心理问题，你认为该如何护理？

一、老年慢性心力衰竭与抑郁关系

慢性心力衰竭是各类心脏疾病所致的心功能不全的综合征，也是心脏疾病的终末阶段。慢性心力衰竭是由于心脏结构或功能异常导致个体在休息或应激时发生心内压升高或心排血量减少的一组临床综合征，通常伴有典型的症状（如呼吸困难、疲乏及踝关节肿胀）和体征（如颈静脉压升高、肺部湿啰音）。根据左心室射血分数（left ventricular ejection fraction，LVEF）分为射血分数降低心力衰竭（heart failure with reduced ejection fraction，HFrEF）、射血分数中间值心力衰竭（heart failure with mid-range ejection fraction，HFmrEF）及射血分数保留心力衰竭（heart failure with preserved ejection fraction，HFpEF）三种类型（表 7-1）。

表 7-1　根据左心室射血分数分型的心力衰竭类型及诊断

心力衰竭类型	诊断
HFrEF	有心力衰竭症状或体征，LVEF＜40%
HFmrEF	有心力衰竭症状或体征，LVEF 40%～49%
HFpEF	有心力衰竭症状或体征，LVEF≥50%

心力衰竭在全球总体患病率为 1%～2%，发达国家 70 岁及以上人群心力衰竭发病率达 10%。中国心力衰竭患者较多，且心力衰竭患病率呈持续上升趋势。中国高血压调查数据显示 2012～2015 年我国 35 岁及以上成年人中心力衰竭总患病率为 1.3%，55～64 岁、65～74 岁及≥75 岁人群患病率依次为 1.6%、2.1%和 3.2%。中国心力衰竭中心注册研究数据中，住院心力衰竭患者 HFrEF、HFmrEF、HFpEF 分别为 35.2%、21.8%、43.0%，HFrEF 主要病因依次为冠心病、高血压、扩张型心肌病。

慢性心力衰竭的症状可反复发作，患者通常需多次入院接受治疗。研究显示，2018 年慢性心力衰竭患者 1 年内再入院率为 56%。慢性心力衰竭患病率高、死亡率高及再入院率高，会导致患者出现抑郁等不良情绪。

抑郁（depression）是精神病学或心理学术语，是情绪低落、思维迟缓、认知功能减退、活动减少等一系列症状的总称。在医学上，抑郁至少有 3 种不同的含义：一是指一种心境，一种情绪，一种情感状态；二是指抑郁障碍的一个症状；三是指抑郁障碍本身。一般来说，抑郁主要指个体在日常生活中所出现的较为持久的悲伤、失落、无望等心理体验，通常可以导致各种适应不良的生理、心理和行为反应。抑郁通常表现为悲哀、寂寞、孤独、丧失感和厌世感等消极情绪，伴有失眠、食欲减退、性欲降低等。抑郁是慢性心力衰竭患者常见心理症状，患者表现为心情异常消沉，心情抑郁，兴趣减退，常自罪自责，甚至自伤和自杀。抑郁会增加心力衰竭的患病率和死亡率，心力衰竭照护者的抑郁患病率也比较高。

照护者是指家庭主要照护者，主要包括患者的配偶及子女等，他们在慢性心力衰竭患者护理过程中，为患者提供日常生活的护理和情感支持，帮助患者满足他们生理和心理方面的需求。一项对老年慢性心力衰竭患者照护者抑郁的影响因素研究发现，29.8%的照护者存在抑郁。照护者抑郁会增加照护者不良生活质量的风险，照护者较差的情绪和心力衰竭患者的抑郁相关。目前，临床医务工作者已经将家庭照护者纳入患者疾病治疗护理的队伍中，并且依靠他们监控患者疾病症状、提高患者治疗的依从性和促进患者执行健康行为。

二、国内外研究现状

（一）慢性心力衰竭患者及其家庭照护者抑郁研究现状

据报道，心力衰竭患者合并抑郁的发生率国内为 25.6%～80%，国外为 13%～78%。国内学者杨庆焕等应用汉密尔顿抑郁量表（HAMD）对 278 例慢性心力衰竭患者的抑郁现状进行调查，其中 35.3%的患者存在抑郁症状。研究表明，慢性心力衰竭在老年患者中较常见，严重影响老年患者的身体及心理健康，由于其临床治愈率不高，多数患者病程较长，且病情常反复发作，因此会给患者和家属心理造成严重的不良影响。据国外相关报道，慢性心力衰竭合并抑郁的发生率达 13%～78%，明显高于一般人群。我国学者应用抑郁自评量表（SDS）对 354 位慢性心力衰竭患者进行调查，结果显示患者抑郁评分均值显著高于国内常模，70.1%的患者出现抑郁。

慢性心力衰竭患者抑郁较为严重，其家庭主要照护者也不例外。国外学者研究发现，与照护没有抑郁患者的家庭主要照护者相比，照护抑郁患者的家庭主要照护者的负担更重、护理所花时间更长、生活质量更差，且抑郁的家庭照护者也会增加患者的抑郁水平。国内有学者对 110 位心力衰竭患者照护者进行调查，研究发现 26.4%的照护者存在抑郁状况，其中轻度抑郁者占 21.9%，中度抑郁者占 4.5%。

患者和照护者都会受到患者疾病的影响，因为患者和照护者之间也会存在互动。因此，在疾病护理过程中，医护人员不仅要重视患者的身心健康，还应关注家庭照护者的情绪健康。

（二）慢性心力衰竭患者及其家庭照护者成对数据分析方法：主-客体互倚模型

主-客体互倚模型（actor-partner interdependence model，APIM）是于 1999 年由美国学者肯尼（Kenny）等提出，用于分析二元数据。Kenny 等认为个体的因变量不仅受到个体自变量的影响，还受到在某一范围内特定客体自变量的影响。个体的因变量受到个体自变量影响的作用被称为主体效应，受到特定客体自变量影响的作用被称为客体效应。该模型考虑到二元关系中个体数据的非独立性，使用该模型可以控制二元数据的相互依赖的性质，因为患者和照护者是嵌套在一种关系中，影响彼此。APIM 已被广泛应用于婚姻、家庭和护理领域。

标准 APIM 由 4 个测量变量（用矩形表示）和 2 个潜在误差项（用圆圈表示）组成（图 7-1）。在这个模型中，测量的变量在 2 组之间和 2 组内部都不同，被称为混合变量。变量 X_1 和 X_2 分别代表一个二元组中成员 1 或成员 2 的预测变量，而 Y_1 和 Y_2 代表成员 1 或成员 2 的结果变量。该模型包含 2 个主体效应，a_1 和 a_2，用水平箭头表示，以及 2 个客体效应，p_{12} 和 p_{21}，用对角箭头表示。c_1 是指 2 个自变量间的相关性，设置 c_1 是为了控制特定客体自变量对因变量的影响。c_2 是指残差项间的相关性，设置 c_2 是为了控制其他未被解释变量的影响。APIM 可通过多水平模型、结构方程模型、混合回归等方法进行分析。

Dellafiore 等的研究使用 APIM 探讨了心力衰竭患者和家庭照护者相依关系和抑郁的关系，研究发现患者的相依关系对患者抑郁存在主体效应，对照护者抑郁存在客体效应。我国学者柴晓慧将 APIM 应用于慢性心力衰竭患者及其家庭照护者生活质量的影响因素研究中，验证了 APIM 的实用性。彭元元等研究了慢性心力衰竭患者及其家庭照护者相依关系对对方正性情绪及积极应对方式的影响，使用了 APIM 分析成对数据，验证了该模型的有效性。

三、老年慢性心力衰竭合并抑郁治疗护理进展

（一）精神心理因素对心血管疾病影响的机制

持续的焦虑和抑郁，通过多种途径促进心血管疾病的发生和进展。负面情感对心血管

疾病患者的影响途径包括行为学及生物学机制，行为学及生物学机制互为因果。神经-内分泌-免疫系统相互作用，是精神心理因素对心血管系统产生影响的重要生物学机制(图 7-2)。

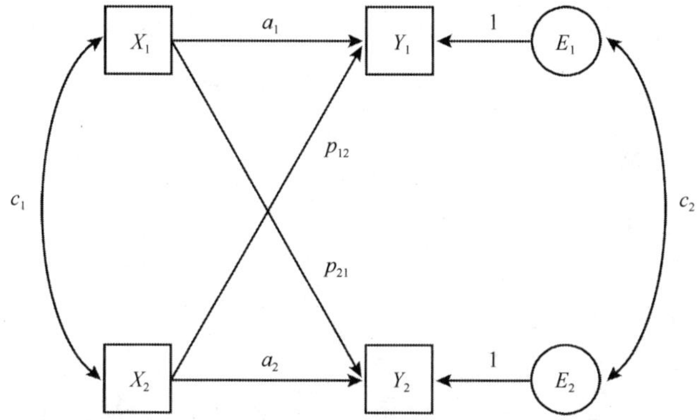

图 7-1　APIM 标准模型

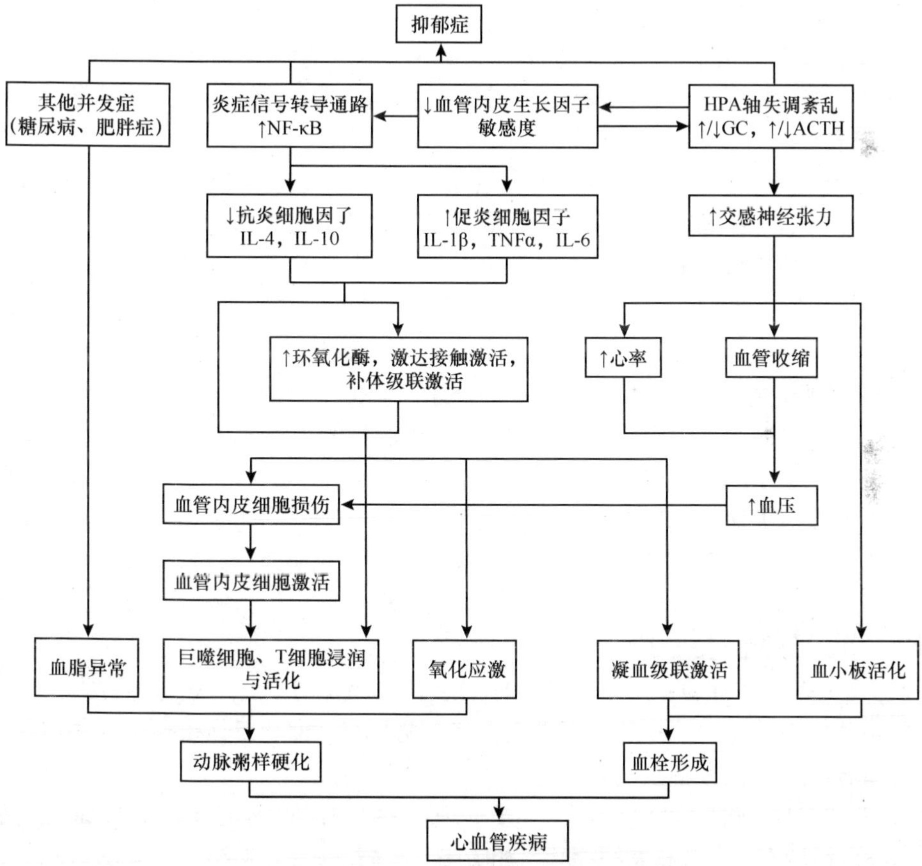

图 7-2　神经-内分泌-免疫系统相互作用

NF-κB 为核因子 κB；HPA 为下丘脑-垂体-肾上腺轴；GC 为糖皮质激素；ACTH 为促肾上腺皮质激素；IL 为白细胞介素；TNFα 为肿瘤坏死因子 α

（二）老年抑郁症的影响因素、临床表现、特点及常见类型

1. 影响因素

（1）社会角色的变化：随着年龄的增长，许多人成为祖父母。特别是具有强烈事业心和较高社会地位的人，退休后放慢了脚步，这导致了适应障碍的问题。人际关系的改变、社会范围的缩小和社会地位的下降，都会使老年人感到自卑和无价值。

（2）身体状况：年龄的增长会导致身体器官逐渐老化，各种疾病也会逐渐增多，导致老年人不同程度患有慢性病。如果身体疾病导致行动不便，情绪会受到影响，变得消极和抑郁。这些负面情绪也会造成老年人免疫力低下，变得过于焦虑和易怒。

（3）生理因素：神经递质减少（5-羟色胺、去甲肾上腺素）、海马体异常缩小等生理改变都有可能影响老年人的情绪健康。

（4）空巢老人：空巢老人和独居老年人越来越多，因为缺少孩子的陪伴，容易变得孤独，导致老年人抑郁。众所周知，70%的空巢老人生活在城市和农村地区。虽然现在生活条件好了，但是老年人的孤独感很严重。

（5）经济状况：退休后，收入会减少。此外，部分老年人需要经常去医院治疗，如果经济条件不好，经济压力会很大，给子女带来负担，老年人会有焦虑和抑郁。

2. 临床表现

（1）情绪低落：抑郁症的核心症状。主要表现为持久的情绪低落，患者常闷闷不乐、郁郁寡欢、度日如年；既往的兴趣爱好也变得没意思，觉得生活变得枯燥乏味，生活没有意思；提不起精神，高兴不起来，甚至会感到绝望，对前途无比地失望，无助与无用感明显，自责自罪。

半数以上的老年抑郁症患者还可有焦虑和激越，紧张担心、坐立不安，有时躯体性焦虑会完全掩盖抑郁症状。患者情绪低落呈现晨重暮轻的节律改变特点。

（2）思维迟缓：思维缓慢，反应迟钝。比较明显的表现为记忆力下降，自觉“脑子明显比以前不好使了”。老年抑郁症患者大多存在一定程度认知功能（记忆力、计算力、理解和判断能力等）损害的表现，比较明显的记忆力下降，需与老年期认知症相鉴别。认知症多为不可逆的，而抑郁则可随着情感症状的改善会有所改善，预后较好。

（3）意志活动减退：行动缓慢，生活懒散，不想说话（言语少、语调低、语速慢），不想做事，不愿与周围人交往。

（4）自杀观念和行为：严重抑郁发作的患者常伴有消极自杀观念和行为。老年抑郁症患者的自杀危险性比其他年龄组患者大得多，尤其在抑郁与躯体疾病共存的情况下，自杀的成功率较高。因此患者家属需加强关注，严密防备。

（5）躯体症状：此类症状很常见，主要表现：疼痛综合征，如头痛、颈部痛、腰酸背痛、腹痛和全身的慢性疼痛；消化系统症状，如腹胀、腹痛、恶心、嗳气、腹泻或便秘等；类心血管疾病症状，如胸闷和心悸等；自主神经系统功能紊乱，如面红、潮热出汗、手抖等。

此外大多数人还会表现为睡眠障碍，入睡困难，睡眠浅且易醒，早醒等。体重明显变化、性欲减退等。

（6）疑病症状：患者往往过度关注自身健康，以躯体不适症状为主诉（消化系统最常见，便秘、胃肠不适是主要的症状），主动要求治疗，但往往否认或忽视情绪症状，只

认为是躯体不适引起的心情不好。

其对躯体疾病的关注和感受远远超过了实际患病的严重程度，因此表现出明显的紧张不安、过分的担心。辗转于各大医院，遍寻名医，当各项检查结果为阴性或程度较轻时，会拒绝相信检查结果。要求再到其他大医院、其他科室检查，也会埋怨医生检查不仔细、不认真、不负责任等。

3. 特点

（1）症状不典型，常有明显的焦虑烦躁及躯体不适主诉，易被忽视。

（2）具有自杀观念，自杀更为隐匿而且成功率较年轻患者明显增高。

（3）季节性：抑郁常于冬季发作，春季或夏季缓解。

（4）假性痴呆的表现。约 80%的患者主诉记忆力减退，以 MMSE 量表检查可为假阳性。

（5）慢性化的趋势：残留部分躯体症状延续终生。

4. 常见类型

（1）以疑病为首发症状的老年抑郁症：老年抑郁症以疑病症状为开端是比较常见的表现特点。当多种检查未发现明显的器质性病变时，应该考虑到老年抑郁症。

（2）迟滞性老年抑郁症：面部表情变化少，随意运动缺乏和缓慢，动作缓慢僵硬，很少的家务劳动也需要很长时间才完成。语言功能失调，不仅不会主动讲话，而且回复也比较简短。

（3）假痴真呆型老年抑郁症：由于早期没有得到识别和治疗，当病情发展到严重阶段时，出现了记忆减退、智能障碍、思维抑制等类似老年认知症的表现。

（4）激越性老年抑郁症：常见于老年人，并随年龄的增长而增加。患者常产生没有缘由的不安、茫然、焦虑恐惧，终日担心自己和家庭遭遇不幸，严重时搓手顿足，坐立不安，惶惶不可终日，甚至企图自杀。

（三）老年慢性心力衰竭患者合并精神心理问题的筛查

第一步：可在诊疗同时或诊前候诊时，采用“三问法”或“二问法”初步筛出可能有问题的患者。“三问法”如下：是否有睡眠不好，已经明显影响白天的精神状态或需要用药；是否有心烦不安，对以前感兴趣的事情失去兴趣；是否有明显身体不适，但多次检查都没有发现能够解释器质性心血管病的原因。3 个问题中如果有 2 个回答是，符合精神障碍的可能性 80%左右。“二问法”采用患者健康问卷-2 项（PHQ-2）和广泛焦虑问卷 2 项（GAD-2）进行筛查，当评分大于 3 分时，建议进一步采用情绪状态自评量表进行筛查。

第二步：进一步评估工具推荐患者健康问卷-9 项（PHQ-9）、广泛焦虑问卷 7 项（GAD-7），躯体症状较多时推荐评估患者健康问卷-15 项（PHQ-15）或躯体化症状自评量表，判断方法如下。PHQ-9 和 GAD-7 评分：＜5 分正常，5～9 分轻度，10～14 分中度，15～19 分中重度，≥20 分重度。躯体化症状自评量表评分：＜30 分正常，30～39 分轻度，40～59 分中度，≥60 分重度；PHQ-15 评分：0～4 分为无躯体症状，5～9 分为轻度躯体症状，10～14 分为中度躯体症状，15～30 分为重度躯体症状。

第三步：详细询问病史。在常规询问患者的现病史、既往病史及用药情况的同时，自然也就弄清了是否存在因躯体症状反复就诊而没有很好的解释，询问一般生活中的普通症状，如食欲、进食、二便、睡眠问题等；适当问及情绪困扰（如遇事紧张或难以平复、兴趣活动缩窄等），即可弄清症状发生与情绪背景，给患者提供机会梳理各种症状与情绪波动有无相关性，对帮助患者认识某些躯体症状与情绪的关系有帮助；识别患者的自主神经功能紊乱表现，包括出冷汗、四肢乏力、面色苍白、肢体颤抖、恶心、便意或尿急等。针对谵妄的评估工具有 10 多种，在综合医院使用最多的是“意识模糊评定法”（confusion assessment method，CAM）的简本（4 个条目），其全版本有 11 个条目。同时 CAM 还拓展了专门用于重症监护病房（ICU）的重症监护意识模糊评定法（CAM-ICU），特别便于连续评定术后或病情严重、住在 ICU 的患者。

老年人的精神心理状态与认知功能关系密切，建议对 65 岁以上老年心血管病患者评价认知功能，简易精神状态检查量表（mini-mental state examination，MMSE）是认知功能检查常用的一个量表，评分标准：27～30 分为正常，<27 分提示有认知功能障碍。

小链接　**抑郁发作的主要鉴别诊断**

（1）器质性精神障碍：有高热、抽搐、不省人事、脑外伤史。

（2）双相情感障碍：有持续的兴奋、话多的现象。

（3）老年认知症与抑郁的特点（表 7-2）。

表 7-2　老年认知症与抑郁的特点

认知症	抑郁
缓慢起病	起病较迅速
症状常长期存在	症状常持续时间较短
心境与行为表现波动起伏较大	心境是持续抑郁
典型回答是“一下子想不起来了”	典型回答是“不知道”
患者一般否认“易忘事”	患者乐意承认“易忘事”
认知损害相对稳定、持久	认知损害是波动的
皮质功能失调的证据较多	皮质功能失调的证据不多

（四）老年抑郁的治疗——认知行为治疗

认知行为疗法（CBT）是一组通过改变思维、信念或行为的方法来改变不良认知，达到消除不良情绪或行为的短暂心理治疗方法。认知因素在决定患者的心理反应中起关键性作用，包括患者对病因和疾病结果的理解，对治疗的预期作用的理解等。患者在获得诊断和治疗决策阶段，以及后续治疗和康复阶段，可能经历多种心理变化，主要的帮助手段是认知行为治疗和运动指导。

1. 纠正错误认知　认知行为疗法：①帮助患者认识自动思维，纠正错误认识，提出积极想法；②帮助患者建立求助动机，建立良好医患关系。由于广大患者对治疗焦虑/抑郁药物的副作用和“依赖性”普遍存在疑虑，服药依从性很差，一旦在用药初期出现不适，停药率极高，对患者及时并定期随诊极为重要。随访有利于定期了解患者病情变化和指导患者进一步治疗，提高治疗依从性。随访从患者接受治疗开始，之后适当延长随访时间。随访方式可通过门诊咨询、电话或微信等方式进行。

2. 运动疗法　运动对冠心病的益处已是医学界的共识，患者对运动的恐惧是产生焦虑抑郁情绪的原因之一，因此，通过运动疗法可逐步帮助患者恢复正常运动能力，研究显示其不仅可改善情绪状态，同时可改善心血管预后。运动治疗前，须对患者综合评估，包括确认患者有无器质性病变及程度；了解患者焦虑、抑郁情况及程度，既往治疗情况，有无复发史等；了解心肺功能及运动能力。结合患者的兴趣、需要及健康状态来制订运动处方，遵循个体化的运动处方进行运动治疗。

3. 减压疗法　腹式呼吸、肌肉放松、冥想和生物反馈作为行为心脏病学方法，对心律失常、心内装置、心力衰竭和心脏移植患者的生理、心理问题干预效果卓有成效。

（五）老年慢性心力衰竭合并抑郁患者的护理

1. 双心护理模式　双心护理是指在对心血管疾病的治疗中，除了针对患者疾病的生物性治疗进行护理外，还应加强心理护理，主要通过语言及行为影响并指导患者，调整患者的心理状态，纠正不良行为方式，以利于疾病的早日康复。老年慢性心力衰竭合并抑郁患者的双心护理是指给予心力衰竭护理联合心理护理，同时治疗心脏本身疾病和抑郁的一种护理模式。

2. 双心护理方法

（1）密切观察患者病情，及时与患者沟通：由于患者与家属缺乏对精神心理问题的认识，不能准确识别患者情绪障碍。他们可能将抑郁、焦虑所引发的症状误解为是心血管疾病加重所导致，不及时进行治疗。因此，医护人员应多与患者进行交流沟通，鼓励患者抒发自己的感觉，耐心倾听患者的各种心理问题，一旦发现患者出现心理障碍，应及时进行疏导并告知医生进行针对性治疗，控制心理疾病进一步发展并帮助患者正视疾病。

（2）鼓励家庭成员参与患者心理护理，稳定患者情绪：当患者病情好转，认知能力恢复后，容易产生继发性抑郁，常表现情绪低落，感到自己患病给家人带来不幸，对生活丧失热情，担心出院后不能胜任原来的工作，产生悲观厌世的心理，这对疾病的治疗与康复都是不利的。良好的社会支持能够减轻患者患病后的无助感，利于患者保持乐观情绪，从而减少抑郁情绪的发生，患者感受到来自家人、朋友的关心和情感支持，能够树立战胜疾病的信心。家属应积极主动接触患者，协助患者确认这些负向的心理，并加以取代和减少。另外，可以帮助患者回顾他的优点、长处，通过肯定患者成就来增加正向的心理，提高患者的自尊和价值感，稳定患者情绪。同时指导家属不要把焦虑、抑郁、紧张、恐惧、担忧等感情随意表达出来，应关心体贴患者，使患者感受到家庭的温暖和支持。

（3）安全护理，严防患者采取伤害自己的行为：抑郁症患者常有自杀意念和行为，需随时了解患者自杀意念的强度及可能采取的方法，谨慎地安排患者周围的环境及危险物品的保管。注意患者疾病有所好转时，由于精神运动性抑郁得到改善，可使自杀意念付诸行动。患者采取自杀行为往往是在趁人不注意或在人容易失去警惕时行动，如在周末、假期和病情开始好转的时刻。此时需要特别注意并密切观察病情变化，识别自杀先兆，以防意外。

（4）维持适当的营养、排泄、睡眠、休息活动与个人生活上的照顾：食欲缺乏、便秘是抑郁症患者常出现的问题，应选择患者平时较喜欢吃的并且含粗纤维食物，陪伴患者用餐，可少量多餐。如因患者觉得自己没有价值，不应该吃饭时，可让患者从事　些帮助他人的活动，如此可以协助患者接受食物。若患者坚持不吃，体重持续减轻，则必须采取进一步措施，如喂食。必要时可送至医院输液或住院治疗，以此维持适当的水分和营养。若水分和活动仍无法解决患者便秘问题，则需要给予缓泻剂或使用开塞露，以减轻患者排便的痛苦。对睡眠障碍的患者，应鼓励和陪伴患者在白天多参加文体活动，入睡前喝热饮，进行温水浴等，以促进患者睡眠。抑郁症患者由于情绪低落、缺少自发性、被动、退缩，因此常不注重自己的衣着和个人卫生，家人应予以帮助。

（5）运动护理：应嘱咐患者在病情稳定后适当进行体育锻炼，可主要以有氧运动为主，如走路、慢跑等；避免激烈或刺激性运动，指导患者根据自身情况选择适宜的运动方式进行训练。运动强度可逐渐递增，有利于身体功能恢复并提高自身免疫力与抵御疾病的能力；同时，可帮助患者转移对疾病的注意力，有效缓解并消除紧张、不安等焦虑情绪对疾病的影响，对促进疾病治疗，改善预后情况及提高患者生命质量具有重要意义。

（6）出院护理干预：定期组织患者参加健康教育座谈会与讲座，邀请疾病康复患者或控制良好患者讲述自身治疗疾病的经验，增进患者之间的交流，使彼此间相互鼓励，相互支持，增加治疗疾病的信心。患者出院后，可通过电话随访、复查等方式了解患者心理状态、病情控制情况及生命质量恢复情况等，并根据患者实际情况进行针对性指导以促进其进一步恢复。

案例分析讨论 7-1

1. 存在慢性心力衰竭合并抑郁。

2. 在患者心力衰竭常规护理基础上，针对患者心理问题给予护理，包括如下。

（1）密切观察患者病情，及时与患者沟通。

（2）鼓励家庭成员参与患者心理护理，稳定患者情绪。

（3）安全护理，严防患者采取伤害自己的行为。

（4）维持适当的营养、排泄、睡眠、休息活动与个人生活上的照顾。

（5）运动护理，嘱咐患者在病情稳定后适当进行体育锻炼，稳定情绪。

（6）患者出院后，通过电话随访等方式，了解患者心理状态、病情控制情况。

（周　婷）

第二节　老年冠心病与药物素养的研究

案例 7-2　　《全国临床安全用药监测网年度报告（2020）》

2020 年，全国临床安全用药监测网收到全国 24 个省级行政区 255 家医院的用药错误（ME）报告 15 849 例。上报 ME 的医院较 2019 年（234 家）增长了 8.97%，报告 ME 例数较 2019 年（15 056 例）增长了 5.27%。

15 849 例报告涉及患者 15 795 例（54 例 A 级 ME 未涉及患者），男性 9347（59.18%），女性 6448 例（40.82%）；年龄为 1 天至 101 岁，其中儿童（＜18 岁）1714 例（10.85%），中青年人（18～59 岁）8355 例（52.90%），老年人（≥60 岁）5726 例（36.25%）。68 例老年人严重 ME 主要为禁忌证（10 例，14.71%）、用量（10 例，14.71%）、药物相互作用（8 例，11.76%）和自行停药/加服药（8 例，11.76%）。

有1例患者因误读标签引发严重ME值得关注。该例为农村老年患者，误将巴氯芬药盒上贴的用法用量标签中所写“每次0.5片”当成5片服用，服药剂量由5mg增至50mg，导致用药后出现眩晕伴视物重影、恶心、呕吐、乏力等不适，在医院急诊科接受对症治疗后好转。此例提示药物用法用量标签应避免用小数显示剂量，以免患者漏看小数点导致剂量过高。

问题： 1. 以上数据反映了哪些问题？

2. 患者误读标签的原因是什么？

3. 你认为应该如何应对？

一、冠心病流行病学现状

冠心病是最常见的心血管疾病，病程长且易反复发作，具有高患病率、高致残率及高死亡率的特点。据美国心脏协会统计，全球约有1.265亿人患有缺血性心脏病，美国≥20岁成人冠心病总患病率为6.7%，预计到2030年冠心病的患病率会增加到18.0%。根据《中国心血管健康与疾病报告2020》报道，我国心血管患病率及死亡率目前仍处于上升阶段，心血管病现患人数为3.3亿，其中冠心病患者人数约为1139万。《中国卫生健康统计年鉴2019》显示，2018年中国城市居民冠心病死亡率为120.18/10万，农村居民冠心病死亡率为128.24/10万。无论是城市还是农村，男性冠心病死亡率均高于女性。2018年冠心病死亡率继续2012年以来的上升趋势。农村地区冠心病死亡率上升明显，2016年已超过城市水平（图7-3）。

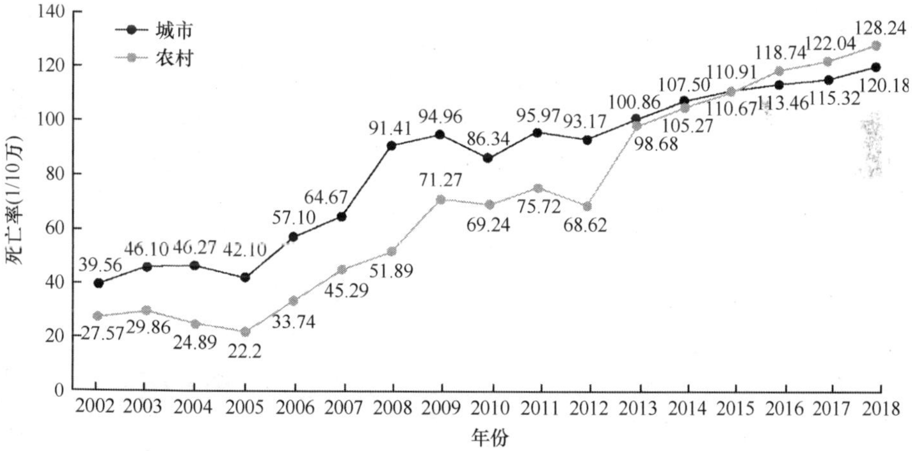

图7-3　2002～2018年中国城乡地区冠心病死亡率变化趋势

冠心病患者通常需要口服药物来实现和维持有效的症状，以控制和预防疾病进展。对于冠心病临床治疗常采用减轻症状、改善缺血、预防心肌梗死、改善预后的药物，如硝酸酯类、钙离子阻滞剂、阿司匹林、氯吡格雷、β受体阻滞剂、他汀类药、ACEI等进行治疗，冠心病治疗本身的药物相对复杂，同时老年冠心病患者共患高血压、高血脂、糖尿病、肥胖超重、消化系统、呼吸系统等慢性病，在治疗过程中还应兼顾共患疾病的治疗。因此老年冠心病患者绝大部分需要接受多种药物治疗。

二、药物素养的概念

（一）药物素养的产生

虽然当今医疗技术发展迅速，但是药物治疗在大多数的疾病管理中起着主要作用。随着年龄增长，老年人所患慢性病的数量也逐渐增加，多数老年人存在多病共存的状态，易导致多重用药。多重用药是指一个人使用多种药物治疗，一般被定义为使用 5 种及以上的药物，是应对老年人复杂健康问题的一种合理治疗方法。

药物治疗是一把双刃剑，在挽救生命的同时若不能被良好使用，可能导致更加严重的药物不良事件（漏服、错服、服药依从性差等）。这些药物不良事件可导致重大的发病率和死亡率，并伴有巨大的经济成本。出院后可预防的药物不良事件有服药依从性差、患者教育水平不足等。引起这些可预防的药物不良事件的原因可能是与服药种类及数量比较复杂、对药物说明书的了解不透等，进而影响健康素养。为了正确使用药物，患者需要阅读药物标签、相关的医疗信息，有时需要计算以使用适当的剂量，了解在漏服或副作用的情况下需要采取什么行动。

在公共卫生背景下，健康素养（health literacy）被定义为“个体对健康信息获取及对疾病相关知识理解的能力。”良好的健康素养有利于患者准确判断并合理利用健康信息，进而维护自身健康。据报道，在美国，有 9000 万成年人难以了解与健康有关的信息，缺乏充分管理其健康的必要技能。一项对撒哈拉以南 14 个国家健康素养水平的研究表明，15～49 岁的成年人的健康素养水平从 8.5%到 63.9%不等。在药房和药物使用方面，学者和药剂师通常使用更狭隘和具体的术语来讨论健康素养，包括“药物素养”“药学健康素养”“药物治疗素养”。

药物素养（medication literacy）可视为健康素养在药物使用过程中的应用。它与健康素养相关，但涉及未完全包含在健康素养中的具体技能，如了解剂量说明或有关药物指示或不良反应的信息。虽然健康素养会影响药物使用，但其他技能也会影响个人获取和使用药物信息的方式。因此，药物素养反映了对与药物相关的信息采取行动所需的特定识字能力。

（二）药物素养概念的变迁

“药物素养”这一词汇最早出现在 2005 年英国药物安全和保健产品监管机构委员会的政府文件中，其参照健康素养的定义，将药物素养定义为“获取、理解和使用药物信息所需要的一系列技能”。

2010 年，雷纳（Raynor）将药物素养解释为“人们能够正确、有效、安全使用药物的能力”。

2012 年，绍塞达（Sauceda）等学者参考美国国立医学图书馆关于健康素养的定义，将药物素养的概念界定为“个人获取、理解药物信息，并运用这些信息以安全、合适的方式使用药物的能力”。哈穆达（Hammouda）则认为药物素养着重体现在患者与医生或者药剂师之间的“服药伙伴关系”或者是“一致性”。

AHRQ 于 2013 年建立了药学健康素养中心（Pharmacy Health Literacy Center），并提出了药学健康素养的概念，药学健康素养即个人能够获取、处理和理解基本的卫生及药物信息和所需的药学服务，以做出适当的健康决策。

由于世界各地的药房经营和法律差别很大，为了帮助全球的医疗卫生工作者认识到药物素养在药物使用中的重要性，2018 年，波略特（Pouliot）等对国际专家进行德尔菲咨询，提出了有关药物素养概念的专家共识，指个体获取、理解、交流、计算和处理特定药物信息，做出明智的药物治疗和健康决策，以达到安全有效地使用药物的能力。

随着药物素养相关研究的开展，药物素养的概念也逐渐专科化。钟竹青等认为高血压患者的药物素养：高血压患者通过多种途径获取高血压用药的相关知识，并做出正确的判断，在用药信念的支撑下，使用正确的用药技能，合理、持续、正确用药以使血压得到良好控制的能力。而其他特定专科的药物素养概念还有待进一步深入探讨。

小链接　　药物素养与健康素养的关系

美国医学会将健康素养解释为“个体获得、理解和处理基本健康信息或服务并做出正确的健康相关决策的能力”。在 2008 年我国卫生部发布的《中国公民健康素养——基本知识与技能》中，健康素养包括了与健康相关的基本知识、理念、行为和技能 4 个方面的内容。药物素养是个体围绕药物信息获取、理解、评价、应用的整个过程，也是对个体用药知识、信念、技能和行为的全面概括。由于药物信息是健康信息的一部分，因此可以认为，药物素养是健康素养在药物使用领域的体现。居民的药物素养高低受到其健康素养水平的影响，主要体现在对药物信息的理解和使用及用药行为中。

三、药物素养的概念模型

2021 年，莱斯·莱萨（Laís Lessa）等提出首个药物素养的概念模型。药物素养包括 4 个维度：功能素养、沟通素养、批判性素养和算术。

功能素养（functional literacy）：在阅读和写作方面有足够的基本技能，以便在药物使用过程中的日常情况下有效发挥作用。

沟通素养（communication literacy）：更先进的认知和识字技能，连同社交技能，可用于积极参与日常活动，从不同形式的交流中提取信息和获得信息，并将新信息应用于与药物使用过程相关不断变化的环境中。

批判性素养（critical literacy）：更先进的认知技能，连同社交技能，可以应用于批判性地分析信息，并利用这些信息对药物使用过程中的生活事件和情况施加更大的控制。

算术（arithmetic）：个人能够访问、处理、解释、沟通和行动的程度，以计算、定量、绘图、生物统计和概率药物信息，从而做出有效的药物相关决策。

药物素养可视为社会环境需求（包括卫生系统）和个人正确使用药物的能力之间的相互作用。因此，该模型包括影响药物识字技能的外部因素（收入、教育、家庭和社会支持、临床药房服务）和内部因素（年龄、个人价值观和信仰、运动技能、视觉和听觉技能及认知），见图 7-4、图 7-5。

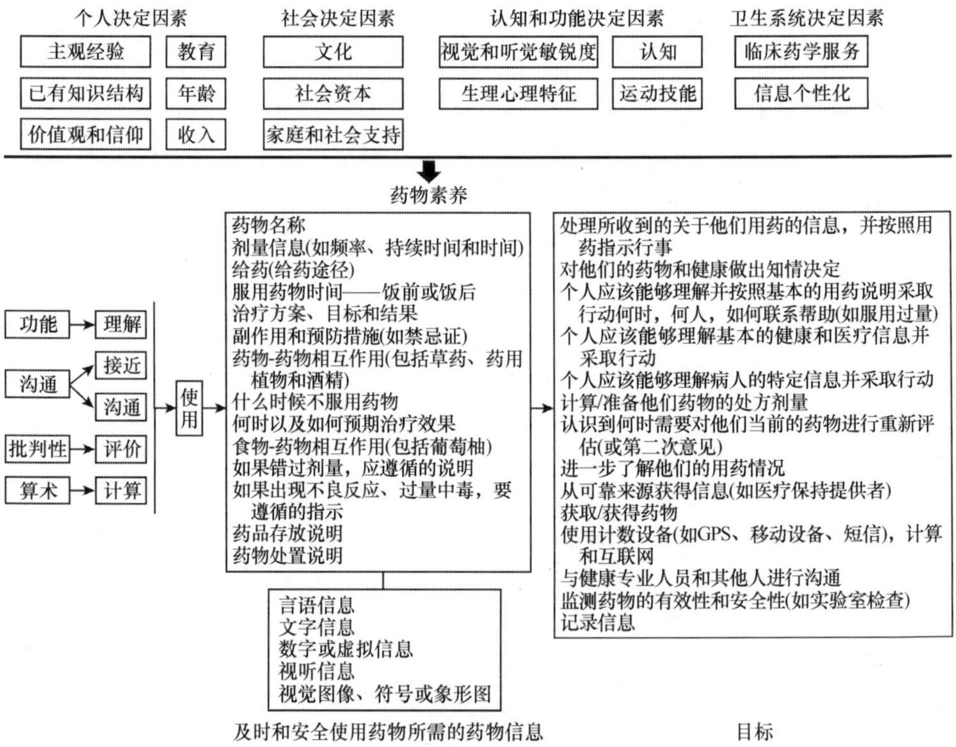

图 7-4　药物素养的详细概念模型

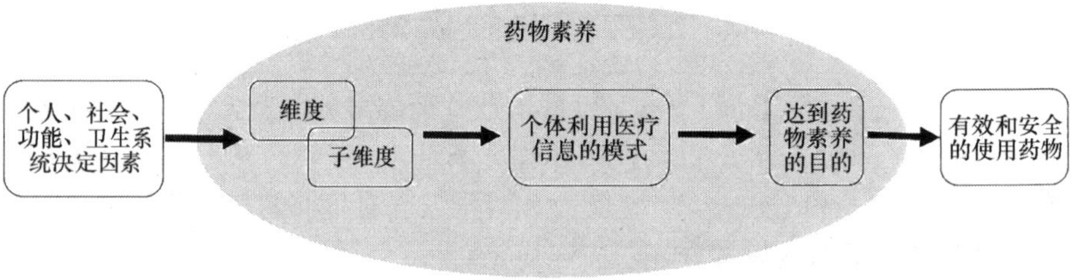

图 7-5　药物素养的原理图概念模型

四、药物素养的评估工具

2008 年，马尼亚奇（Maniaci）等编制了评估出院患者的药物素养调查问卷（medication literacy qustionnaire），仅有 9 个条目，采用二分制计分（回答正确得 1 分，错误得 0 分），条目分数之和为总分，分数越高表明受试者药物素养越高。该问卷设计简单方便，但原版未进行信效度的检验。2015 年，该问卷由郑凤等根据我国国情进行了汉化，并进行了信效度检验，测得内容效度为 0.812，Cronbach's α 系数为 0.850。该问卷设置的问题侧重于评估患者的药物知识和计算能力，忽略了对患者用药技能和信念的考察，因此使用该问卷来评估患者药物素养水平还不够完善和全面。

小链接　　**出院患者药物素养调查问卷**

1. 请问您这次出院是否出院带药？
2. 请问您现在每天需服用几种药？

3. 请问您是否知道现在服用的药物的名称?
4. 请问您是否知道现在服用药物的剂量?
5. 请问您是否知道现在服用的药物每天需服用几次?
6. 请问您是否知道现在服用的每种药物的作用?
7. 请问您是否被告知现在服用的药物是否有不良反应?
8. 请问您是否知道现在服用药物的不良反应?
9. 请问如果对现在服用的药物有疑问，您是否知道咨询谁?
①当地医生　②开处方的医生　③药师　④不知道　⑤其他

2012 年，Sauceda 等研发英文版和西班牙语版药物素养评估量表（medication literacy assessment in English and Spanish，MedLitRxSE）用于评估药物素养水平。该量表信效度良好，由 4 个模拟的药物使用场景构成，包含 14 个条目。量表采用二分制计分（回答正确得 1 分，错误得 0 分），各条目得分相加为问卷的总得分，分数越高，代表受试者的药物素养水平越高。2016 年，郑凤等对该量表的英文版进行了汉化，中文版量表重测信度为 0.885，分半信度为 0.840，各条目与量表总分的相关系数为 0.427～0.587。该量表对 4 个病例场景分别进行了详细的描述，并结合相关的药物道具，主要用来测量患者在医疗信息环境中阅读、理解、计算及处理与药品相关问题的能力，从而评估其药物素养的水平，但是要求患者具备一定的阅读能力，且没有考察患者的用药信念，即患者对于信息获取的主观意愿。

此外，2014 年斯蒂利（Stilley）等设计了 1 个评估人们对处方药物标签信息的使用和理解的药物素养筛查工具，但其信效度研究显示，量表的内部一致性和可靠性只处于可接受的范围，因此该测量工具的科学性还有待进一步研究。

小链接

药物素养评估量表

病例 1:
1. 据此处方，请问该糖尿病患者每天需注射此种药物几次?
2. 请您看这处方和注射器，告诉我早上应该用这支注射器抽取多少单位的精蛋白生物合成人胰岛素注射液给该患者注射？在注射器上指出刻度。
3. 根据这个药物说明书，请问该患者可以在身体的哪些部位注射胰岛素?
4. 根据药物说明书，请问皮下注射胰岛素的角度是多少?
5. 如果该患者的药物已经用完了，根据此处方，您认为该找哪位医生再开药?
病例 2:
6. 根据药瓶上的说明，请问该患者服用多少剂量?
7. 如果您已经知道该患者需要服用的剂量，请您指出需要在量杯倒入多少药液?
8. 根据药瓶上的说明，该患者 1 天内服用此药的最大剂量是多少?
病例 3:
9. 根据此处方，请问该患者需要买的药物的名称是什么?
10. 根据处方上说的剂量及方法，请问治愈这个感染总共需服用此药物多少片?
11. 请您看手上的药瓶，这个药的作用与处方上所开药的作用是相似的，如果您需要服 30 片原来处方上所开的药，那么您需要买几瓶这个药才能达到原处方的剂量?

病例 4：

12. 根据您手上的药瓶，请问这瓶感冒药的有效期到什么时候？

13. 看了此药瓶上的信息后，请问您知道这感冒药的有效成分吗？

14. 请您仔细看这个装依那普利片的药瓶，请问什么情况下应该停止服用该药？

五、老年冠心病患者药物素养的影响因素

（一）老年患者个人因素

老年人由于生理功能退化，记忆力、理解能力逐渐减退，加之思维模式相对传统，对新生事物接受能力较弱，因而对用药的相关知识、技能等掌握不足，药物素养水平较低。Yeh 等采用中国药物素养评价工具在中国台湾省对 634 名 20 岁以上的人群进行药物素养评估，平均得分为 13.0 分，年纪轻、高收入、高学历的研究对象药物素养水平更高，药物素养得分越高的研究对象在听、说、读、写能力上更有自信。郑凤等采用中文版药物素养评估量表（MedLitRxSE）对 446 名在长沙市 6 所医院门诊就诊患者进行药物素养水平的调查，结果显示 12.1%的患者药物素养处于低水平，57.4%处于中等水平，30.5%药物素养充足，年龄、受教育程度、婚姻状况、职业是影响门诊患者药物素养水平的因素。郑凤等使用出院患者的药物素养调查问卷（medication literacy questionnaire）对 253 名急性冠脉综合征出院患者进行药物素养评价，结果显示药物素养水平充足者占 30.0%，处于中等水平者占 56.9%，低水平者占 13.1%，年龄及受教育水平是急性冠脉综合征出院患者药物素养的影响因素。

不论是健康人群还是患者人群，为了保证正确安全用药，减少药物不良事件的发生，其药物素养水平都需要进一步地提高。尤其是年龄大、受教育水平低、经济收入少的人群，是药物素养提升的重点关注对象。可针对各类居民调动医院、社区卫生服务机构、家庭、医药生产商等各方面的资源，为居民药物素养提升创造机会。

（二）医护人员因素

老年患者药物素养水平的高低不仅受患者个体因素的影响，还受到药物相关信息准确性、可理解性、可及性的影响。孙文萃研究显示，公众对药品安全信息的了解较少。除患者本身对药物信息不够重视和理解能力不足外，医护人员对药物安全相关信息提供不足也是重要原因。Hammouda 指出医患沟通不足及医疗服务范围受限是影响患者药物素养水平提升的重要因素。医护人员与患者对用药进行有效的沟通交流是提高患者药物素养、保证治疗成功的关键。Pouliot 等指出，将详细的药物介绍、针对患者精心设计的药物包装、医护人员与患者的有效沟通结合起来进行干预，有助于患者药物素养的提高。威尔科森（Wilcoxen）等认为医护人员必须注重其在药物指导方面能力的培养，尤其当患者刚开始服用一种新药时，不仅要提供详细、全面的信息，还要指导其漏服药、错服药及出现药物不良反应时如何得到及时有效的帮助。因此，医护人员作为药物治疗的实施者，除了掌握扎实、全面的专业知识和沟通交流技巧外，更重要的是具备将专业知识转化为口语信息的能力，懂得如何将药物信息有效传递给患者，同时给患者及家属提供高质量的用药指导，有助于患者在医患沟通中对药物信息的理解和掌握。此外，研究显示，门诊患者和住院患

者的药物素养水平也有所差异。门诊患者尤其是首次就诊的患者，与医护人员沟通交流的时间有限，而住院患者可以在住院期间接受系统、全面的用药宣教及出院后的延续护理和随访。因此，医院管理者应重视对门诊患者的用药指导。建立相应的门诊健康教育路径，与住院健康教育路径相结合，采用多路径健康教育模式来强化老年患者的宣教。

（三）社会环境因素

老年患者药物素养水平还受到社会环境的影响。肖美莲等对住院冠心病患者进行疾病相关知识的调查，发现患者用药知识得分最低，在该研究中，经济水平也是影响患者用药知识得分的因素之一。冠心病患者病程长，病情反复，需要终身服用抗凝药和定期复查，医疗费用开支较大。目前我国的养老保险和长期照护体系尚不够健全，对部分患者而言。用药的大部分支出仍需患者支付，可能导致低收入家庭因为经济压力而擅自停药、换药或减量；经济收入较高的患者，除了有能力保证长期坚持用药外，接触各种用药相关资料的机会更多，药物知识水平较高。其次，有效的医院外信息支持也是影响药物素养的因素之一。虽然随着社会经济和互联网的发展，获得药物信息的途径日益增多，但商业电视广告却是患者获得相关药物知识的主要途径，由于缺乏足够的专业性和科学性，容易对患者产生误导，不利于患者药物素养的培养。研究发现，目前药物信息或健康知识的普及、宣传多以纸质材料或视频的形式，专业的医学术语对普通患者存在一定的理解难度。因此，如何让现有的宣传资料制作得更直白、易懂是医护人员需要思考和解决的问题。

六、提高老年冠心病患者药物素养的健康教育模式

（一）传统健康教育模式

目前健康教育的形式很多，效果评价方法多样。传统的健康教育多以任务为导向的说教模式，通过提供建议、信息分享等方式来传输理论知识，如健康教育讲座、发放健康教育资料和图册，接受患者咨询等。专题讲座式的传统健康教育能在有限的时间内将大量的、系统的知识传授给众多患者，适用面较广，对于传递某些浅显易懂的药物知识或针对特定患者的健康教育尤其适用。但传统健康教育更多的是关注冠心病患者的依从性，冠心病患者药物信息的获取、处理等完全依赖于医护人员，患者被动参与其中，缺乏自主性和主观能动性，患者容易产生抗拒心理。

（二）新型健康教育模式

传统的健康教育较少考虑到患者的自身条件及不同时期的患者需求，因此研究者制订了新型健康教育模式，即以患者为中心的自我管理健康教育模式。克伦格尔等对澳大利亚、加拿大和新西兰的 171 例冠心病患者制订了药物素养计划，由接受过相关培训的注册护士或健康教育者在 1 个月内举办 3 次宣教会，会议期间使用交互式平板电脑应用程序，并为每例患者提供 1 份信息小册子及 1 张定制的药片卡，其中包含疾病知识、药物使用、4 种疾病相关药物分类，以及血脂、血压治疗目标等信息。该计划为每例患者量身定制教育信息，因此患者只收到其正在服用的药物类别信息。计划实施后，患者对自身相关的药物知识得分显著增加。斯迈利（Smylie）等采用了类似的干预方法对加拿大冠心病患者进行了

研究，结果显示，患者药物知识得分较干预前提高 3.3～6.1 倍，与 Crengle 等研究基本一致。刘溢思等建立了健康教育电子素材库，包括药物介绍、用药注意事项等 5 个主题，并在此基础上根据患者的病例资料及用药特点，为试验组患者编写了 5 条个性化健康指导信息，每隔 5 天发送 1 个主题的健康教育短信，为期 1 个月，结果显示试验组的服药依从性得分显著高于对照组，且心绞痛发作率及总胆固醇水平降低，说明该干预法有助于冠心病患者强化用药信念、改变用药行为，提高药物素养水平。

（三）新旧结合的健康教育模式

传统健康教育和新型健康教育模式各有可取之处，具体方法的选择取决于健康教育的目的和受众。将两者结合起来，优势互补，会最大限度地发挥两种健康教育方式的作用。曾艳芳等在其研究中采用微信平台与传统健康教育相结合的方式进行出院宣教，结果显示出院后 6 个月的冠心病患者自我管理能力显著高于对照组，包括疾病知识、治疗依从性等。可见传统健康教育和新型健康教育相结合的模式是今后健康教育的趋势。

七、老年冠心病患者药物素养与服药依从性的相关性

服药依从性是指患者用药与医嘱的一致性，而从药物治疗的角度，服药依从性是指患者对药物治疗方案的执行程度。服药依从性高对患有以下慢性病的患者有积极影响：冠心病、糖尿病、高血压、血脂异常和哮喘/慢性阻塞性肺疾病，这有助于减少因漏服和服药不依从导致的短期残疾造成的损失。老年冠心病患者的药物素养和服药依从性具有一定的相关性，郑凤等通过逻辑斯谛（logistic）回归分析发现，冠心病患者的药物素养被认为是影响服药依从性的一个因素。可能的原因是，具有较高药物素养的患者可能对体制有更好的理解，能够熟练地服药，从而加强了他们的药物依从性。药物素养是健康素养在药物使用方面的表现，不恰当的药物使用被认为与低药物素养水平显著相关。研究表明，健康素养与自我报告的服药依从性之间存在不显著的弱正相关；但郑凤等研究结果表明，药物素养与服药依从性有显著关系。评估健康素养的工具可能被认为是健康相关行为的预测因子。这些工具侧重于阅读理解和计算能力，而不是解释健康信息的行为。使用药物素养评估工具评估药物素养水平涉及未通过一般卫生知识评估的特定技能。这表明仅考虑一般因素可能不够；我们还应该考虑药物知识，以确保对药物知识有限的老年患者适当的药物依从性，并降低健康状况恶化的风险。

八、老年冠心病患者药物素养与衰弱的相关性

研究显示，在老年冠心病患者中药物素养水平与衰弱状态呈负相关，即药物素养水平越高，衰弱程度越低；药物素养是衰弱的独立预测因子。这可能是因为药物素养不足的冠心病患者难以理解药物相关信息，无法有效配合治疗指导，更容易导致健康状况下降，进而发生衰弱。因此，对于药物知识有限的老年冠心病患者，应重视药物知识的掌握，以降低其衰弱状态恶化的风险。随着年龄增长，老年人所患慢性病的数量也逐渐增加，多数老年人存在多病共存的状态，易导致多重用药。充足的用药知识使患者更容易获得正确的用药信息，保持良好的用药习惯，有效配合治疗，更有利于保持良好的健康状态，从而降低

衰弱的概率。研究表明，通过健康讲座、小组讨论、个性化会诊、教学技能展示、实践练习、自动提醒、药盒、用药卡片等方式，可以全面提高患者在用药知识、态度、技能、行为等各方面的素养。

案例分析讨论 7-2

1. 我国用药安全形势严峻，用药错误率高、男性比女性高。
2. 老年患者药物知识水平低，视力较差。
3. 个性化地设置药物标签，制订药物素养干预计划，提高其药物知识水平。

（渠吉羚）

第三节　认知症照护者照护模型的构建与应用

案例 7-3　　**照护者照护需求与干预**

我国学者对认知症老年人照护者的大量研究显示：我国近九成以上的认知症老年人由家庭照护者负责照护，认知症给照护者带来沉重的负担，高压力水平占 62.5%。照护者由于缺乏专业知识与照护技能，对老年人的临床症状不能及时识别，造成应对困难，照护者对认知症相关服务的满意率仅为 39%。照护者有包括认知症疾病知识、护理技能、精神心理、喘息时间、经济支持等多种需求，但是由于照护者得到的社会支持不足，对长期照护服务资源的利用度不高，这些需求多数得不到有效满足，长期照护过程给照护者带来身体、心理、社会、经济等多方面沉重的家庭照护负荷，严重影响照护者的生活质量。迫切需要对照护者进行干预，评估照护者照护行为和照护问题，以期改善照护者身心健康，提高生活质量。

问题： 1. 对照护者可进行哪些方面的干预？
2. 如何提高对照护者的社会支持？

照护者在慢性病患者、认知功能障碍患者、儿童等人群的生理、心理、社会支持方面发挥重要作用。照护者分为正式和非正式两种，正式照护者包括专业的医护人员、其他受过专业训练需要付费的人员等；非正式照护者一般指的是不收取费用的家庭照护者，如父母、配偶、子女、朋友等。

认知症是慢性病，病程较长，目前尚无特效药物治疗，因此认知症患者每年需要花费高昂的治疗费用和护理费用。认知症患者的照护已成为世界性的卫生保健和社会问题。国际医学组织及病友团体也针对认知症患者在就医、治疗、日常生活与临终护理等方面进行研讨并建立执业伦理准则，为认知症患者提供良好的专业护理和生活照护，对延缓病程进展，提高患者的生活质量意义重大。

一、认知症患者照护模式

（一）家庭照护模式

家庭照护模式的优点在于患者在熟悉的家庭环境中，可以延续和发展自己的兴趣爱好，身心需求可以得到最大的满足，对于稳定病情、控制症状、延缓疾病进展起到重要作用。此外，家属与患者的感情深厚、熟知病情、责任心强，可以更好地改善患者心理状态和鼓励监督患者。其缺点在于照护者往往缺乏对该疾病的相关知识和护理专业技能，护理措施难以到位，而且针对家庭照护模式的相应配套服务还有待进一步完善。

（二）社区与家庭联合照护模式

社区与家庭联合照护模式是指社区与家庭紧密结合，为认知症患者提供长期的照护服务，即将社区服务深入每个患者家庭，如定期对患者进行评估，针对具体的患者制订规范的、针对性的家庭照护计划，适时对患者的照护者进行鼓励支持及指导等，该模式的开展尚处于起步阶段。

（三）养老院、护理院及认知症单元

养老院通常可以提供有限的监管服务，提供一些社交活动及康乐设施等。护理院通常比一般的养老院具有更完善的医疗设施，可以为患者提供全天候的照护服务。此外，护理院和认知症单元一般都有专业人员对认知症患者的饮食、药物、心理及照护计划等进行管理。当前我国对养老院模式的认知症患者照护开展相对较多，但对于护理院及认知症单元的照护开展较少。

二、照护者的社会支持

认知症是一种慢性进行性疾病，照护质量对患者的生活质量至关重要，而照护者的身心健康是照护质量的重要保证。长期的照护使照护者心力交瘁，往往疲惫不堪。

社会支持是指能够提供物质和情感帮助的个人或集体。目前，大量的研究证实社会支持可以保护人们免受压力和其他负面心理因素的影响，对身心健康起到缓冲作用。一项研究以 150 名认知症照护者为研究对象，调查其社会支持现状，结果显示，其社会支持处于中等水平。分析原因可能是由于疾病的特殊性，照护者每天需要花费大量的时间和精力照护患者，从而导致照护者与亲戚、朋友接触的时间大大减少，参加社会活动的次数逐渐降低，获得他人的支持和帮助的机会也变得更少。

目前我国认知症照护服务机构很少，政府和社会为认知症老年人提供的照护服务资源十分有限，长期照护体系等也未能较好建立，非政府组织规模和力量较弱，多数老年护理机构没有接收认知症老年人的能力，只有少数护理院愿意接收，94%以上的认知症老年人生活在家庭或社区，认知症患者照护主要依赖家庭照护者，难以满足患者的需求。对认知症患者的长期照护规划有待进一步完善，对照护者的社会支持及服务需要不断提高。为照护者提供信息和情感支持的方式主要为家访、电话随访及宣传资料等。虽然也有些医院或社区已经开始开展健康讲座、交流会等形式为照护者提供支持服务，但这些服务覆盖面极小。

社会支持较高的人与社会支持较低的人相比，更能应对环境、生活等方面的变化。社会和家庭支持的可获得性影响照护者的负担，拥有较高社会支持的照护者负担相对较轻。照护者的负担状况受家庭和社会的影响，当照护者在照护患者的过程中获得更多实质性的帮助和情感上的支持或对照护者进行社会支持干预可有效降低照护负担。

三、照护者的健康素养

照护者常需要与医务人员进行沟通，了解相关健康信息，参与健康决策等。对于被照护者来说，照护者的健康素养影响其健康状况，因此照护者健康素养水平显得尤为重要。例如，护理患者的过程中照护者需要协助患者用药、与医务人员沟通、了解疾病相关知识及照护患者的日常生活。照护者有较高的健康素养有助于其理解相关药物知识、帮助患者康复、减少不良健康结局的发生。梅廷（Metin）等分析照护者健康素养与患者生存率之间的联系，结果显示，只有 19.5%的照护者具有足够的健康素养，而健康素养较低的照护者所照护的患者褥疮发生率及死亡率明显高于健康素养较高的照护者。

照护者健康素养的高低往往与照护者健康状况相关，李永男等探讨健康素养与健康结局之间的关系，结果显示健康素养水平越高的照护者，其健康结局状况越好。因此，改善照护者健康结局，需要加强对照护者的健康教育，提高其健康素养水平。

四、照护者的照护能力

照护能力是指照护者为患者提供照护、帮助的能力，能够有效处理相关照护工作。照护者的照护能力受多方面因素影响，但其可以通过思考、探索、学习等方式提高自己的照护能力。目前的研究结果显示，大部分认知症患者照护者还是其他慢性病患者的照护者缺乏相关照护知识和技能，照护能力较低，导致患者症状加重、病情恶化。

由于认知症患者人数逐渐增多，社会总成本不断增长。随着疾病的进行性加重，患者逐渐丧失认知功能，出现一系列神经精神症状，对照护者照护需求逐渐增多，给照护者带来巨大压力。由于认知症疾病的特殊性，长期的照护工作使照护者易出现疲劳、社交受限等，给照护者的精神和身体健康造成不良影响。照护者的负担水平与患者照护需求呈正相关，患者照护需求的增多需要照护者提供更合理有效的照护，这不仅对患者的生活质量和健康状况有重要影响，而且还可以减轻照护者的压力、提高照护效率、维持照护者自身健康等，因此照护者照护能力在照护患者的过程中起到至关重要的作用。

五、照护者健康素养与健康结局、社会支持及照护能力的关系

（一）照护者健康素养与健康结局的关系

随着认知症患者病程进展，其日常生活自理能力逐渐丧失，对照护者的依赖逐渐增加，因此照护者的健康素养显得格外重要。健康素养是决定健康相关行为和健康结局的重要影响因素。研究表明，低健康素养与许多健康问题和不良的健康结局有关，低健康素养的人群自我保健能力更差。健康素养对自我评价健康有直接积极的影响，但关于认知症照护者健康素养与健康结局之间关系的研究较少。

照护者的健康状况极其重要，因为照护者的身体或精神出现疾病，可能会导致患者健康状况恶化。由于疾病的进行性恶化，患者功能性障碍不断增多，照护者的照护负担和压力日益增长，而这些累积性照护负担可能对照护者的健康产生严重影响。个体健康素养水平会影响其获得卫生保健系统、参与自我保健和管理慢性病的能力，缺乏对健康信息的理

解会损害个人做出明确健康抉择的行为，从而对他们的健康结局产生不良影响。照护者健康素养水平越高其所患疾病种类越少，自觉健康状况越好。马克斯（Marques）等探讨健康素养与自我健康评价之间的关系，结果显示良好的自我健康评价与较好的健康素养之间存在统计学意义。这提示我们，提高照护者健康结局，需要加强对照护者的健康教育，提高其健康素养水平。

（二）照护者健康素养与社会支持的关系

社会支持可能会减轻健康素养过低带来的不良影响，个人在处理健康相关信息时需要家人和朋友的帮助，健康素养与社会支持呈正相关。医务人员应该了解照护者社会支持现状，给予照护者更多帮助，提高其社会支持水平。社会支持较高的照护者不管是在生活、情感等方面得到的支持相对较多，可以减少低健康素养造成的不利影响。认知症患者照护者承受较大的压力和负担，家人应该给予照护者更多的关心和帮助，减少照护者在照护过程中的负面情绪和负担，进一步提高照护者的健康素养水平。

一项研究指出提高阿尔茨海默病患者照护者的健康素养可以促进照护者与卫生保健者的治疗性沟通，从而提高照护者的照护能力。由此表明，高健康素养的人更容易获得相关健康知识、养成良好的健康行为。但目前研究健康素养与照护能力之间关系的报告较少。

（三）照护者健康素养与照护能力的关系

健康素养与执行相关健康任务的能力有关，照护者需要具有足够的健康素养来完成相应的照护任务，如照护患者正确服用药物等，如果照护者没有足够的健康素养，可能会对相关照护计划的实施及坚持产生一定的影响，表明照护者健康素养的高低与照护能力水平存在一定的关系。照护者健康素养越高其照护能力越强，两者之间呈正相关。医务人员应能够意识到认知症照护者健康素养现状，提供针对性的健康教育，提高照护者健康素养的同时，提高其照护能力，从而更好地照护患者，延缓疾病进程。

六、照护者照护模型的构建

20 世纪 70 年代心理学家班杜拉提出社会认知理论（social cognitive theory，SCT），将环境因素、行为、人的个体因素看成是相互独立、作用、决定的理论实体。研究表明，具有较高社会支持的照护者能够通过减少照护负担从而提高其自身的照护能力，即照护者社会支持的高低影响其照护能力的大小。有研究报道，社会支持水平的改善对个体健康起到一定的积极作用。由此表明，较高的社会支持有利于个体的健康状况。一项调查结果显示，照护能力是影响照护者健康结局的重要因素，照护能力越强，其健康结局越好。

小链接　　常见照护者干预的理论模型

1. 信息-动机-行为技巧模型（information-motivation-behavior skills model，IMB）认为，行为改变的必要条件是信息、决定性因素是动机，个体行为的改变则是信息、动机及技巧共同作用的结果。该模型也可以用于临床健康教育领域。

2. 跨理论模型（cross-theoretical model，CTM）是一个有目的的行为改变模型，该模型强调个体的行为变化是一个连续的过程而非单一的事件，人们在真正做到行为改变之前，是朝向一系列动态循环变化的阶段发展。对所处不同阶段的个体应采取不同的行为转换策略，促使其向行动和维持阶段转换。

3. 家庭赋权理论（family empowerment theory）是指根据主要照护者的照护问题，医护人员帮助照护者获取知识、技能和资源，并共同制订个性化干预方案，从而提高照护者的照顾能力。

4. 压力与应对理论（stress and coping theory）认为，压力是个体对作用于自身的内外刺激做出认知评价后引起的一系列非特异性的生理或心理紧张性应对状态。

因此，研究者探究健康素养与社会支持、照护能力和健康结局之间的影响关系，并构建结构方程模型探讨其影响模式，可以将此模型应用于认知症患者照护者健康素养干预的研究当中，为今后的干预研究提供一定的指导（图 7-6）。

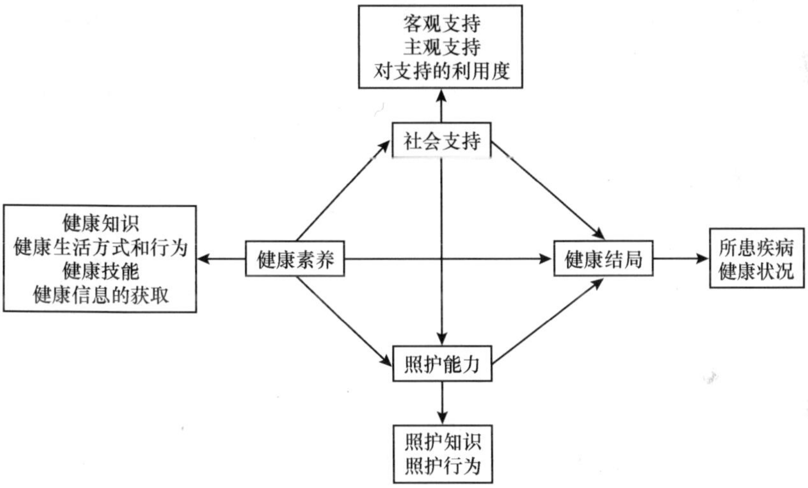

图 7-6　健康素养、社会支持、照护能力及健康结局的理论模型

七、照护者照护模型的构建

构建健康素养、社会支持、照护能力和健康结局的结构方程模型，可应用于认知症照护者干预工作。

该模型一共包括 6 条路径。健康素养和社会支持直接相关。健康素养可以直接影响健康结局，还可以通过社会支持影响其健康结局。美国一项研究指出个体健康素养不足与其较差的健康结局相关。还有研究指出，健康素养与健康结局之间可能存在其他中间变量，也就是说，健康素养通过其他因素间接地影响个体的健康结局。健康素养不仅直接影响照护者的照护能力，还通过社会支持间接影响照护者的照护能力，健康素养通过社会支持与照护能力间接相关。因此，提高健康素养使照顾者能够更恰当地利用社会支持来提高他们的照护能力。加强对照护者的社会支持可以提高其照护能力，社会支持较高的人往往能够借助外界的力量，减少自身的负担并提高其照护能力。同时，也表明社会支持越高的人其自身健康状况往往较好。有研究表明心理弹性能够弱化逆境给人带来的负面作用，从而提高个体的健康结局。个人较高的社会支持可以促使个人在逆境拥有较高的心理弹性，社会支持水平与心理弹性呈正相关，因此社会支持水平的高低影响个体的身体健康状况。

采用结构方程模型建立照护者健康素养与社会支持、照护能力及健康结局相互作用的模型，可为今后照护者健康素养干预提供依据。由于照护者健康素养、社会支持、照护能力和健康结局均处于中等及以下水平，在今后的研究中，可以将此模型应用于干预等研究中，制订专门针对认知症照护者的干预措施和方法，以期提高其健康素养，调动照护者的积极性，更多地利用社会支持，提高其照护能力和自身健康结局，给患者提供更优质的照护，在延缓患者疾病进展的同时也减轻自身的照护负担。

案例分析讨论 7-3

1. 对照护者干预包括疾病知识、护理技能、精神心理、社会支持、家庭喘息服务等方面的干预措施。

2. 提高照护者社会支持的方法

（1）家庭支持：鼓励家人等给予照护者精神上更多的鼓励和安慰，树立积极、乐观的生活态度。

（2）社会支持：医疗机构帮助照护者建立有效的需求平台和沟通渠道，如定期的专业心理咨询服务、家庭访视等；各种组织如认知症学会/协会等对照护者或患者进行援助等，从而提高照护者的社会支持水平。

（刘永兵　周静欣）

第八章　社区老年安宁疗护

学习目标：

识记：安宁疗护、临终关怀、预立医疗照护计划、生前预嘱；预立医疗照护计划所需的主要文件、主要步骤。

理解：描述安宁疗护的特点、安宁疗护的团队角色分工及职责、预立医疗照护计划在我国开展的意义、分析安宁疗护的发展趋势、推行预立医疗照护计划的必须性及制约因素。

运用：评估安宁疗护患者常见的症状，开展安宁疗护终末期症状管理；按照预立医疗照护计划的流程尝试进行预立医疗照护计划的实施。

第一节　社区老年安宁疗护现状

案例 8-1　　《关于建立完善老年健康服务体系的指导意见》

当前，我国老年人口规模持续扩大，对健康服务的需求愈发迫切，为建立完善符合我国国情的老年健康服务体系，满足老年人日益增长的健康服务需求，2019 年 10 月国家卫生健康委员会、教育部等八部委联合提出了《关于建立完善老年健康服务体系的指导意见》。

该意见指出要加强安宁疗护服务，根据医疗机构的功能和定位，推动相应医疗卫生机构，按照患者“充分知情、自愿选择”的原则开展安宁疗护服务，开设安宁疗护病区或床位，有条件的地方可建设安宁疗护中心，加快安宁疗护机构标准化、规范化建设。积极开展社区和居家安宁疗护服务。探索建立机构、社区和居家安宁疗护相结合的工作机制，形成畅通合理的转诊制度。制定安宁疗护进入和用药指南。营利性医疗机构可自行确定安宁疗护服务内容和收费标准。非营利性医疗机构提供的安宁疗护服务，属于治疗、护理、检查检验等医疗服务的，按现有项目收费；属于关怀慰藉、生活照料等非医疗服务的，不作为医疗服务价格项目管理，收费标准由医疗机构自主确定。

建立完善安宁疗护多学科服务模式，为疾病终末期患者提供疼痛及其他症状控制、舒适照护等服务，对患者及家属提供心理支持和人文关怀。加强对公众的宣传教育，将生命教育纳入中小学校健康课程，推动安宁疗护理念得到社会广泛认可和接受。认真总结安宁疗护试点经验，稳步扩大试点。

问题：1. 目前我国老年安宁疗护有哪些特点？

2. 社区安宁疗护的发展趋势是什么？

一、概　　述

我国是目前世界上老龄人口最多的国家，据国家统计局数据显示，截至 2021 年末，我国 65 岁及以上人口已突破 2 亿，占总人口比重的 14.2%。人的一生包括生老病死，全方位全周期的健康服务必须包括临终患者的生命末期阶段。老年人作为特殊的群体，有关临终与死亡的问题是不可回避的重要问题，如何让老年终末期患者实现无痛苦、有尊严、更自然地走完人生最后一段路程，如何让社会资源得到最大程度的节约和利用，如何实现生命全周期健康服务的目标，是我们整个社会共同面对的问题，而开展老年人安宁疗护服务则是解决全方位全周期健康服务“最后一公里”难题的最佳选择。

（一）安宁疗护概念的演变

“安宁疗护”一词译自英文 hospice，最初被称为临终关怀（hospice care），是一种临终照护模式。临终关怀是满足临终患者及家属需求的照护模式，又称为善终服务、终末护理、安宁照顾、安息护理。现代的临终关怀创始于 20 世纪 60 年代，创始人是英国的桑德斯（D. C. Saunders）。姑息照护（palliative care）于 1975 年由加拿大医生鲍尔弗（Balfour）首次提出，国内也翻译为缓和医疗、舒缓医疗、姑息医学等，是预防和减轻面临威胁生命疾病相关问题的成人和儿童患者及其家人的痛苦，包括患者的身体、心理、社会和精神痛苦及家属的心理、社会和精神痛苦，不仅能提高患者生活质量、促进尊严和舒适，也可能对疾病进程产生积极影响。

我国卫生健康委员会已将临终关怀、舒缓医疗、姑息治疗等统称为安宁疗护，定义为向疾病终末期或老年患者在临终前提供身体、心理、精神等方面的照料和人文关怀服务，控制患者的疼痛及其他症状，提高患者生命质量，帮助患者舒适、安详、有尊严离世。安宁疗护核心概念是患者、护士和治疗关系，以患者及其家属的需求为重点，主要为生存时间小于 6 个月的各类人群提供整体关怀，让患者舒适、有尊严地度过人生最后阶段。

（二）相关理论

理论模型或框架的应用有助于促进沟通来提供护理的一致性，为探索护理研究、教育和临床实践等提供依据。我国安宁疗护起步较晚，社会支持系统不健全、发展不充分，影响了安宁疗护服务质量的提高。因此，探索适合我国国情的安宁疗护相关理论，可以为构建安宁疗护服务体系提供理论基础。目前，常用的安宁疗护护理模式和理论包括：优逝框架、临终患者及其家属生活质量总体框架、共享理论、个体化护理模式和姑息治疗过渡模式。

1. 优逝框架 1997 年美国医学研究所（IOM）将优逝定义为患者、家属和照护者没有痛苦和不适，终末期决策总体上符合患者和家属的意愿，并符合临床、文化和道德标准。优逝框架由伊曼纽尔（Emanuel）等在 1998 年提出，将死亡分成患者的固有特征、患者经历的可修改维度、医疗保健系统的干预和结局这 4 个部分。首先，该框架提示终末期患者的体验是多元的，包括躯体、心理、经济需求、照护需求、信心和期望等，可帮助医护人员系统地评估患者体验中的可变因素，进而优化终末期患者各方面的照护。其次，该理论框架强调患者的死亡体验受到整个社交网络的影响，不仅仅体现在医疗方面，家庭、朋友、医护人员等护理系统均可提供干预措施。再次，该框架也为全面评估患者的死亡过程及所遭受的痛苦提供了依据。

2. 临终患者及其家属生活质量总体框架 斯图尔特（Stewart）等在 1999 年提出了该理论框架，包括患者和家庭因素、护理结构和过程及患者和家庭护理结果 3 个维度；个人和社会环境、护理结构、护理过程、对卫生保健的满意度和生活质量与寿命 5 个概念。该框架强调生活质量，目标是描述临终患者及家属的生活质量并评估护理措施，能为提升临终护理质量提供依据。该框架可为该领域的研究者和医护人员提供一个全面而且详细的概念图，有助于他们理解终末期护理相关的概念并进行系统准确的评估，但概念之间的关系仍有待于进一步验证。

3. 共享理论 由德比安（Desbiens）等于2012年提出，通过比较班杜拉（Bandura）的社会认知理论和欧赖姆（Orem）的概念模型，介绍了姑息治疗护理领域共享理论的理论发展。共享理论包括护理能力、护理自我能力、护理干预、姑息自我护理行为、身体/情绪症状和生活质量等概念，能用于指导护士提升自身能力、评估护理教育计划，从而为临终患者提供优质护理。

4. 个体化护理模式 由雷德（Reed）于2010年提出，用于指导高级执业护士的姑息治疗实践。个体化关怀视角源于沃森的自我关怀理论和罗杰斯的整体人科学之间的共同点。该模式认为每个人都是独一无二的，护士只有通过关注患者的健康、疾病、死亡和死亡的个人经历才能理解患者。该模式主要内容：将每个人视为一个不同的整体，护士可以在不同的痛苦领域进行有效干预，注重患者及其家人和社区的整体性；认识到患者、家庭和护士在他们的关系中的变化及个人的成长；护士应充满爱、善良、谦卑、同情来陪伴患者和家属；护士帮助患者改变对疾病的认识，确立新的目标，重构患者的希望；表示护士和患者的精神之间的联系；患者通过护理得到对疾病的理解、临终的体验。

5. 姑息治疗过渡模式 默里（Murray）认为姑息治疗方法和内容与慢病管理内容相似，强调姑息治疗应关注患者和家属的需求，护士应当根据患者的需求和目标来制订护理计划。该模式描述了影响姑息治疗内容的因素：①影响患者的健康问题，如与预后相似的癌症患者相比，非癌症患者接受更多延长生命的干预措施和较少的症状管理措施；②卫生保健系统的政策及如何将姑息治疗纳入持续的初级卫生保健和长期照护系统；③护士临终关怀的技能和信心教育。

二、国外发展现状

（一）英国

1967年桑德斯博士在英国的伦敦郊区创办了世界上第一家现代临终关怀院——圣·克里斯多弗临终关怀院（St.Christopher's Hospice），是现代安宁疗护发展的开端。她将临终患者和家属视为护理单位，提出了“全人服务+整体关怀”理念，将此贯穿于服务设施和服务内容中。1969年，她开创了第一个家庭护理团队，把圣·克里斯多弗临终关怀院的模式带到社区。此后，英国政府将安宁疗护纳入国家医疗体制，促进了安宁疗护事业的快速发展。桑德斯博士基于临床实践撰写了症状控制、团队合作、全身心照护、死亡教育等内容，英国最大的安宁疗护机构——玛丽·居里安宁疗护机构的医学指导约翰·艾勒肖介绍了症状控制、沟通技巧等内容，英国临终关怀协会也制定了安宁疗护服务标准和发展指南。英国1990年颁布了《国家卫生服务及社区关怀法》，2009年颁布了《临终关怀战略：高质量临终关怀的标志和测量标准》。

2015年，英国《经济学人》杂志根据终末期患者的医疗照护环境、临终关怀服务的可负担程度、人力资源、服务质量等因素发布了《全球死亡质量指数报告》，报告显示英国临终关怀的服务质量全球排名第一。英国实行全民公费医疗，20世纪80年代开展的全民死亡教育促进了民众对安宁疗护的认知和参与。英国的安宁疗护以社区、家庭为基础，建立了医院、社区、养老院等临终关怀服务机构，建立了成熟的准入标准、服务流程和转诊流程。临终关怀机构通过社区进行安宁疗护宣传，从而提高民众对安宁疗护的认识。社区居民也会通过多种形式参与临终关怀活动，如“学校计划”中，学生会与临终患者共同进行音乐及艺术创作等活动，志愿者也会帮助临终患者实现心愿。

目前英国有 200 多家独立的安宁疗护中心，每年为 20 多万临终患者提供住院服务、日间服务、居家安宁疗护和社区护理等，其中 83%是在社区提供的。住院服务指患者住在医疗机构，进行症状控制和生理、心理、社会等问题的处理，主要是复杂性的照护；日间服务是诊疗团队和安宁疗护团队共同为患者给予适当的照护，不受照顾场所的限制，能缩短住院时间；居家安宁疗护是由安宁疗护团队进行上门访视，对患者进行一般诊疗与处置，关注患者及家属心理、社会等方面的问题；社区安宁疗护服务提供上门或转诊服务。大多安宁疗护机构的工作人员包括医生、护士、社会工作者、职业护工、营养师、药师、康复师和志愿者等，他们共同组成多学科团队，提供专科治疗、专科护理、精神心理治疗、康复治疗、家属哀伤辅导等服务。庞大的志愿者群体是机构的中坚力量，是安宁疗护事业发展的关键。安宁疗护机构的资金主要来自政府拨款和慈善捐赠，还包括国家福利彩票收入、投资运营收入、培训等其他收入。

（二）美国

1974 年，美国创建了国内首家临终关怀医院，1975 年开始由公共医保体系支付安宁疗护服务费用，1980 年将临终关怀纳入国家医疗保险法。截至 2017 年，美国已有安宁疗护服务机构 4488 家，并形成了较为完善的服务体系。安宁疗护服务类型包括常规居家照护、连续居家照护、入院短暂照护和常规住院治疗，医护人员能为患者提供对症治疗、家庭保健服务、精神关怀和丧亲服务等，并有结合音乐、游戏、艺术等疗法的特色服务，服务对象为由执业医师认定的预期寿命不足 6 个月的患者。美国的安宁疗护由多学科团队人员（医生、护士、社工、牧师等）开展，医院通常拥有独立的安宁疗护机构，并开展从业人员的资格认证。美国社区安宁疗护服务由商业保险提供援助，社区卫生工作人员、社会团体、志愿者等为终末期患者制订居家姑息治疗方案，并提供高质量的照护模式，满足患者居家进行安宁疗护的愿望。

20 世纪 80 年代，美国律师协会和临终照护专家编写了 “我的五个愿望”（the five wishes），并进行了推广，为社区公众普及尊严死、生前预嘱、安宁疗护的最新知识。1998 年，美国护理学院联合会（American Association of Colleges of Nursing，AACN）提出安宁疗护护士需具备 15 个方面的核心能力，包括了解人口统计/医疗保健和服务提供方面的新变化、将为临终患者提供舒适护理作为一项重要的技能、就生命终结问题与患者/家属和医疗团队成员进行有效沟通等内容。2004 年，美国国家高质量安宁疗护共识项目（National Consensus Project for Quality Palliative Care，NCP）制订了高质量安宁疗护实践指南，主要内容包括照护的结构与过程、生理照护、精神心理照护、社会照护、灵性/宗教和存在性照护、文化照护、濒死者照护、道德与伦理，为安宁疗护的质量评价提供了依据。美国的大学、中小学及幼儿园均将“死亡教育课程”列为必修课，纳入教育体系。2017 年美国护理学院联合会联合安宁疗护教育联盟（End-of-Life Nursing Education Consortium，ELNEC）

制订了安宁疗护的护理本科课程，包括简介、沟通与交流、疼痛管理、症状管理、悲伤与丧亲辅导及濒临死亡期的照护 6 个部分。2018 年 4 月 ELNEC 推出肿瘤专科护士安宁疗护的培训项目，内容包括安宁疗护发展历程、疼痛及症状管理、社会支持、心理和精神照护、灵性及宗教、文化护理、伦理与法律等。

（三）日本及其他地区

日本是亚洲最早开展安宁疗护的国家，于 1973 年在淀川基督教医院开展了临终关怀照护计划，1981 年建立了第一个安宁缓和照护病房，1991 年成立了安宁缓和医疗协会并设立安宁疗护病房，1993 年建立独立式的居家安宁机构。2003 年，保险覆盖了安宁疗护团队。日本的《医疗法》《健康保险法》都鼓励民众居家照护，2006 年日本构建了社区整体照护系统，家庭责任医师负责 30min 路程内的居民，为患者提供全年的紧急诊疗和定期访视服务，核心是支持患者在家疗养。2007 年政府发布实施了《癌症对策基本法》和《癌症对策推进基本计划》，并发布了指导手册，如《姑息照护团队活动手册》《姑息照护指导手册》《终末期医疗决定程序的相关指导方针》等，从法律上促进了安宁疗护的发展。

欧洲初级保健论坛提出姑息治疗服务应该被纳入卫生保健系统，尤其是以社区和家庭为基础的护理中，澳大利亚发展了结合远程医疗的社区安宁疗护等，彰显了社区安宁疗护的发展。德国的老年安宁疗护机构设施齐全，服务项目以满足不同种族、信仰的临终患者的需要为目标，并将安宁疗护纳入长期护理保险，由国家负担患者的医疗费用。

三、国内发展现状

（一）中国台湾、香港地区

我国安宁疗护相对起步较晚，中国台湾地区于 1981 年开始发展安宁疗护，1983 年台湾康泰医疗教育基金会成立居家疗护服务组，1990 年建立第一家安宁疗护机构。1995 年台湾成立安宁照顾协会并开始发展居家安宁疗护，目前已形成住院、社区、居家及共同照护的模式，并开展了全人、全家、全程、全队、全社区的五全照护，将社区安宁疗护作为主要发展方向，并为患者提供 24h 的咨询服务。香港于 1982 年开始在九龙圣母医院提供善终服务，2015 年香港推出社区安宁照护计划，为患者提供身、心、社、灵等照护，并通过互联网、报纸、新闻发布会、电台等多种途径进行宣传。

（二）内地安宁疗护发展现状

1988 年，天津医学院（现天津医科大学）临终关怀研究中心成立，是内地现代安宁疗护的开端。1994 年卫生部发布的《医疗机构诊疗科目名录》首次将“临终关怀科”列入科目名录，之后的一系列文件都涉及临终关怀服务试点和实施。1998 年，上海红十字会成立了老年护理院的安宁疗护病房，老年安宁疗护逐渐受到关注。我国早期的安宁疗护服务模式是依托医院开设临终关怀病房，1998 年，李嘉诚基金会在汕头大学医学院第一附属医院捐建了第一家宁养院，参照西方现代安宁疗护服务理念为临终患者提供症状治疗、心理辅导、哀伤服务和义工服务。我国慈善组织在 2006 年开始探索安宁疗护服务内容，2009 年成立的“上海浦东手牵手生命关爱发展中心”致力于提供全人关怀服务，同年，安宁住院及居家试办计划正式纳入保健支付。2012 年 1 月上海市正式把开展社区临终关怀服务列入政府工作报告且发布了安宁疗护服务标准及规范，通过上海红十字会持续开展安宁疗护项目。

2016 年国家卫生与计划生育委员会（以下简称国家卫生计生委）发布的《全国护理事业发展规划（2016—2020）》和中共中央、国务院出台的《"健康中国 2030" 规划纲要》将临终关怀改称"安宁疗护"，主要关注安宁疗护服务能力和机构建设等内容。2017 年国家卫生计生委制定的《安宁疗护中心基本标准和管理规范（试行）》和《安宁疗护实践指南（试行）》从床位、机构设置、人员、设备等方面对安宁疗护病房建设进行了指导，在评估、观察、操作要点、注意事项等方面对安宁疗护实践进行了规范。从此，我国安宁疗护进入快速发展期，2017 年国家卫生与计划生育委员会选取北京市海淀区、吉林省长春市、上海市普陀区、河南省洛阳市和四川省德阳市等地作为安宁疗护试点，截至 2020 年底，全国设有临终关怀科的医院有 510 个，上海、北京等一线城市的安宁疗护事业走在全国前列。上海市早在 1995 年就在闸北区临汾街道社区卫生服务中心开设了安宁疗护病房，目前已有 70 多个社区拥有安宁疗护病房。2017 年上海市普陀区建立了包括 1 家安宁疗护中心、11 家社区卫生服务中心安宁疗护科的覆盖全区的"1+11"安宁疗护服务体系。

目前，我国的社区安宁疗护模式主要有"家庭病床、护理病床、临终关怀病床"三床联动模式，以宁养疗护为主的社区临终关怀院模式，社区医院组织模式等。我国老年人安宁疗护的照护方式包括住院照护、日间照护和居家照护，能够提供老年安宁疗护服务的机构包括独立的临终关怀院、综合医院的单独病房和社区卫生服务中心中的家庭病房。青岛设立了医疗专护病房，并将老年安宁疗护服务纳入长期护理保险；上海依靠社区卫生服务中心、临终关怀院资源为老年患者提供服务。有研究提出老年人安宁疗护的 10 种灵性照料方法：死亡教育、倾听与陪伴、同理心的回应、同频呼吸、回顾往事、以人为本的照护、音乐疗法、经典诵读、表达情意、未来期待。

为了推动安宁疗护事业的发展，2015 年中华护理学会成立了安宁疗护学组，2016 年北京卫生人才培训中心与中国生命关怀协会确定了医养照护专项技能培训及效果测评方案，2017 年中国生命关怀协会与上海市卫生与计划生育委员会共同开展全国安宁疗护（临终关怀）岗位执业资格培训。2017 年 7 月，中华护理学会在广东省广州市举办"全国安宁疗护课程培训班"，2020 年中华护理学会举办了安宁疗护专科护士培训班，正式开启安宁疗护专科护士培养，目前已培养专科护士近千名。

四、安宁疗护发展趋势

现阶段我国安宁疗护的研究热点包括患者对安宁疗护的需求、照护者的心理状况和社会支持、安宁疗护新模式、预立医疗的推广、安宁疗护医护人员知识技能的调查和培训、安宁疗护转诊和安宁疗护疼痛管理、居家姑息照护、对生命关怀的研究、安宁疗护人文关怀等，对老年群体的关注度有待提高。

未来需大力推动安宁疗护服务覆盖医院、社区和家庭。在政策法规方面，政府和卫生保健相关部门需要完善法律法规，保障用药和治疗安全，同时需要完善制定医保费用标准，规范收费标准，每年给予专项经费进行安宁疗护设施建设、人才培养等。在安宁人才队伍建设方面，需要建立多学科团队，加强团队的培训，提升团队安宁疗护知识和技能，稳定人才队伍。在安宁疗护质量评价方面，需要结合我国特色制定科学可行的服务过程和结果的评价考核流程、安宁疗护质量评价体系。另外，可以发挥中医药传统文化的优势，促进安宁疗护发展。同时需要加强对安宁疗护的理论研究、宣传和推广，促进民众对安宁疗护的了解，开展全民死亡教育。政府、社会要共同参与，需要慈善组织和各机构的协同合作，商业化和公益化相结合，共同规范和完善安宁疗护服务。

案例分析讨论 8-1

1. 目前我国老年安宁疗护特点：我国老龄化进程加速，安宁疗护社会支持不足，机构、床位及人力配置均不足；服务对象存在局限性，恶性肿瘤患者开展安宁疗护较多，对慢性病如心脑血管疾病、呼吸系统疾病等患者的安宁疗护开展少；亟待建立安宁疗护队伍；安宁疗护政策资金支持不够；安宁疗护地区发展不均衡。

2. 社区安宁疗护的发展趋势：建立健全安宁疗护法律制度和相关政策；健全安宁疗护服务体系和资金投入；加大安宁疗护知识及相关政策的宣传，提高公众对安宁疗护的认知度等。

（朱姝芹　羊　波）

第二节　社区老年安宁疗护的多学科团队协作

案例 8-2　　安宁疗护中的多学科团队

患者，男性，89 岁，因胸痛、胸闷、呼吸困难进行性加重入院查 CT 提示肺占位，患者心脏病、有高血压病史，消瘦体质，经肿瘤科和胸外科会诊后认为考虑肺癌的可能性大，不建议手术和放化疗，建议进行姑息对症处理。患者及家属均表示希望能够对症治疗，不做有创性治疗。患者随后转入安宁疗护病房，进行止痛、平喘治疗后症状好转出院。患者居家期间，通过“互联网+”护理服务申请安宁疗护团队上门服务。

医院安宁疗护团队上门进行了全面评估，制订了照护计划后将其转介至社区医院，社区医院医务人员定期上门进行随访。居家 3 周后，患者仍食欲下降，疼痛控制逐渐不佳。社区与医院联系后进行安宁疗护多学科会诊，邀请营养科、疼痛科，制订镇痛和营养方案，定期随访。

问题： 1. 应该如何运用多学科团队服务安宁疗护患者？

2. 如何促进社区与医院多学科团队合作？

一、多学科团队协作概述

多学科团队（multidisciplinary diagnosis and treatment pattern，MDT）协作是指“能够独立为某一特定患者提供诊治意见的不同专业专家在特定时间（可在同一地点或通过电视或电话会议形式）共同讨论该患者诊治方向”。多学科团队协作通常是由来自两个以上不同学科，组成的固定工作组，针对某种疾病进行定期、定时、定址的临床讨论，提出临床治疗方案。相对于单一的学科干预模式，多学科团队协作可以达到各学科相互融合、在技术、治疗方法、治疗理念上达成共识，合理有效地利用和整合医疗资源，将患者引向更好的健康结局，已经成为国际医学领域重要的模式之一。

二、老年安宁疗护多学科团队协作

（一）多学科团队协作的必要性

老年人患病往往有其特殊性。第一，老年人常同时患多种疾病。多病共存的表现形式可以是多系统疾病同时存在，如同时患有冠心病、糖尿病及骨关节炎等病；也可以是同一个系统的多种病变，如同时存在冠心病、瓣膜病及心脏传导系统的退行性病变。第二，老年人患病容易出现并发症，如肺部感染、心或肾功能不全等。老年人疾病本身及治疗的复杂性使得只有多个学科共同协作才能对疾病做出全面有效的诊治。

2017 年，国家卫生与计划生育委员会发布的《安宁疗护实践指南（试行）》中明确指出，安宁疗护实践以临终患者和家属为中心，以多学科协作模式进行，主要内容包括疼痛及其他症状控制，舒适照护，心理、精神及社会支持等。近年来多个研究证实，多学科协作模式是安全有效的安宁疗护管理模式。

（二）工作架构

多学科团队协作是以患者为中心，其目标是将患者作为一个有机的整体，以多学科共同诊治程序为基础，为患者提供精准、个体化的医疗服务。一个完整的多学科团队包括负责人、专家组及秘书。负责人一般是由一位具有一定学术权威的主任负责，优秀的负责人是实施有效诊疗模式的首要条件；专家组是多学科团队核心层，根据患者生理、心理、社会、精神等多方面、多层次的需求，由具备一定专业学术水平的专家组成；秘书也称协调员，专职负责协调联络工作，是高效规律运行的必要条件。护士作为患者健康照护的直接参与者和提供者，在多学科团队协作中具有重要作用。

（三）多学科团队协作人员结构

在安宁疗护中，多学科协作模式尚未形成公认的人员结构。患者或家属的照护需求、影响照护的环境、文化等因素决定团队其他专业人员或角色的组成。

美国临床肿瘤学会（American Society of Clinical Oncology，ASCO）建议，安宁疗护多学科协作团队应包括医生（全科医生和专科医生）、护士、药剂师、营养师、物理治疗师、社会工作者、神职人员、律师、家属和其他协作者，其中，护士是此团队的核心人员。美国临终关怀和姑息治疗联盟（National Coalition for Hospice and Palliative Care，NCHPC）指出，安宁疗护多学科团队人员还可能包括心理健康专业人员、护理助理、呼吸治疗师、职业治疗师、物理治疗师、语言病理学家、按摩、艺术和音乐治疗师、社区卫生工作者、紧急医疗技术人员、个案管理师和志愿者。

复旦大学附属肿瘤医院通过与美国得克萨斯州大学安德森癌症中心合作，成立了针对晚期癌症患者和家属的专业的安宁疗护多学科协作团队，团队包括医生、护士、药剂师、营养师、心理咨询师及志愿者。南京医科大学附属肿瘤医院以护士主导，成立了多学科护理团队，由个案管理师主导，成员包括疼痛科医生、疼痛科护士长、心理咨询师，肿瘤护理、伤口造口护理、营养、糖尿病、疼痛、静脉输液治疗及危重症专科护士各 1 名。随着对安宁疗护内涵理解的加深，多学科协作理念的普及，国内安宁疗护多学科协作模式的人员结构也将更加多元化。

（四）多学科团队协作人员职责

医生：关注患者疾病轨迹、预后和医疗治疗，根据病情及症状控制需求，与高级执业注册护士或医生助理等角色合作为患者制订合适的诊疗措施，包括及时将患者转诊至安宁疗护病房或专门机构，尽力满足患者需求并减轻患者各种不适症状等。

护士：患者资料的主要评估者，为团队制订和修改照护计划提供评判依据；患者和家属健康教育的主要实施者，鼓励其主动参与和配合；安宁疗护实践的主要实施者，包括疼痛及其他症状控制、舒适照护、心理、精神及社会支持等；同时，护士在多学科协作模式中承担重要角色，既是团队与患者之间的联系人，也是团队其他成员之间的协调人，保证安宁疗护多学科协作模式高质量实施。

医务社会工作者：是指专业社会工作者在医疗卫生机构中，运用专业理论和方法为患者及家属提供相关医疗卫生服务的专业化社会工作人员。患者心理和社会问题的评估者、支持者；患者家庭所需资源的整合者、倡导者和照护者；医务人员的合作者，弥补了医学诊疗的不足，帮助团队人员缓解压力，减少职业疲倦；是志愿者的招募、培训和领导者，共同拓宽为患者及家属服务的形式和内容。

心理咨询师/心理医生：评估患者和家属的心理动态，为其提供精神、心理治疗护理干预；负责多学科团队成员的心理辅导工作。

药剂师：审查并优化患者药物的管理，以确定进一步缓解症状、缓解或预防潜在药物相关毒性的治疗方法，并对剂量或处方调整方案提供建议。

有研究指出，在安宁疗护多学科协作模式人员中，物理治疗师帮助患者改善或维持肢体功能，同时对其症状管理起辅助作用；职业治疗师结合团队意见帮助患者制订有治疗意义的运动策略，并指导家属帮助患者实现其运动目标；志愿者、音乐治疗师、营养师等为患者及其家属提供个性化服务。

（五）安宁疗护分级诊疗

目前国内研究显示，各级医疗机构大多不存在转诊关系，是患者接受全程医疗服务的断点。主要原因是各级医疗救治水平不一，医疗设备配置不一，医务人员在实施的过程中无标准可依，不敢贸然转诊。安宁疗护关乎患者生命质量，关乎医学价值取向和社会文明进步，是重要的民生问题。早在 2006 年我国就提出了分级转诊的概念，其目的是优化医疗卫生资源分配，推进医疗资源的纵向整合。此外，我国安宁疗护社区模式已在上海、北京等地进行了初步试点并取得了较好的成果。患者分流到社区后，可以降低医疗费用，社区医院医疗资源闲置现象也可以得到部分改善，大型综合医院能够由此缓解因为患者“压床”而带来的医疗资源矛盾。因此，实施科学有效的分级标准势在必行且具有现时推广意义。

1. 三级医疗机构开展安宁疗护的主要标准　三级医疗机构开展安宁疗护需有以下标准：拥有安宁疗护学科或相关学科；有安宁疗护专业人员（受过专业培训并取得证书）；拥有急症处理场所，能够拥有安宁疗护急症处理能力；定期开展安宁疗护培训业务；能够处理安宁疗护疑难杂症问题。三级医疗机构建议由拥有专家团队的教学医院和学术中心开展，可对临床疑难病例进行会诊、咨询和解决，或作为模范项目去发展其他中心。此级别医疗机构安宁疗护任务的重点在于推广和教育。

2. 二级医疗机构开展安宁疗护的主要标准　制订二级医疗机构相关标准，可有效促进二、三级医疗机构互动，实现安宁疗护双向转诊。二级医疗机构开展安宁疗护需有以下标准：能够提供基础护理和生活照护；有一定的安宁疗护专业知识（接受过三级医院安宁疗护人员培训）；医务人员掌握一定的专科能力，能够处理一些专科问题；拥有急症评估和提供基本生命支持能力。

3. 一级医疗机构开展安宁疗护的主要标准　一级医疗机构开展安宁疗护需有以下标准：能提供基础护理和居家照护；拥有急症评估和提供基本生命支持能力；了解安宁疗护，并可经过相关培训获得安宁疗护资质；提供安宁疗护家庭访视。有研究指出：对相关社区医院、医疗机构的要求不必太多，应在大力提倡的同时，对其进行专业支持和定期培训、监督，保证安宁疗护患者安全和舒适。

4. 安宁疗护分级转诊患者转诊标准　研究推荐安宁疗护患者上转标准：居家期间，出现急性症状，家属无法解决，可选择入院一段时间控制急性症状；居家期间，家属过度疲劳或有特别事情而导致无法满足患者照护需求，可选择入院一段时间；患者即将离世（预计生存期＜1 个月），因各种症状家属无法处理，可入院安宁疗护，使患者安然离世；症状控制不稳定，社区、一级医疗机构无法有效处理；需要特殊的姑息治疗手段（如姑息放疗）或设备，下级医院无法满足。

安宁疗护患者下转标准：三级医疗机构的患者急性症状已控制，病情平稳，但仍需专业照护，居家存在安全隐患，可转入二级医疗机构或一级医疗机构；患者在住院期间，症状控制良好，病情平稳，居家照护即可满足患者日常需求，可转入居家安宁疗护；患者及家属要求转诊。

5. 多学科团队协作信息共享机制　随着信息系统建设的普及化，搭建信息网络平台，建立患者健康档案，实现医疗、护理、检验、康复等临床与管理信息的整合，学科间专业数据的共享，有利于多学科团队及时有效地评估、调整患者治疗方案，可促进多学科团队高效运转。同时，区域间医疗信息共享也是实现各级医疗机构之间信息的互联互通，促进优质医疗资源共享，提高分级诊疗相关服务的效率、连续性与协同性。

三、安宁疗护多学科团队协作研究方向

（一）安宁疗护多学科团队服务对象的识别与准入

安宁疗护在发展初期是针对终末期癌症患者的服务，2017 年美国国家综合癌症网（National Comprehensive Cancer Network，NCCN）安宁疗护临床实践指南强调将安宁疗护纳入肿瘤全程照护中，且多学科协作团队应为特定生存期（6～12 个月）的患者和其家属提供身、心、社、灵的全方面优质的安宁疗护服务。但随着人口老龄化和疾病谱的改变，安宁疗护服务对象已扩展到晚期慢性阻塞性肺疾病、心力衰竭、肾病、老年认知症、艾滋病、神经退行性疾病等更大范围的患者。安宁疗护多学科协作模式在提高慢性非癌症疾病患者和其家属生活质量中十分重要。值得注意的是，同癌症晚期患者相比，非癌症性疾病患者的疾病轨迹、预期生存期和预后均难以预测，是多学科团队为其提供优质的安宁疗护

服务的挑战。因此，如何通过多学科团队协作模式判断晚期慢性非癌症性疾病患者安宁疗护准入标准、准入时机，制订可行的分级转诊标准亟待进一步探讨。

（二）安宁疗护多学科团队建设与运行过程评价

我国安宁疗护多学科团队协作尚处于探索阶段，在缺乏统一标准的情况下，其组织、管理和运作有待进一步完善和规范。此外，各地区经济发展水平、医疗卫生支付制度、文化风俗等存在较大差异，安宁疗护多学科团队协作的组织构建、运行流程等势必会因地制宜，相应调整。目前，国际上还没有统一的具有公信力的多学科团队协作指导手册。多学科团队协作的核心是团队的分工与合作，团队文化也是建设多学科团队过程中需要重点考虑的方面。现阶段针对多学科协作模式在安宁疗护中应用的效果评价，主要是以患者和家属为中心的主观评价，缺乏科学合理的工具对多学科团队组织建设、运行流程及效果的客观评价，在一定程度上限制了多学科团队协作模式的进一步深化和推广。基于此，研发适用于我国安宁疗护多学科团队协作的自评工具，对团队建设和运行情况进行整体把握和剖析，梳理团队运行中关键环节和要素，针对性地提出团队建设和运行的改进策略，是十分必要且迫切的。

（三）安宁疗护多学科团队协作人员培训

安宁疗护多学科团队协作人员（包括医生、护士、职业治疗师和社会工作者等）的知识水平、工作认知和工作能力，直接影响安宁疗护实施的质量。不同国家和地区培训安宁疗护多学科团队协作人员的方式、内容各有不同。英国将反思性学习和参与性行动研究方法应用于安宁疗护培训，由政府资助并制定培训培训师课程推进计划，以扩充安宁疗护人员队伍及降低工作人员流失后的影响。澳大利亚要求所有参与安宁疗护的人员都必须经过专业的培训，注重对人员跨文化服务能力的培养。日本为向全国社区推广多学科安宁疗护教育项目，设计了一项导师训练项目，目的是提高导师促进推广多学科安宁疗护时所用到的技能。瑞典为提高临终患者接受安宁疗护的意愿，对医生和护士进行培训，采取互动式讨论方式，由具有安宁疗护文凭的医生和护士主持，选取在日常工作中遇到的普通姑息患者进行案例讨论，探讨如何判断患者已经转变到安宁疗护阶段，如何提供、发现和给患者传递向临终转变的信息及理解向患者传递信息时团队协作的重要性。目前，我国安宁疗护多学科协作团队培训多缺乏系统、规范、覆盖多个专业的培训方案。因此，在借鉴国外先进经验基础上，如何发展符合我国本土化的安宁疗护多学科协作团队培训模式和效果评价体系亟待进一步探讨。

（四）多学科团队协作模式下护士的参与策略

国外指南指出，护士属于多学科协作诊疗模式的核心成员之一。随着多学科协作诊疗模式的广泛应用，尽管护士参与到多学科协作诊疗模式的文献报道也越来越多，但代表性较低。此外，多学科协作诊疗中护士多是观察性角色而非互动性角色，容易在照护决策中被边缘化，这与护士对自身在团队中的角色和职责认识不足及专业知识与技能储备不足有关。因此，重视并大力支持护士参与多学科协作诊疗模式的培训学习，明确护士参与的角色和职责，积极探索护士的专科化、专职化管理可让更多安宁疗护患者及家属受益。

安宁疗护多学科团队协作，有助于为患者及其家属提供更优化、更全面、更系统照护。但我国安宁疗护多学科团队协作的组织架构、合作方式、人员培训、应用人群及效果评价等尚未成熟。应借鉴国外先进经验，并结合我国经济发展和文化背景，促进团队成员的多元化及成员间交流合作，完善培训体系，健全应用评价机制，促进多学科协作模式在我国安宁疗护领域的发展应用。

案例分析讨论 8-2

1. 本案例中的患者从诊疗初期安宁疗护时机的识别与准入，到后续住院、居家安宁疗护的实施，涉及的多学科团队成员包括肿瘤科、胸外科、营养科、疼痛科成员。

2. 安宁疗护多学科团队应以患者为核心，家庭为主题，提供门诊、住院、居家等多种安宁疗护服务形式，满足照护需求。

明确各级医疗机构开展安宁疗护的标准，患者安宁疗护分级转诊的标准，建立安宁疗护分级诊疗，促进社区与医院多学科团队合作，实现地区内安宁疗护资源的合理分配和使用。

（袁 玲 武丽桂）

第三节 社区老年终末期症状管理

案例 8-3 **疼痛管理过程中的“昏昏欲睡”**

患者，女性，72 岁，因“右肺癌伴骨转移化疗后 1 个月，右下肢麻木样疼痛 6 个月余”入院。患者诉右下肢疼痛难忍，爆发性疼痛 2～4 次/天，居家期间曾服用加巴喷丁每次 1 片，每日 2 次、塞来昔布每次 0.2g，每日 2 次、羟考酮缓释片每次 10mg，右下肢疼痛症状缓解不明显，影响行走，右下肢肌力 3 级，左下肢肌力正常。

入院后，责任护士对其疼痛进行全面评估，遵医嘱予吗啡注射液 PCIA 泵滴定治疗（泵盒药物：吗啡 10ml+生理盐水 90ml），持续量 1ml/h，患者自控剂量 2ml/次，锁定时间 15min，暂停羟考酮缓释片。2h 后护士巡视病房时发现患者有些昏昏欲睡，经过大声地呼唤其姓名 3 声，并用手轻拍右肩膀后唤醒，在简单地与她交谈数句后，她又“睡着”了，需要再次大声地呼唤才能将她唤醒。经处理后，患者顺利完成滴定，转换成羟考酮缓释片每次 20mg，每 12 小时口服一次，患者服药后除便秘外无其他不良反应，医嘱予出院。出院后第一周，予电话随访，患者按时按量服药，疼痛 NRS 评分控制在 1～3 分。出院后第二周，电话随访，患者诉居家跌倒后胸部酸胀痛，疼痛 NRS 评分 7 分，影响休息及睡眠，疼痛护士居家访视，指导用药，查看居住环境，指导患者卫生间加装扶手，宣教居家活动的注意事项。

问题： 1. 请选择合适的工具进行疼痛评估。

2. 患者昏昏欲睡的状态可能是发生了什么情况？责任护士应如何应对患者昏昏欲睡的状态？

3. 该患者的癌性疼痛管理目标是什么？

4. 如何做好老年患者居家疼痛管理？

一、老年终末期患者症状概述

（一）生命末期的症状

安宁疗护实践的核心是症状控制，这些症状可能由疾病本身引起，也可能由治疗和（或）其他原因导致，不仅包括躯体的疼痛、恶心、呕吐、便秘等，还可能包括精神的焦虑、抑郁、谵妄等，这些症状往往合并出现，相互影响，表现多样。

帕特尔（Patel）等对美国健康和老龄化趋势展开的一项前瞻性研究（2011～2017年，对7609名年龄≥65岁的社区老年人常见合并症状的发病率和影响展开调查）凸显了老年人症状负担的严重性。2014年，范·朗克（Van Lancker）等进行的Meta分析显示，接受安宁疗护的老年患者出现的常见症状依次为疲乏、排泄异常、尿失禁、衰弱、疼痛、便秘和焦虑，发生率均在50%以上。2017年1月中国卫生计生委发布的《安宁疗护实践指南（试行）》中涵盖的核心症状包括疼痛、呼吸困难、咳嗽咳痰等共13项。

目前，国内外政府和相关部门对适合老年人症状的干预措施及医疗保健人员培训方面的投资均显不足。据统计，美国有近5000万65岁以上的老年人，预计到2060年这一数字将达到9500万，但仅有不到1%的注册护士专攻老年病学或姑息治疗。2021年发表在《美国安宁疗护期刊》上的一篇前瞻性报道，证实了安宁疗护团队能显著改善老年终末期患者的症状及焦虑情绪。

终末期患者的症状处理难度很大，药物的合理应用不仅考量医护人员的技术水平，还涉及患者权利、医患沟通、社会支持等多方面内容。老年终末期患者的症状因健康状况的异质性、多重用药、虚弱、谵妄和认知及感觉障碍等因素而变得更为繁杂，而且也不会是某个症状的单独出现，加上并发症等较难以驾驭，且与养老院安置、住院治疗和死亡率有关，需根据每个患者的情况制订不同的护理方案，以达到个性化处理的目标。

（二）症状处理的原则

症状处理需要包括老年科医生、姑息治疗专家、社会工作者和志愿者在内的多学科团队参与，通常采用“EEMMA”原则：评估（evaluation，E）、解释（explanation，E）、处理（management，M）、动态监测（dynamic monitoring，M）、注意细节（evaluation to detail，A）。

医护人员要主动采集病史，尤其对于存在认知及感觉等功能障碍的老年患者，而不是完全依赖患者的自动报告。在开始治疗之前，医护人员需用简单的术语解释引起症状的可能原因。在决策过程中，医生要尽可能与患者一起讨论治疗方案。所有针对老年患者的治疗计划都应包含非药物干预，如按摩、放松技巧、运动和康复。如果患者的认知完整，认知行为疗法可能会有所帮助。老年人常伴有记忆力减退、认知功能下降等，有必要为其及家属写出完整的药物治疗计划，包括服药时间、药物名称、应用药物理由、服用剂量等。患者间存在个体化差异，加上合并症多，随着疾病进展，原有症状会加重，新的症状也会不断产生，必须酌情做出紧急处理。此外，要注意细节，只有加强安宁疗护工作中的细节，才能减少患者遭受的痛苦，提高安宁疗护质量。

二、疼　痛

（一）概述

1. 定义

（1）疼痛：2020 年国际疼痛研究学会（International Association for the Study of Pain，IASP）指出：疼痛是一种与实际或潜在的组织损伤相关的不愉快的感觉和情绪情感体验，或与此相似的经历。疼痛既是机体对周围环境的保护及防御性反应方式，又是许多疾病的伴随症状。

（2）癌症疼痛：简称癌痛，是指由肿瘤直接引起或肿瘤治疗所致的疼痛，是癌症患者最常见和难以忍受的症状之一，严重影响癌症患者的生活质量。

2. 疼痛的分类

（1）按病理生理学机制分类：分为伤害感受性疼痛与神经病理性疼痛。伤害感受性疼痛是因有害刺激作用于躯体或脏器组织，使该结构受损而导致的疼痛，它的感觉神经系统是正常的，包括躯体痛和内脏痛。神经病理性疼痛是由于躯体感觉神经系统的损伤或疾病直接造成的疼痛，是痛觉传递神经纤维或疼痛中枢产生异常神经冲动所致，其特点为自发性疼痛、痛觉过敏和痛觉超敏。

（2）按疼痛发作和持续时间分类：分为急性疼痛、慢性疼痛和暴发性疼痛。急性疼痛如不能充分控制，持续时间超过 3 个月，即演变为慢性疼痛。急性疼痛和慢性疼痛的肿瘤患者都可以发生暴发性疼痛（简称暴发痛）。

3. 老年人慢性疼痛的特点　据报道，约 2/3 的 65 岁以上老年人承受着慢性疼痛。临终过程中关注最多的症状也是疼痛。严重或持久的疼痛影响身体的各个系统，引起失眠、体重增加、便秘、高血压、紧张和抑郁等。疼痛引起的这些潜在的、严重的健康问题，有增加并发症、延缓痊愈的危险，甚至加剧致命性疾病的进展。

老年患者常伴有多种疾病，其中任何一种疾病都可以解释老年患者的疼痛症状。老年患者慢性疼痛常由不可治愈性疾病如晚期癌症引起。临床工作中，由于这些患者往往各知觉感受功能受损、抑郁或认为衰老过程中必须忍受疼痛，常不愿主诉疼痛，尤其是当认知功能受损时，不愿说出疼痛感受，认为即使主诉疼痛也可能不被相信，认为慢性疼痛是衰老的一种正常预期结果。老年患者对疼痛的反应不敏感，精神因素又起很大的作用。因此，大部分老年患者较少诉说疼痛感觉和影响疼痛的因素，慢性疼痛常常被忽视。

4. 疼痛管理的目标　2018 年美国国立综合癌症网（National Comprehensive Cancer Network，NCCN）发布指南，强调疼痛管理应达到“5A”目标，即优化镇痛（analgesia，optimize analgesia）、优化日常生活（activities，optimize activities of daily living）、使药物不良反应最小化（adverse effects，minimize adverse effects）、避免不恰当给药（aberrant drug taking，avoid aberrant drug taking）、重视疼痛与情绪的关系（affect，relationship between pain and mood）。

疼痛的发病率随年龄稳步上升。社区老年人约 50%常有各种疼痛，护理院老年人约 80%有各种疼痛，而老年癌症患者几乎都存在各种疼痛。美国疼痛门诊每年就诊量占门诊总数的 20%，开出的处方占全部的 12%，花费超过 1000 亿美金。据全球癌症发病和死亡数据统计，老年人罹患癌症的人数在不断增加；在安宁疗护中，WHO 也一直致力于优先解决癌性疼痛。

（二）评估

1. 癌痛筛查　癌痛筛查是癌痛规范化治疗的第一步，其目的是找出疼痛患者和预期可能发生疼痛的患者，并对筛查出的疼痛患者应进行进一步的疼痛全面评估。NCCN 发布的《成人癌痛治疗指南》及 2018 年欧洲疼痛联盟（European Pain Federation，EFIC）发布的《欧洲癌症相关疼痛管理标准》中均强调了癌症患者疼痛筛查的重要性，指出癌症患者每次就诊，医护人员均应进行疼痛筛查，此外，患者在住院期间、病情发生变化、接受有创性操作时，也要筛查是否存在疼痛。对于有疼痛症状的患者，责任护士应当将疼痛评估列入其护理常规监测和记录的内容。

2. 癌痛评估

（1）评估内容：老年癌症患者的疼痛不仅源于癌症，可能同时伴有其他疾病导致的疼痛，如关节炎、骨质疏松、胆囊炎、糖尿病、肩背疼痛等。老年患者疼痛水平变化频繁，对疼痛感知感受迟钝，对外界环境适应能力差，体内环境脆弱，易受到各种内外因素影响。老年人疼痛的准确评估困难，尤其是有认知障碍的老年人，很难按要求进行准确评估，需要依靠医护人员及陪护人员注重细节、加强观察。

全面评估老年患者的疼痛需要收集包括疼痛部位、强度、发作特点、发作方式、频率、持续时间、是否伴随症状、诱发原因和缓解方法等信息。

（2）评估工具

1）自我报告型疼痛评估量表

A. 视觉模拟评估量表（visual analog scale，VAS）：由一条 0～100mm 的直线量尺构成，0 表示无痛，100 表示剧痛。评估时请患者将符合其疼痛感受的位置标记在直线上，0 点端至患者所标记之间的距离就是该患者的主观疼痛强度。VAS 具有快速、精准、方便操作等特点，被广泛应用于临床，对于抽象思维能力轻度受损的患者垂直型较水平型更好。对于存在视觉障碍的老年患者，不适用该量表。

B. 数字疼痛强度评估量表（numeric rating scale，NRS）：该量表在 VAS 基础上发展而来，是目前应用最广泛的疼痛评估工具。NRS 由 0～10 共 11 个点组成，数字从低到高表示从无痛到最痛，0 分表示不痛，10 分表示剧痛，由患者选择符合其疼痛感受的分值来量化疼痛程度，评分越高疼痛强度越大。莲蒂洛（Puntillo）等研究表明数字评定量表具有可靠性和有效性。有研究表示 NRS 的信度及效度优于其他疼痛评估量表，故而推荐用于癌痛患者的疼痛评估。不足之处是难以捕获具有复杂性和特异性的疼痛感受。

C. 词语描述量表（verbal descriptor scale，VDS）：该量表通过词语“无痛、轻度痛、中度痛、重度痛、极度痛和最痛”代表不同水平的疼痛强度，并依据疼痛强度给予 0～10 的数字分级，无痛为 0 分，每个程度依次增加 2 分，让患者选择一个能代表其疼痛强度的形容词，评估者依患者所选形容词的级别给予疼痛评分。

D. 面部表情疼痛量表（faces pain scale，FPS）：该量表最初用于儿童疼痛程度的评估，通过水平排列 6 个不同的面部表情，由受试者选择最能代表其疼痛强度的面部表情进行疼痛评分。Backer 通过对 FPS 进行修改，使其更加接近正常人的表情，随后此量表适用于任何年龄及文化水平，尤其适合反应迟钝、有一定智力障碍的老年人，研究显示其具有较好的效度和信度。

2）客观疼痛评估量表

A. 晚期痴呆疼痛评估量表（pain assessment in advanced dementia scale，PAINAD）：该量表由美国老年科医护人员设计，是一种由 5 个条目组成的简短评估工具，包括呼吸、消极的发音、面部表情、身体语言及可安抚性。彭美慈等汉化了晚期痴呆疼痛评估量表（C-PAINAD），汉化版量表由评分者观察患者表现进行评分，观察时间约 5min，每项评分 0～2 分，量表总分最高 10 分，即表示患者极度痛苦。段海鸿等应用（Chinese pain assessment in advanced dementia scale，C-PAINAD）量表对 79 例老年精神科住院患者进行疼痛评估，并对量表进行了评价，显示其具有较好的信、效度。

B. 交流能力受限老年人群疼痛评估量表（pain assessment checklist for seniors with limited ability to communicate，PACSLAC）：PACSLAC 是目前唯一被纳入美国老年协会指南中规定的观察性评估的量表。PACSLAC 是由加拿大的 2 位心理学家通过访谈有丰富照护认知症老年人经验的护士设计而成，包括 60 项疼痛行为项目，从 4 个部分进行评定：面部表情，身体活动和行为表现，交际、性格及心理指标，生理指标（饮食、睡眠改变），出现行为评定 1 分，未出现评定 0 分。研究表明该量表具有更好的信效度，是更为可靠的疼痛行为评估工具，并且在区分疼痛和非疼痛状态方面，优于其他所有评估工具联合的效用。此量表尚无中文版本。

患者主诉是疼痛评估的核心标准。对于能交流的患者应选用自我报告型的疼痛评估工具；对于无法交流的患者，应选用适用于特殊人群的客观评估工具。美国疼痛治疗护理协会（American Society for Pain Management Nursing，ASPMN）推荐疼痛评估技巧的优先级别依次为：①尽可能得到患者的主诉；②寻找引起疼痛的潜在原因和其他病因；③观察患者有无提示其疼痛存在的行为；④得到主要照护者关于患者的疼痛和行为改变的答复；⑤尝试用镇痛试验缓解可能因疼痛引起的行为改变。在癌痛的全程管理中应选用同一种疼痛评估工具，以保证医、护、患疼痛评估结果的一致性。

（3）评估原则：疼痛是患者的主观感受，评估疼痛应以患者主诉为依据。癌痛评估应当遵循“常规、量化、全面、动态”评估的原则。患者入院 8h 内应完成首次全面疼痛评估，选择合适的疼痛强度评估工具对患者的疼痛程度进行量化评估，如数字评分法、语言描述法等。住院患者根据情况再次全面评估，如出现疼痛部位、性质等情况发生变化时。癌痛动态评估是指持续、动态地评估患者的疼痛症状及变化情况，包括评估疼痛的病因、部位、性质、程度，暴发性疼痛发作情况，疼痛减轻及加重因素，以及镇痛治疗的不良反应等。

（三）治疗

老年肿瘤患者无论在生理上还是在社会中均属于弱势群体，肿瘤被发现时多处于晚期，基础疾病多，器官功能差，对抗癌治疗顺应性差，许多治疗无法进行，对姑息治疗的依赖性较大，因此老年肿瘤患者的镇痛治疗显得尤为重要。由于老年人的生理特点、疾病特点和药动学特征，使得老年癌痛治疗面临诸多特殊问题。国外一项大样本研究报道，13 625 例老年癌症患者中，近 26%没有接受任何镇痛治疗，即几乎每 4 例老年癌痛患者中，就有 1 例没有接受镇痛治疗，＞85 岁的癌痛患者未接受镇痛治疗的概率则上升到 50%。而接受吗啡和弱阿片类药物止痛的患者中，>75 岁者仅占 13%，65～74 岁者占 38%。

1. 病因治疗　针对肿瘤本身或引起疼痛的特定病因如局部肿瘤压迫等进行治疗，包括放射治疗（如骨转移性疼痛）、激素治疗（如乳腺癌、子宫内膜癌和前列腺癌）、化学治疗、分子靶向治疗、免疫治疗、外科手术及中医药等。

2. 药物治疗　常用的癌痛治疗药物分为非阿片类药物、阿片类药物及辅助类药物。

（1）非阿片类药物：对乙酰氨基酚是治疗老年人轻度疼痛的首选药物，比非甾体抗炎药（non-steroidal anti-inflammatory drug，NSAID）容易耐受，推荐最大剂量 4g/d，超过这个剂量可能导致肝毒性，肝功能不好的患者需慎用。如果对乙酰氨基酚不能奏效，可以考虑使用非甾体抗炎药，但是非甾体抗炎药比对乙酰氨基酚安全性差，老年人最常见的不良反应是消化道出血和肾毒性，所以必须在严密的监控下才能长期使用。胃肠道出血高风险的患者，推荐质子泵抑制剂（奥美拉唑、兰索拉唑）作为预防非甾体抗炎药不良反应的最佳选择。H_2受体拮抗剂、硫糖铝、抗酸药物在这方面无效。

（2）阿片类药物：老年患者使用阿片药物应遵循如下几点。①考虑老年患者体重、器官功能、伴发疾病和合并用药，制订个体化治疗方案。②尽可能使用口服制剂。③最先使用不产生活性代谢产物的短效药物。④初始剂量为成人的 25%～50%。⑤缓慢滴定吗啡剂量。⑥经常评估治疗的疗效和不良反应。阿片类药物是治疗老年中、重度癌痛的有效药物。由于老年人药物代谢和清除率的改变，使得体内药物浓度高、作用时间延长，因此使用阿片类药物应从小剂量起始，缓慢加量。如果出现阿片类药物中毒，可选用纳洛酮、纳美芬、纳洛芬等解救药物，临床最常用的是纳洛酮。

（3）辅助药物：指能够辅助性增强阿片类药物的镇痛效果或直接产生一定镇痛作用的药物，常用于辅助治疗神经病理性疼痛、骨痛、内脏痛。辅助用药从低剂量起始，1 周内观察疗效，如果无效，在不增加不良反应的前提下增加剂量或更换药物。常用的辅助药物包括抗惊厥类药物、抗抑郁类药物、糖皮质激素、二磷酸盐、肌肉松弛剂等。

（4）注意事项

1）采取创伤最小的医疗镇痛手段。

2）药物治疗从低剂量开始，缓慢增加药物剂量。

3）给予老年疼痛患者药物干预治疗之前应考虑到年龄相关的药动学的改变可能使药物敏感性和不良反应都增加。

4）充分注意到对药物反应的个体差异，制订个体化镇痛治疗方案。

5）鉴于非甾体抗炎药的不良反应，要谨慎或尽量避免使用。

6）预见和及时处理阿片药物所致不良反应。

7）老年人避免使用丙氧芬、哌替啶、美沙酮。

8）密切监控长期接受治疗的老年患者可能出现的不良反应及药物-药物、药物-疾病之间的相互作用。

9）对一些疼痛症状给予适当辅助药物治疗，如抗惊厥药物等。

10）老年患者肝、肾功能降低，导致很多药物血浆峰浓度水平增高，半衰期延长，因此老年人可能只需要一个较小的剂量便能实现疼痛的缓解，同时还要注意药物累积的问题。

3. 非药物治疗 非药物治疗措施能增加疼痛治疗效果，常见方法有微创介入治疗、姑息性放疗、经皮电刺激等物理治疗。

（1）微创介入治疗：按照WHO镇痛阶梯规范治疗后仍有20%～30%患者存在镇痛不全或者药物副作用难以耐受等问题。癌痛的微创介入治疗包括外周神经阻滞剂神经毁损术、植入式脊髓给药系统、椎体成形术和神经调控技术等。随着微创介入治疗技术的发展，许多难治性癌痛患者的疼痛得到了有效缓解，提高了肿瘤患者的生活质量。

（2）姑息性放疗：姑息性放射治疗是治疗骨转移疼痛的主要方法。骨转移是引起晚期癌痛普遍的原因之一，多达70%的骨转移患者会出现疼痛、骨折、活动困难等。研究表明，放疗可使80%～90%的骨转移疼痛得到缓解，且不良反应较轻，但在放疗初期，疼痛缓解有延迟，且40%的患者出现暴发性疼痛。此外，还可以预防病理性骨折和脊髓压迫症的发生。

（3）经皮穴位电刺激：是将我国中医针灸理论融入于现代治疗手段的一种治疗方法，具有非药理性、费用低廉、安全无创伤等多方面优点。经皮穴位电刺激在缓解疼痛、改善临床症状及生活质量等方面优势突出，已成为临床镇痛治疗中的补充和替代疗法。

（四）护理

1. 药物护理

（1）给药途径：给药途径根据患者具体情况选择，口服为最常用途径，值得注意的是，羟考酮缓释片不可掰开或嚼碎。其他包括静脉、皮下、肌内、直肠、经皮、经黏膜、硬膜外和蛛网膜下腔给药等，必要时选择患者自控镇痛（patient-controlled analgesia，PCA）。

（2）给药时间：遵循按时用药原则，按照规定的间隔时间给药。按时给药有助于维持稳定的血药浓度，有效控制疼痛。老年人存在各种程度的记忆和认知障碍，为了减少服药时的一些不必要的麻烦，尽可能简化用药，并固定剂量和服药时间，以保证用药的依从性。

（3）不良反应的预防、观察及护理：对于老年患者，必须高度关注治疗开始后疼痛评分的改变和不良反应的发生，尤其在初次用药数小时或者数天后，以及调整剂量或更改药物的情况下。在改用长期作用的药物时，对不良反应的评估尤为重要。此外，治疗过程需要老年患者照护者的参与。医生应该向他们提供清楚的用药指导、可能发生的不良反应、基本的评估方法，以得到患者家人的最好配合。

1）非甾体抗炎药：非甾体抗炎药常见不良反应有肾脏、消化道或心脏毒性、血小板功能障碍或出血性风险，使用时需注意如下方面。①为避免胃肠道不适，应在饭后服用。②指导患者严格按照医嘱用药，不盲目增加剂量。③非甾体抗炎药可引起肾功能损害，影响降压药的效果，应定时监测血压，关注肌酐、尿素氮等指标变化。④长期服用非甾体抗炎药者，尤其对于老年、有消化道溃疡病史、重要脏器功能障碍或长期大剂量使用的人，应严密监测有无消化道出血症状。

2）阿片类药物：常见不良反应有便秘、恶心、呕吐、尿潴留、过度镇静、呼吸抑制、皮肤瘙痒、肌痉挛等，具体预防、观察及护理措施如下。

A. 便秘：通常会持续发生于阿片类药物止痛治疗全过程。指导患者多饮水，多食粗纤维食物，遵医嘱服用缓泻剂防治便秘，连续评估排便情况，若出现粪便嵌塞或肠梗阻时禁止使用刺激性泻药，可采用中医技术，如中药食疗、耳穴埋籽、中医口服制剂等预防便秘。

B. 恶心、呕吐：多见于初次使用阿片类药物的患者，通常 4～7 天可自行缓解。①指导患者进食清淡、易消化的食物，可食用偏酸性水果、薄荷糖、蜜饯等缓解症状；②按医嘱正确使用止吐药物（如甲氧氯普胺、地塞米松、5-HT_3受体拮抗剂等），观察用药后患者的反应；③给予心理支持，缓解患者的焦虑情绪。

C. 过度镇静：镇静最常发生于用药初期或剂量骤增时，常伴有暂时性困倦和认知功能减退，对于老年人自身有认知功能减退症状的，要注意区分。过度镇静较少见，主要表现为嗜睡，若症状持续加重，应警惕用药过量。①密切关注患者镇静的程度，连续评估并记录，评估方法可使用 LOS（level of sedation）评估法（表 8-1），如镇静程度严重，及时通知医生调整阿片类药物的剂量。②在初次用药或明显增加药物剂量后超过 2～3 天仍有明显镇静表现，需协助医生查找原因，有无中枢神经系统病变、高钙血症、脱水、感染等。

表 8-1 LOS 评估法分级标准

级别	临床表现
0	清醒，反应敏捷
L	有些昏昏欲睡，但容易唤醒
1S	正常入睡状态
2	频繁发生的昏昏欲睡，容易唤醒，但不能持续处于觉醒状态
3	难以唤醒，不能处于觉醒状态

注：1S 从属 1 级，为正常入睡状态。对 LOS 1、1S、2、3 级的患者，还需同时评估呼吸状态，包括呼吸频率、幅度、呼吸是否规则及是否打鼾

D. 呼吸抑制：阿片类药物引起的呼吸抑制很少发生。①用药期间，应检查患者神志、呼吸和血氧并做好记录，当呼吸变慢变深，呼吸频率低于基础呼吸频率时，警惕呼吸抑制，应立即停药，给予强痛刺激（如压迫眶上神经），吸氧，必要时建立人工气道或机械通气。②使用阿片受体拮抗剂：遵医嘱给予 1ml 纳洛酮（0.4mg/ml）加入生理盐水稀释至 10ml，每 30～60s 静脉给药 1～2ml，直到症状改善；必要时重复给药，直到患者恢复自主呼吸。

E. 尿潴留：可给予膀胱区热敷或按摩，必要时给予导尿。

3）联合用药：使用其他药物（抗抑郁药、抗惊厥药等）联合治疗癌痛时，关注药物的协同作用，观察患者的生命体征、意识状态及使用药物后可能出现的不良反应，做好安全防范措施。

2. 非药物护理 通过药物治疗缓解癌痛见效快，但患者易出现便秘、恶心、呕吐、谵妄等不良反应，甚至产生耐药性、成瘾性。目前，心理干预和中医传统康复等康复疗法作为治疗癌痛的辅助手段，有助于缓解癌痛，减少患者止痛药物的使用。

（1）音乐疗法：音乐与大脑奖赏系统的活动有关，可诱发患者愉悦情绪，调节患者的心情，从而减少疼痛和焦虑水平。音乐治疗师可使用音乐和音乐经验处理各类患者群体的生理、情感和心理需求，减轻患者多方面的压力，提高治疗效果。音乐疗法治疗时间通常为 30min，10 天为一个疗程。有研究报道，在晚期癌症患者终末期阶段，现场音乐要比录制音乐缓解疼痛效果更为明显，但有研究者持相悖观点，因此，目前不同种类的音乐疗

法对癌痛缓解效果是否相同尚无明确定论。音乐疗法可减轻患者癌痛程度，且具有花费低、易施行，低风险等优势，是欧美发达国家最常用的辅助疗法。

（2）冥想疗法：关于冥想的研究多数是使用一种特定的基于正念的干预减压法进行的。以正念为基础的减压是一种冥想练习，旨在创建一种不加评判的、有意识的时刻的正念状态。国外有研究者对 129 例乳腺癌患者进行为期 6 个月的正念减压法对照试验，结果显示正念减压是成本效益较高、降低疼痛程度的一种干预手段。但也有研究者在其研究中发现正念减压法可治疗早期癌症患者的疲劳和抑郁等综合征，而对于改善癌性疼痛症状效果却并不明显。

（3）放松疗法：放松疗法是癌症患者在康复治疗师的指导下，有意识地控制生理及心理活动，放松身心，缓解压力的一种心理干预方式。放松疗法可以降低交感神经兴奋性，调节患者的情绪，缓解患者焦虑情绪，最为重要的是可以提高患者痛阈。国内有研究证明放松训练联合心理疏导可改善患者的躯体症状和心理痛苦，缓解癌性疼痛，帮助患者树立治疗信心。

（4）针灸疗法：针灸是一种常用的中医治疗方法，可以缓解血管痉挛的症状，减少组织因肿瘤压迫缺血的时间，进而有效改善癌痛，减少止痛药的服用。也有研究证明，针灸可以刺激 IL-2 的分泌和 IL-2R 的 mRNA 表达，有效调动淋巴细胞的抗癌活性，增加癌痛患者的免疫功能。

（5）耳穴压豆法：根据中医的整体观，当某一脏腑或部位发生病变时，耳朵对应区域会出现充血、压痛等阳性反应。耳穴压豆法的中医原理为依照人体经络腧穴的特性及耳与脏腑经络的紧密关系，通过贴压刺激耳穴以通畅气血、疏通经络、调理脏腑、防止“不通则痛”。目前临床大量研究均表明，耳穴压豆法作为一种简单易行、非入侵的中医传统康复方法，具有良好的经济效益和社会效益，可以应用到癌症疼痛的康复中。

3. 随访 患者住院期间由于受到持续的、规范地癌痛护理管理，癌痛控制效果通常较好。然而，当患者出院后回归到家庭中，由于缺乏医务人员的监督，患者自我管理认识淡薄，治疗服药依从性低，尤其对于老年患者，往往伴有认知及功能障碍，其疼痛控制效果欠佳，出院后迫切需要专业的康复指导及护理管理。不仅如此，许多患者往往面临疾病及疼痛认知不足，担心药物成瘾性，缺乏药物不良反应的应对技能等问题。因此，动态化跟踪及专业性指导对于保证癌痛控制效果至关重要。随访通过定期了解患者的病情变化，不仅可以加强对患者疾病风险因素的管理，提高患者的自我管理意识，改善疾病健康结局，而且还可以达到降低医疗成本、节约医疗资源的目的。

（1）随访时间：一般要求出院 1 周内进行第一次随访。对初次用药和疼痛控制不稳定的患者，应 3 天内进行第一次随访。疼痛缓解者可 1～2 周随访 1 次；疼痛控制不佳或用药副作用较大者，建议进行多次随访。每次随访结束根据具体情况预定下一次随访时间。

（2）随访形式：主要包括电话、社交软件及上门随访等，这些方式对于癌痛的控制效果已经得到了验证。

（3）随访内容：主要包括疼痛控制、服药依从性、不良反应、生活质量及治疗效果、焦虑抑郁等心理状态等。

三、呼吸困难

（一）概述

1. 定义 呼吸困难是指患者的某种不同强度、不同性质的空气不足、呼吸不畅、呼吸费力及窒息等呼吸不适感的主观体验伴或不伴呼吸费力表现，如张口呼吸、鼻翼扇动、呼吸肌辅助参与呼吸运动等，也可伴有呼吸频率、深度与节律改变。

呼吸困难在晚期癌症患者中常见，其发生率仅次于疼痛，17%～55%的癌症终末期患者有呼吸困难，而约有50%的住院患者抱怨他们的呼吸急促。其他晚期疾病患者中呼吸困难的发病率分别为慢性阻塞性肺疾病 90%～95%，心脏疾病 60%～90%，艾滋病和肾病10%～60%。随着死亡的临近呼吸困难事件明显增加，在死亡最后6周的生命中，有近70.2%的患者发生呼吸困难。呼吸困难是个体幸存者失去独立能力的指征，仅次于行为能力状态的丧失。

2. 呼吸困难的病因

（1）治疗相关：肿瘤化疗、放疗引起的肺纤维化、局限性肺炎、心肌病等均会引起呼吸困难。

（2）癌症相关：晚期癌症患者呼吸困难的原因是多因素的，包括肺气肿、大量腹水、胸腔积液、恶病质（厌食综合征和虚弱）、淋巴管炎性癌广泛转移、大气道梗阻、心包积液、膈神经麻痹、上腔静脉梗死等。

（3）并发症相关：如并发慢性阻塞性肺疾病、贫血、哮喘、心力衰竭、肺炎、气胸、酸中毒等。

（4）心理因素：焦虑、抑郁、癔症等均会引起呼吸困难。

（二）评估

对于呼吸困难评估包括临床感知状况评估、呼吸困难感受严重程度评估及呼吸困难症状的影响和负担等3方面，其中严重程度的评估是难点。对于不同疾病的呼吸困难评估方法也多有不同，目前尚无通用的评估方法。对慢性呼吸困难，应侧重于呼吸困难症状的影响和负担，以便进行长期治疗与管理，主要通过综合问卷或疾病特异性问卷等方法评估。

对呼吸困难严重程度的评估常用的测量工具包括英国医学研究协会的呼吸困难量表（modified medical research council scale，mMRC）、Borg量表、可视Analog问卷（visual analog scale，VAS）、WHO呼吸困难问卷、基线呼吸困难指数（baseline dyspnea index，BDI）、变化期呼吸困难指数（transitional dyspnea index，TDI）等。改良的Borg量表将言语描述词指定为0～10的数字值，该量表是研究文献中评估呼吸困难强度的一种常用工具。

评估呼吸困难症状的影响与负担的常用测量工具有慢性呼吸系统疾病呼吸困难因素问卷（chronic respiratory disease dyspnea factor questionnaire，CRQ）、圣乔治呼吸问卷（St George's respiratory questionnaire，SGRQ）、肺功能状况评分（pulmonary function score，PFS）、计算机自适应BDI/TDI、计算机自适应CRQ等。目前虽有很多呼吸困难严重程度的评估方法，但各种方法所得结果间可比性差，导致对疗效的比较与评价十分困难。对特定疾病的呼吸困难评估具有特定的临床意义，如目前对慢性阻塞性肺疾病的呼吸困难评估推荐用 mMRC 评估，mMRC 与慢性阻塞性肺疾病预后有明确相关性。

（三）治疗

终末期患者呼吸困难的治疗原则：在可能及合理的情况下，确定并治疗造成呼吸困难的病因，详细考虑治疗对于患者及家属的效益与意义，与患者家属共同讨论所有可行的治疗方式，尽可能让他们做最后的决定。在不增加其他痛苦的情形下，减轻患者的呼吸困难。

1. 病因治疗 终末期的呼吸困难多是不可逆的，因此病因治疗也是有限度的，当患者仍然能够活动（尚未卧床）时，首要的就是针对可逆性病因治疗，对症方法见表 8-2。

表 8-2 病因治疗

病因机制	治疗方法
呼吸道感染	抗菌药物、物理疗法
慢性阻塞性肺疾病/支气管哮喘	支气管扩张剂、糖皮质激素、物理疗法
因肿瘤引起的气道狭窄	根据状态进行局部姑息放化疗、激光治疗
胸腔积液/心包积液	胸腔穿刺引流
低氧血症/高碳酸血症	无创正压通气
癌性淋巴管炎/上腔静脉综合征	应用皮质激素
腹水	穿刺引流、应用利尿剂
心力衰竭	利尿剂、强心剂
肺炎	抗生素、物理疗法
贫血	输血或给予促红细胞生成素
肺栓塞	抗凝剂

2. 非药物治疗

（1）对呼吸困难的识别和解释：这是非药物治疗的重要内容。医护人员应深入了解患者及照护者对呼吸困难的认知，了解焦虑的状况，做好患者和照护者的解释。

（2）呼吸控制：浅快的呼吸是无作用和无效的呼吸模式，通常是由于焦虑和惊恐引起的。在呼吸控制过程中，鼓励患者进行正常的潮式呼吸，放松颈部、肩部及上胸部，用鼻子呼吸，尝试被动呼气（呼气时间为吸气时间 1.5～2 倍），以便于将呼吸做功减到最小，促进使用一种放松和静息的呼吸模式，帮助患者建立起应对呼吸困难的信心。呼吸控制也可以与缩唇呼吸结合起来，对于重度慢性阻塞性肺疾病患者效果较好。

（3）放松技术：教会患者放松技术的呼吸方法，即 3R 法。①抬高（rise）：当您吸气时请抬高肚子，按您的需求接纳空气进入肺部。②放松（relax）：放松肚子，放松地呼出您吸入的空气。③休息（rest）：不要急于进行第二次呼吸，让第二次呼吸自然地发生。

（4）氧气疗法：美国国家安宁疗护指南提出，对于终末期伴有严重低氧血症（如 $SPO_2 \leqslant 90\%$）的患者或曾有呼吸困难氧疗后明显缓解的患者，不推荐使用氧气疗法。对于非低氧血症的患者在给予氧疗前，应先试用非药物措施及阿片类药物。当死亡逼近时，患者通常不再有呼吸的痛苦，尽管仍有严重的低氧血症，但不推荐再常规给予氧疗。甚至对于大多数正在接受氧疗的患者，停止用氧也不会引起痛苦是完全可能的。

（5）物理方法：多项研究报告指出，患者可从直接对着面部吹来的冷空气中受益，这种气流可以刺激三叉神经，从而降低大脑对吸气不足或气短的感知。因此，可建议患者尝试应用袖珍电扇或手控制电扇距离面部 15～20cm，直接对着鼻子和口部吹风，可减少呼吸困难的感觉。

3. 药物治疗　一般情况下，对可以纠正的因素和非药物治疗等所有措施都充分尝试后效果不明显，才考虑应用呼吸困难的症状性药物治疗。

（1）阿片类药物：目前，低剂量阿片类药物已经证实可以改善呼吸困难，其机制可能与阿片类药物降低机体高碳酸血症、低氧血症、运动的通气需要量，从而减少呼吸费力和呼吸困难，减慢呼吸频率及减轻憋闷和气流不足的感受有关。在患者病情允许，不存在呼吸抑制的情况下，使用阿片类药物可以明显降低呼吸中枢感受性，有研究报道，吗啡可在 4h 内减少约 20%的呼吸困难，对静息时呼吸困难患者的效果优于劳力性呼吸困难。系统评价支持经口服和肠道外途径应用阿片类药物，而不是经雾化吸入。对于未使用吗啡的患者，起始应从小剂量开始，口服 2.5～5mg，后需要根据呼吸困难的程度和全身状态（肺、肾的功能）进行调整，在有规律地使用基本量的基础上，在呼吸困难发生时或活动前，建议缓慢增加剂量，推荐采取个体化的滴定治疗以确保患者获得最佳受益。阿片类药物引起的副作用包括恶心、呕吐、便秘、嗜睡等，应做好早期预防和应对。此外，因阿片类药物服用过量可引起呼吸中枢的抑制，因此需严格控制用量，并与患者家属做好充分沟通。

（2）苯二氮䓬类药物：研究表明，呼吸困难与焦虑、抑郁等精神压力相互影响，彼此形成恶性循环，特别是呼吸困难恐慌发作的患者、焦虑症患者，应用苯二氮䓬类药物可以减轻呼吸困难带来的不适感，尤其在晚期和濒死期患者中，咪达唑仑与阿片类药物联合应用对缓解终末期呼吸困难具有特殊的疗效。但由于该类药物具有肌肉松弛的作用，以及对呼吸困难加剧的潜在影响，癌症恶病质患者、肌肉减少症患者需谨慎应用，根据患者的症状和药物作用时间（半衰期）选择合适的药物，晚饭后或睡前服用，从少量剂量开始，其常见的副作用包括困倦。

（3）支气管扩张剂：慢性阻塞性肺部疾病是呼吸困难的一个主要原因，慢性阻塞性肺疾病可以单独存在，或是与其他疾病并发共同引起呼吸困难，如肺癌。关于慢性阻塞性肺疾病患者支气管扩张剂的应用在多项指南中已被明确推荐。对于生命末期的患者，特别是应用了雾化后仍有呼吸困难的患者，可尝试应用速效鼻喷吸入支气管扩张剂。

（4）皮质激素类药物：皮质激素类药物用于缓解呼吸困难主要因其抗炎作用，对哮喘和慢性阻塞性肺疾病引发的支气管炎有显著疗效，也可用呼吸道阻塞、癌性淋巴管炎、上腔静脉综合征、放射性肺炎等引起的呼吸困难，尤其当使用支气管扩张剂或茶碱仍无效时。在使用激素类药物时要动态评价用药效果及预后，其常见的不良反应包括消化性溃疡、感染的恶化等。

（四）护理

1. 药物护理　根据病情，正确选择用药。注意用药的时间、剂量、方法及不良反应的观察与护理。

2. 非药物护理

（1）一般护理：保持病房环境安静舒适、温湿度适宜，每天进行开窗通风。对有哮喘的患者，病房内应避免任何可能的变应原，如花粉、尘螨等。根据患者呼吸困难的程度及病情，告知患者及家属合理安排休息，在病情允许下，为患者提供拐杖、助步器，协助患者在床边进行适量走动，提高耐力。指导患者进食高营养、高蛋白、清淡易消化的饮食，少食多餐，避免便秘。

（2）心理护理：护理人员对终末期呼吸困难患者给予耐心解释和仔细观察，"你可以根据你的耐受能力适当活动"，帮助患者树立信心，消除焦虑和恐惧心理，适应疾病的恶化进展。在护理人员监护下，进行呼吸训练，可缓解因焦虑诱发的活动后呼吸困难。

（3）体位护理：大部分呼吸困难可通过姿势改变而缓解，协助患者选择合适的卧位，如胸腔积液、心包积液、慢性心肺疾病的患者需抬高床头，取半卧位或端坐位，增加腹压，提高膈肌效率，减少腹部矛盾运动和辅助呼吸肌运动，同时也可改善通气/血流比例失调。

（4）照护者护理：终末期患者常出现严重呼吸困难，伴有恐惧和濒死感，如果患者难以忍受，可适量选用镇静药物，而这时对家属的心理干预和解释沟通非常重要。告知使用镇静药的目的，用药后可能带来的效果和不良反应。当发现患者呼吸困难时，家属不要表现出惊慌失措，应表情平静地陪伴在患者床旁，握住患者的手，给予安慰，减轻患者的恐惧感。此外，家属在照护临终患者期间，因精神悲伤，体力、财力的消耗，心力交瘁，护士要对家属多关心体贴，帮助安排陪伴期间的生活。

四、谵　妄

（一）概述

1. 定义　谵妄是一种急性发作并伴有波动性的非特异性脑器质性综合征，又称为急性脑综合征，以觉醒水平改变、感知觉异常、认知功能损害为主要特点，伴有紧张、恐惧、愤怒等情绪，常见于老年患者，通常可以恢复。易感因素为老年、认知障碍、抑郁症、视听障碍、营养不良、合并多种疾病等，诱发因素为乙酰胆碱在大脑神经突触的浓度变化、神经内分泌和神经免疫损害的急性变化、多种用药、代谢紊乱、急性疾病、缺氧、贫血、器官衰竭和环境变化等。

2. 特点　在临终患者中，谵妄的发生率高达 42%～88%，此后一年内死亡风险会增加 1.5 倍，我国老年住院患者谵妄的发生率为 38.5%～60%，不仅延长了患者住院时间、增加了医疗费用，还会增加跌倒、压力性损伤、认知症等发生的风险。谵妄通常急性或亚急性起病，持续数小时或数天，一般 10～12 天可恢复。若诱因持续存在，病程也可达 30 天，转为慢性谵妄。终末期患者的谵妄发生率高、易漏诊、危险性高。临床表现为意识障碍，包括对周围环境的认知障碍、定向障碍、注意力不集中、记忆力下降等，有昼轻夜重的节律特征；知觉障碍，产生错觉或幻觉；睡眠-觉醒周期不规律，如睡眠减少、彻夜不睡、睡眠节律紊乱等；精神运动障碍等。

3. 诊断　可根据意识模糊、定向力障碍、出现错觉和幻觉、兴奋躁动行为等症状结合病史、体格检查和实验室检查进行判断，主要依据《美国精神障碍诊断与统计手册》第四版（*Diagnostic and Statistical Manual of mental disorders in the United States*，DSM-IV）的诊断标准。

（1）意识障碍（对环境认识的清晰度降低），伴有注意的集中、持久或变换目标能力降低。

（2）认知改变（记忆减退、定向力障碍、语言障碍）或出现知觉障碍，而又不能用已有的认知症来解释。

（3）症状在短时间内发生（一般数小时或数日）并在一日内有所波动。

（4）从病史、体检或实验室检查中有迹象表明是一般躯体情况的直接生理性后果。

4. 分型

（1）安静型：表现为精神错乱、嗜睡、淡漠、镇静状态。

（2）躁动型：表现为存在幻觉和妄想，伴有颜面潮红、结膜充血、心悸、出汗等症状。

（3）混合型：激越和嗜睡交替出现。

（二）评估

老年患者在首次入院或进入长期照护机构时应进行谵妄风险评估，当发生病情变化时应再次评估。除了评估知觉障碍、思维障碍、语言障碍、情绪改变、睡眠-觉醒障碍等症状之外，还可以使用如下评估工具进行评估。

（1）意识障碍评估方法（consciousness disorder assessment methods，CAM）：由法布里（Fabbri）等开发，是目前世界上使用最广泛的评估工具，可用于各类谵妄的诊断，具有较好的灵敏度（94%～100%）和特异性（90%～95%），针对急性发作、症状波动、注意力不集中和思维混乱或意识水平改变进行评估。在使用前需要对评估者进行相关培训。CAM 的简要评估版是 3min 诊断评估 3D-CAM，简化了对 4 项特征的评估，敏感性为 95%，特异性为 94%。

（2）护理谵妄筛查量表（nursing delirium screening scale，NU-DESC）：由戈德罗（Gaudreau）等研发，灵敏度为 77.1%，特异度为 85.4%，无须患者参与，易于使用，可以检测安静型和躁动型谵妄。共有 5 个条目，从定向力障碍、不适当的行为、不恰当的交流、幻觉和精神运动性迟缓进行评估，总分为 10 分，当分数＞2 分时则使用 CAM 进行诊断。该量表纳入的研究对象较少，对安静型的谵妄患者敏感性较低。

（3）谵妄观察评估量表（delirium observation scale，DOS）：是史胡曼斯（Schuurmans）等研发的观察性评估工具，有 13 个条目，共 13 分，得分＞3 分代表发生谵妄。该量表已被用于多种人群的谵妄筛查，敏感度为 99.9%，特异性为 99.5%。

（4）谵妄中的单一问题（single question in delirium，SQiD）：由桑兹（Sands）等研发，作为一种简单的临床评估工具，其敏感性为 80%，特异性为 71%，可以用于询问患者家属或朋友：您认为患者最近更常出现意识模糊吗？

（5）记忆谵妄评估量表（memory delirium assessment scale，MDAS）：由布赖特巴特（Breitbart）等编制，是一个 10 项的临床医生评定量表，评估觉醒和意识水平的障碍、认知功能和精神运动活动等领域，能用于评估谵妄治疗的疗效、不同人群中的谵妄现象学和其他干预措施的认知副作用的严重程度。

（6）谵妄评定量表-修订版（delirium rating scale-revised，DRS-R-98）：由特泽帕茨（Trzepacz）等编制临床医生使用的 16 项评级工具，包括 13 个严重性项目和 3 个诊断项目，能评估谵妄的严重程度及随时间的变化情况。

（三）治疗

1. 病因治疗　针对原发脑部器质性疾病或躯体疾病的治疗。如出现颅内压增高，则给予脱水、降颅压治疗；若有感染或代谢性疾病，则给予抗炎、吸氧、改善肝肾功能等治疗；若存在药物因素影响，停用导致意识混乱的药物。

2. 支持治疗　若患者症状较轻、无攻击性行为，可不予特别处理。维持身体水电解质平衡，适当补充营养；保持环境舒适。

3. 对症治疗　针对患者症状给予抗精神病药，如氟哌啶醇、利培酮、奥氮平、喹硫平等；如果患者呈激越性躁动，可增加苯二氮䓬类药物，如劳拉西泮、咪达唑仑等。对于终末期患者，在给药时要考虑谵妄分型、严重程度等，轻至中度谵妄患者不需常规使用抗精神病药物，若合并脑部疾病或有重度谵妄，要选择合适的药物和最小剂量，控制用药时间，及时减量。

（四）护理

1. 提供舒适环境　保持房间清洁、安静、通风、温湿度适宜，避免过度的光照及过度黑暗、避免频繁的人员更换和房间变动、减少噪声，根据昼夜节律调节房间内灯光，保证患者有足够的休息时间。

2. 保障患者舒适　做好基础护理，嘱患者尽量保持原有的生活作息时间、适当活动身体、合理膳食，监测患者氧饱和度、营养状况和排泄情况，避免便秘、不必要的置管。

3. 安全管理　评估患者是否会对自己或他人构成风险，清除患者周围的危险物品如电线、刀和打火机等。必要时使用压力垫报警器、安排一对一照护。

4. 睡眠管理　白天拉开窗帘使房间明亮，减少患者睡眠时间，晚上减少灯光与人员走动，让患者感受昼夜变化。夜间保证患者睡眠时间，减小机器报警声量，尽量保证正常的睡眠-觉醒周期，促进患者大脑功能恢复。护士在夜间巡视时要避免惊扰患者，避免用灯光直接照射患者，轻声说话、放轻脚步。

5. 心理护理　开展护理工作前向患者介绍自己，从而减少患者的陌生感和紧张感。关注患者的感受，鼓励患者表达自己的想法，对患者的问题予以回答，尽量满足患者的合理要求，保证患者情绪稳定。让家属及照护者定期探视患者，为患者提供精神和情感支持。做好和家属的沟通，向家属解释病情变化的原因及注意事项，解答家属疑惑，鼓励家属和患者多保持沟通。

6. 基础护理　尽量避免增加患者痛苦的操作，选择其他可代替的方式。合理安排治疗时间，尽量在白天集中完成治疗。操作轻柔、动作迅速，最大可能减少对患者的刺激。

7. 康复护理　帮助患者恢复定向力，如在病房内放置时钟、提供每日的报纸，让患者了解当前的时间。若患者需要，提供眼镜、助听器等设备。鼓励家属帮助患者认识当前环境，减少患者的陌生感，促进患者对环境、时间和人物的认识。可以为患者提供棋牌、毛线等物品，鼓励患者进行思维的锻炼。

案例分析讨论 8-3

1. 数字疼痛强度评分量表。

2. 患者可能出现了使用阿片类药物后的不良反应：嗜睡和过度镇静。患者出现嗜睡，立即停止吗啡 PCIA 泵，汇报医生，遵医嘱调节泵速，监测患者的生命体征，避免呼吸抑制的发生，使用镇静评估量表评估患者镇静程度。

3. 依据“5A 目标”，责任护士制订的癌性疼痛管理目标具体 NRS 评分≤3 分，睡眠恢复正常，头晕及嗜睡等药物副作用得到有效控制或缓解，按时按量使用镇痛药物，情绪稳定。

4. 对于老年患者，出院后要增加随访频次，随访患者居家用药情况及不良反应的情况，同时需要关注患者居家安全，预防不良事件的发生。可与患者居住社区对接，进行居家探访，可以使用信息化的手段如网络平台、“互联网+”等多种形式提高随访质量。

（赵　云　吴　冰　朱夷畅）

第四节　社区老年预立医疗照护计划

案例 8-4　　**植物人死亡争议**

2005 年 3 月 31 日，美国女植物人泰利·斯基亚沃（Terry Schiavo）在被拔掉喂食管 13 天之后去世。

据报道，泰利 1990 年因医疗事故陷入植物人状态，虽能自主呼吸，但需要凭借喂食管维持生命。她的丈夫兼监护人迈克尔·斯基亚沃 1998 年向法院申请拔除妻子的喂食管，泰利的父母表示反对，并开始了马拉松式的法律诉讼。泰利的喂食管曾两度被拔除，随后都被以保留泰利的生存权益而恢复。

2005 年 3 月 18 日，法院采信了泰利丈夫的诉求，履行泰利“不希望用人工仪器延续自己生命”的愿望，泰利第三次被拔除喂食管。在随后的十多天中，泰利的父母和支持者寻求了各种法律途径，试图改变法官的判决。尽管总统布什和国会也强力介入，希望保留泰利的生命，但联邦法庭最终拒绝了泰利父母的诉求。3 月 31 日，泰利在由她而引发的巨大争论中平静地离开人世。

问题： 1. 本案例反映了什么问题？

2. 有什么启发？

第七次全国人口普查的数据显示，2020 年大陆地区 60 岁及以上的老年人口数量为 2.64 亿人，占总人口的 18.7%，预计到 2050 年，老年人口占比将达到 34.9%，《国家应对人口老龄化问题战略研究总报告》明确指出，要让老年人享受有尊严的晚年生活。如何使老年人有质量、有尊严地走完人生最后一程成为我们必须重视的问题。怎样才算体现尊严、价值、品质，是想尽一切办法使其活着，还是顺其自然让其死亡，而我们为其提供的又是否是老年群体真正想要的？

现代医学的进步使死亡过程被人为延长，人们甚至可以通过生命支持技术使植物人存活十几年。一方面部分人群因病致贫，没有能力治疗疾病，而另一方面又有不少患者遭受过度医疗，身心俱疲。有团队估算中国每年近 80%的医疗支出用于临终维持，用于终末期患者的医疗投入较高，但生活质量没有明显改善，同时，过度治疗给患者造成身心痛苦，降低其终末期生存质量，我国迫切需要了解老年人的医疗偏好以为其提供优质的卫生服务。

预立医疗照护计划（advance care planning，ACP）旨在通过多方预先沟通死亡相关问题，使老年人按照自己的意愿离世，ACP 在许多国家都已开展，在应对老龄化方面发挥重要作用。随着我国老龄化不断加深和人民自主意识觉醒，人们对 ACP 的需求会越来越大。

一、ACP 相关概念

ACP 是在临终关怀研究发展的背景下提出的一个理念。在国内，ACP 被译为预立医疗照护计划、预设医护照顾计划、预前照护计划等，目前国内引用较多采用邓仁丽等的译法，将 ACP 译为预立医疗照护计划。国内外不同组织机构对 ACP 的定义尚未达成共识，2017 年美国学者召开多学科会议就 ACP 定义和相关问题进行论证，认为 ACP 是指支持任何年龄或健康阶段的成年人理解和分享其个人价值观、生活目标及未来医疗照护偏好的过程，该定义是目前经过专家论证、相对权威、引用较广的定义。

预立医疗指示（advance directive，AD）是 ACP 过程中一个重要概念，是一个正式的法律声明，指个人在意识清醒并具备决策能力的情况下，预先以文件形式陈述其将来失去决策能力时所接受或拒绝的医学治疗与个人价值观，和（或）个人指定的医疗选择代理人。AD 包含了书面要求或拒绝采取某项医疗措施的指令型 AD 和指定医疗选择代理人的代理型 AD，两种类型可以单独或合并使用。

生前预嘱（living will，LW）是指完全民事行为能力人，在身体健康或意识清楚时签署的，旨在明确其在不可治愈的伤病末期或临终前，丧失决策能力的情形下接受或拒绝哪种医疗护理的指示文件。从定义可以看出来 LW 属于指令型 AD，个人可以在个人自主权保护下签订 LW，但在未通过 AD 相关立法的情况下，在施行患者偏好的医疗措施时，医务人员仍需要获取患者法定监护人的同意。

综上所述，从概念产生的背景来看，ACP 是为促进 AD 签署而产生的概念，而 AD 是 ACP 过程中的书面文件，是对生前预嘱和持久性医疗授权委托书的统称；从包含的内容来看，LW 为单一的文件，包含范围最窄，ACP 指代整个沟通交流过程，包含范围最广，由于世界各国在推广过程中使用的生前预嘱类似文件和相关法律规定并不相同，目前较多学者研究和引用的概念是预立医疗照护计划 ACP，美国生前预嘱注册中心（U.S. Living Will Registry）也在 2019 年改名为美国预立医疗照护计划注册中心（U.S. Advance Care Plan Registry）。

二、ACP 发展现状

（一）国外 ACP 发展现状

1968 年，美国人权律师路易斯·库特纳（Luis Kutner）最早提出了 LW 的概念，并阐述了具体形式及使用范围；1976 年，美国加利福尼亚州率先通过《自然死亡法案》，允许患者按照自己的意愿自然死亡，只要医生判断患者处于不可治愈的伤病末期，就可以通过授权暂停或不使用生命支持系统；1991 年，美国政府推行“患者自决法案”，要求全美各医疗结构向成年患者宣传 LW 相关理念。除美国以外，世界多国都对相关制度进行了探索，英国《精神能力法案》（*Mental Capacity Act*）允许英国公民签署拒绝治疗的AD，新加坡在1996年颁布了《预立医疗指示法》允许年满21岁的公民制订具有法律意义的AD，并且赋予医护人员终止患者无效医疗的权力。目前全球至少有30个国家和地区允许在医疗护理过程中合法使用LW及功能相似的一系列文件。

法律的保障可以推动ACP的发展，国外学者对ACP多方面都进行了较为深入的研究，结果发现ACP可以有效提高肿瘤晚期患者生命质量和家属的满意度，并可以降低生命最后一年住院率，减少经济花费。此外，还可以借助视频、手册等来辅助开展ACP，以达到更好效果，并且也可以编制特异性的量表工具来评估双方开展和接受ACP的状况，从而给予干预性措施。

（二）国内ACP发展现状

中国台湾地区是亚洲第一个立法赞成自然死亡的地区。2000年通过《安宁缓和医疗条例》，允许20岁以上具有完全行为能力的终末期患者签署预先指示；2006年推动“安宁缓和意愿”进入健保IC卡；2011年规定各级医院应为所有住院患者提供“预立选择安宁缓和医疗志愿书”“不实行心肺复苏术同意书”（do-not-resuscitate，DNR）等各式AD文件并将其纳入医院考评项目；2015年底中国台湾地区通过《患者自主权利法》建立了AD制度，2019年1月正式实行，这是亚洲首部以保证患者医疗自主权为核心的法律，在这部法律颁布前，即使患者签署了生前预嘱，家属也有权力拒绝，而颁布后医生有充分的法律依据来尊重患者的生前预嘱。

2004年香港特别行政区法律改革委员会研究决定，以非立法的形式推广AD，同时提出了香港地区建议使用的AD表格；2006年法律改革委员会发表《医疗上的代作决定及预设医疗指示报告书》，要求所有医务人员必须遵守患者制订的AD，尊重患者的自主选择，进一步推动AD在香港地区的发展；但在2009年食品卫生局公布《将预设医疗指示引入中国香港》的文件指出在公众尚未接受AD的现状下将其法律合法化是不合理的，因此长期以来，AD和ACP在香港地区以非立法的形式存在，但借鉴国外和中国台湾地区的经验，部分学者已经进行了一些研究探索，开展了类似“Let Me Talk”等项目，鼓励患者讲述自己的人生观、价值观等，帮助找寻生命意义，推动ACP发展。

2006年罗点点等成立了中国大陆地区首个推广“尊严死”的网站“选择与尊严”；2011年，参照美国吉姆·托维（Jim Tovey）的LW蓝本修订出第一个适用于我国的生前预嘱范本《我的五个愿望》，包括我要或者不要什么样的医疗服务、我要或不要使用生命支持系统、我希望别人怎样对待我、我希望让我的家人和朋友知道什么、我希望谁能帮助我；同年，专门介绍ACP的书籍《我的死亡谁做主》出版；2013年，“北京生前预嘱推广协会”正式成立，旨在推广LW，让更多人知道，按照本人意愿，以尽量自然和有尊严的方式离世，是对生命的珍惜和热爱；2010～2013年，有4届两会代表共13人次在全国人民代表大会和全国政协会议上提议在中国法律背景下建立生前预嘱注册中心，但考虑香港地区类似的困境，目前尚未实现。2022年7月，深圳市七届人大常委会第十次会议表决通过《深圳经济特区医疗条例》修订稿，其中第七十八条“临终决定权”规定如果患者立了预嘱“不要做无谓抢救”，医院要尊重其意愿，让患者平静走完最后时光。由此，深圳市成为我国大陆第一个实现生前预嘱立法的地区。

三、ACP 主要内容

（一）ACP 主要文件

完整的 ACP 主要包括以下 3 种文件。

1. 生前预嘱或预立医疗照护计划，表达对临终医疗护理偏好，尤其是对生命支持系统的取舍，并且其中应该包含对代理人的选择。

2. 医疗永久授权书（medical durable power of attorney），是由本人决定未来医疗决策代理人的具有法律效力的文书，只有当本人丧失决策能力时，该文书才会生效。

3. 生命支持系统医嘱文件（physician orders for life-sustaining treatment，POLST），由医生将患者是否使用生命支持系统的意愿转化成可被执行的医嘱。

因此，完整的 ACP 应该包括个人的意愿、指定的医疗代理人和可以被执行的医嘱，以最大限度地达成患者利益，优化共同决策。

（二）ACP 发动时机

虽然欧洲姑息治疗协会发布的 ACP 国际专家共识建议可以在任何阶段开展 ACP，但过早开展参与度不高，而到临终或病重时再开展又为时过晚，当健康状况开始恶化或衰老时开展 ACP 可能更有针对性。有学者认为触发人们开始思考自身健康和生命的事件均是开展 ACP 的好时机，如体检健康状况下降、家庭或社会状况变化（亲人去世）、年龄大于 70 岁、诊断 MCI 等。在这些时期鼓励患者为未来的医疗照护做出决策，可以增强其生命意义感和控制感。

（三）ACP 主要步骤

Emanuel 等于 1995 年提出了理想的 ACP 开展应该包括 5 个步骤，以适合的方式启动 ACP 的讨论；促进 ACP 讨论，帮助患者理清其生命价值观、治疗意愿；记录谈话内容，完成 AD 文件签署；定期审视并更新文件，当有重大健康事件发生时，需要再次确定患者的意愿是否改变；实际应用 AD。

我国北京生前预嘱推广协会提出了中国背景下统一标准的 ACP 流程，并建议在现有的法律框架下，医政医管系统职权范围内，由主管部门制定 ACP 的统一流程标准，将其作为临床医生的基本要求，成为他们的必备技能，具体的流程见图 8-1。

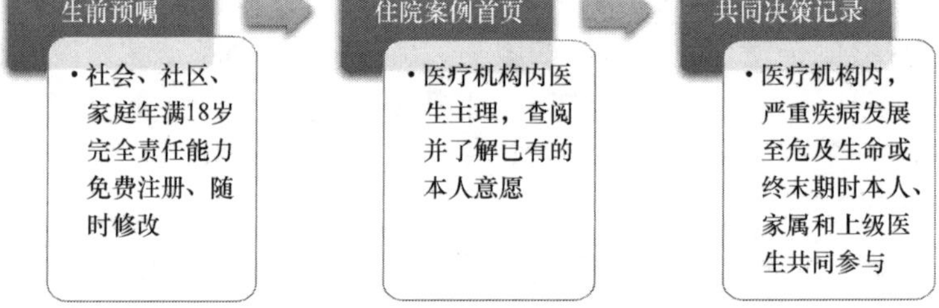

图 8-1　我国 ACP 流程

小链接　　**开展 ACP 的主要理论基础有哪些?**

1. 跨理论模型（the trans theoretical model，TTM）　跨理论模型广泛应用于健康行为改变研究，是目前 ACP 研究中应用最多的理论。TTM 理论认为健康行为改变是遵循时间轴发生的历程，而非单一时间点的状态变化，可以将 ACP 的过程细分为不同的健康行为，探讨各种行为的改变过程，进而提前制定干预措施，促进 ACP 开展。

2. 计划行为理论（theory of planed behavior，TPB）　TPB 是一种态度行为理论，强调行为意向指导个人意愿完全控制的行为，态度、主观规范和直觉行为控制又决定行为意向。在 ACP 的实施过程中，可以通过宣传教育等方式改变人们对 ACP 的态度，从而推进 ACP 实施。

3. 人生回顾理论（life review theory）　人生回顾是从老年人及其家庭成员中收集大量信息，形成一个包含童年期、青少年期、成年期、成年后至今 4 个阶段的回忆录，通过人生回顾可以增强个人的生命意义感，尤其益于老年群体。在 ACP 实施过程中可以借助人生回顾理论帮助个人澄清自身价值观，确立医疗护理偏好。

四、我国开展 ACP 的必要性

（一）释放宝贵的医疗资源

“中国健康与养老追踪调查”研究显示，我国 60%以上的老年人处于“病痛老龄化”的状态，其带来的影响首先是生理和心理上的痛苦，其次是金钱和药物的耗损。赞同 ACP 的人群认为，社会的人力、物力和财力都是有限的，与其将有限的资源用在不可能救治的患者身上，不如让这些患者选择一种更为舒适的方式，减少不必要的治疗，从而改善患者临终的生活质量。ACP 开展的目标便是尊重患者自己的选择，避免因自身无法决策而带来的无效医疗，这一定程度上可以释放宝贵的医疗资源，将这些资源分配给更需要的人群。

（二）尊重患者人权

ACP 的理念契合 Waston 的人文关怀理论，从患者的需求和权利出发，探讨深层次的人文关怀，真正维护落实患者的知情同意权、自主权和人格尊重权，使其选择自己喜欢的方式离去。并且，ACP 符合“有利”“尊重”“不伤害”的医学伦理基本原则。“决定自己命运的权利”一直都是美国法理学的基石，在这样的背景下，孕育出 AD 和 ACP 的概念，体现了民众自主意识的觉醒和人类文明的进步，尽管目前 ACP 在我国推广度不高，但相信随着老龄化的加剧和国民素质的提高，ACP 的理念将被更多人接受。

（三）减轻家属经济和道德负担

受我国传统的公序良俗影响，子女常认为放弃对长辈的抢救是一种不孝的行为，即使明明知道患者已近临终，所做的医疗救治并不具备逆转性，但仍然选择恪守孝道，宁愿倾家荡产也要维持亲人到生命的最后一刻，而延长生命的代价是支付巨额的医疗费用，家属常在经济和道德的压力中左右为难。王丽英等的研究发现，家属常因为社会的压力不得不选择延长临终亲属的生命时间，ACP 可以很好地平衡这个问题，既符合患者自身意愿，又缓解家属经济和道德上的困境。

（四）提高患者生活质量

我国《民法典》第一千零二条规定，自然人享有生命权，自然人的生命安全和生命尊严受法律保护。但是从某种角度来讲，生命的意义在于生活，当一个人躺在那里，生活完全不能自理，几近植物人状态，虽然从生理的角度看这个人还活着，但其生命已经失去了意义。ACP 可以让患者提前感知生命的意义，思考死亡事宜，在神志清醒的情况下，提前做出安排而不是到临近死亡才慌乱面对或失去决策能力无法为自己选择想要的医疗护理。开展 ACP 可以让患者思考死亡问题，更珍惜当下生活，同时也为自己临终选择符合自己心意的、有尊严的死亡方式，提高了他们的生活和生命质量。

五、我国推行ACP的制约因素

（一）法律法规因素

目前我国大陆地区现行法律法规中并没有明确的条例禁止或者支持 AD，而且对于患者知情权的主体规定并不统一。我国《民法典》第一千二百一十九条规定，医务人员在诊疗活动中应当向患者说明病情和医疗措施，不能或者不宜向患者说明的，应当向患者的近亲属说明，并取得其明确同意。《执业医师法》中规定医师应该向患者或其家属介绍病情，而在《医疗事故处理条例》和《医疗管理条例实施细则》中则将患者本人作为知情权主体。因此当家属和患者在治疗措施选择上并不统一时，绝大部分医生还是会听取家属的意见而不是遵从 AD 的内容，这一定程度上影响了开展 ACP 的积极性。

（二）伦理道德因素

何谓放弃过度治疗？何谓临终镇静？为不能自行进食的患者停止人工喂食是否人道？这些敏感问题一直在医学伦理界存在争论。2015 年中国人民解放军陆军总医院肿瘤科因为吗啡 “超说明书用药”受到“吗啡致死”的指控，最终判决认定吗啡的使用与患者的死亡无关，医方胜诉。这一判决虽然体现了司法系统对我国安宁疗护事业的支持，有利于“优逝”理念的推广，但其举证之艰辛、用时之漫长给以后想要从事缓和医疗事业的医生留下心理芥蒂。此外，不同民族宗教信仰不同，有些民族认为忍受临终前的痛苦是死亡前的必经之路，这些都给 ACP 推广设下阻碍。

（三）文化习俗因素

“未知生，焉知死。”受中国传统儒家思想影响，我国多数患者和家属非常回避也没有这个能力谈论临终决策相关问题并做出符合患者意愿的医疗决策，而签署 LW 相关文件更是像踩地雷一样难以实施。在这样文化的影响下，“不惜一切代价，竭尽全力抢救”成为许多家属在患者临终时做出的医疗决策。另外，医务人员传统的职业教育是救死扶伤，医方大多不愿违背行医初衷，只要有一线生机，都希望尽全力挽救患者的生命。

（四）人才缺乏因素

ACP 在我国尚处于起步阶段，不仅大众对其认知度较低，而且大多数医护人员，尤其是基层医护，尽管每天都面对这样的困境，但其对 ACP 的认知度也不高，没有意识也没有能力引导患者和家属去开展相关内容的讨论。ACP 的推广和开展需要专业人员的参与，但目前我国在专业人才培养方面几乎处于空白，将其纳入课程教育的专业院校也寥寥无几。

六、社区老年 ACP 的开展

（一）重要性

老年人往往是 ACP 的主要目标，因为他们更接近死亡，经历过功能或认知障碍，更容易思考死亡。在老年人住院病情恶化或面临危机时触发 ACP 往往是对老年人情绪的挑战，并且做出临终决策常需要足够的时间思考并与家人进行讨论，因此社区中健康状况尚可的老年人成为开展 ACP 的重要对象。2014 年，IOM 从可持续性、成本效益和社会扩散的角度提出社区老年居民是推动 ACP 发展的重要目标，并建议将 ACP 纳入国家积极老龄化战略目标中。以社区为代表的初级卫生保健系统在传播卫生政策以提升公共认知方面发挥着重要作用，有利于 ACP 在中国广泛推广，并且通过 ACP 可以鼓励社区老年人提前思考生命意义，为未来做出安排。

（二）护理人员在 ACP 过程中承担的角色和可能遇到的障碍

护士在 ACP 中是评估和发起者，他需要评估老年人的状况，并且找到合适的时机发起 ACP 的对话；也是沟通和协调者，护士在沟通中要为老年人提供 ACP 相关信息，自己和他人的经验，可能的医疗结果等，并且还需要在老年人和医疗团队间充当协调者，了解老年人的健康状况和担忧，将其反馈给医疗团队；同时还是教育和支持者，护士要将 ACP 的理念很好地传达给老年人及其家属，并且在整个过程中，为他们提供心理、生理等各方面的支持。但是过程中也会遇到许多障碍，包括无法正确捕捉开展的时机、要处理老年人和家属或照护者之间不同的想法、缺乏专业团队支持等。

（三）护理人员应该具有的能力和可以利用的资源

受过 ACP 基础训练的护士应该具备以下基本能力，包括了解国内外 ACP 相关法律、能够说明 ACP 的好处、在执业场所适时介入并提供 ACP、为大众适时提供 ACP 相关信息和资讯、了解 ACP 过程中涉及的文件等。开展 ACP 的过程十分费时耗力，并且仅通过训练想要掌握这些能力比较困难，在临床开展过程中护理人员可以通过制订宣传手册、拍摄相关影片、观看类似纪录片等帮助老年人更好理解 ACP。

在人口老龄化加剧和人们自主意识不断觉醒的背景下，个体化、有尊严、有预见性的离世问题越来越受到社会各界的关注。美国从 1976 年通过法案允许自然死亡到 1991 年立法承认书面 ACP 的有效性花了 15 年时间。不少组织开始在中国环境下推广并开展 ACP，护士在其中扮演重要角色，社区老年人成为关注的重点。但受到法律、文化习俗等多方面的因素，ACP 在我国发展较为局限。在香港地区，多年以来 ACP 以非立法的形式存在并推广开展；在我国大陆地区以立法形式推行 ACP 面临许多障碍，但 2022 年深圳市首次将生前预嘱写入地方性法规，为 ACP 在我国大陆立法开展开创了新模式。相信随着国家社会不断进步，全体中国公民在不远的将来都能享有尊严体面的老年生活。

案例分析讨论 8-4

1. 当自己失去医疗决策能力时，谁来做出决定？我们自己是否可以事先为自己做好选择？

2. 如果泰利本人能在完全清醒的情况下，依照法律途径预先签署 LW 文件，对自己病危或临终时要不要使用生命支持系统，包括要不要使用喂食管来延缓死亡过程这样的事情做出明确指示，那她就可以享受这个权利，丈夫和父母就不会诉诸法庭，更不会引起全美国甚至全世界的广泛关注与热议。

（丁亚萍　许文洤）